Identitätsverwaltung und -administration (IGA): Vom Niemand zum Helden

James Relington

HINGABE

An alle Cybersicherheitsexperten: Ihr Engagement für den Schutz des Zugriffs, die Durchsetzung von Governance und die Bewältigung der Komplexität des Identitätsmanagements ist von unschätzbarem Wert. Möge diese Arbeit Ihnen als Leitfaden und Inspiration für Ihre fortwährenden Bemühungen dienen, eine sicherere und konformere Zukunft zu schaffen.

DANKSAGUNG

Ich möchte allen, die zur Entstehung dieses Buches beigetragen haben, meinen tiefsten Dank aussprechen. Meine Kollegen und Mentoren im Bereich Identitätsverwaltung waren von unschätzbarem Wert für ihre Erkenntnisse und ihr Fachwissen. Meine Freunde und Familie haben diese Reise durch ihre unermüdliche Unterstützung und Ermutigung erst möglich gemacht. Die Experten und Innovatoren, die sich der Sicherung digitaler Identitäten widmen, werden durch ihre Arbeit weiterhin inspiriert und die Zukunft der Cybersicherheit geprägt. Dieses Buch spiegelt kollektives Wissen wider, und ich bin allen dankbar, die zu seiner Entstehung beigetragen haben.

Einführung in Identity Governance und Administration (IGA)

Identity Governance and Administration (IGA) ist ein wichtiger Bestandteil moderner Cybersicherheit und des IT-Managements. Es umfasst Richtlinien, Prozesse und Technologien, die sicherstellen, dass die richtigen Personen den erforderlichen Zugriff auf die Systeme, Anwendungen und Daten eines Unternehmens haben. Mit dem Wachstum von Unternehmen und der zunehmenden Komplexität ihrer IT-Umgebungen wird die Verwaltung von Identitäten und Zugriffsrechten zunehmend anspruchsvoller. IGA bietet einen strukturierten Ansatz zur Verwaltung digitaler Identitäten, zur Verbesserung der Sicherheit, zur Einhaltung von Compliance-Vorgaben und zur Steigerung der Betriebseffizienz.

Die Bedeutung von IGA in der heutigen digitalen Landschaft

Unternehmen agieren in einer Zeit, in der die digitale Transformation immer schneller voranschreitet. Cloud Computing, Remote-Arbeit und die zunehmende Verbreitung von Software-as-a-Service (SaaS)-Anwendungen haben die Angriffsfläche für Cyberbedrohungen vergrößert. Ohne eine gut implementierte IGA-Strategie sind Unternehmen Risiken wie unbefugtem Zugriff, Datenschutzverletzungen und der Nichteinhaltung gesetzlicher Vorschriften ausgesetzt. IGA trägt dazu bei, diese Risiken zu minimieren, indem es Identitätsrichtlinien durchsetzt, die Zugriffsvergabe und -entzug automatisiert und die kontinuierliche Überwachung der Benutzeraktivitäten gewährleistet.

Die Einhaltung gesetzlicher Vorschriften ist ein weiterer Treiber für die Einführung von IGA. Verschiedene Gesetze und Branchenvorschriften wie die Datenschutz-Grundverordnung (DSGVO), der Sarbanes-Oxley Act (SOX) und der Health Insurance Portability and Accountability Act (HIPAA) schreiben strenge Kontrollen des Benutzerzugriffs auf sensible Daten vor. IGA-Lösungen unterstützen Unternehmen bei der Einhaltung dieser Anforderungen, indem sie Prüfpfade bereitstellen, rollenbasierte Zugriffskontrollen durchsetzen und regelmäßige Zugriffsüberprüfungen gewährleisten.

Kernkomponenten von IGA

IGA besteht aus zwei Hauptkomponenten: Identitätsverwaltung und Identitätsadministration.

1. Identitätsverwaltung

Identity Governance konzentriert sich auf Richtlinien und die Kontrolle des Benutzerzugriffs. Sie stellt sicher, dass identitätsbezogene Entscheidungen mit Geschäftsregeln und gesetzlichen Anforderungen übereinstimmen. Zu den wichtigsten Elementen von Identity Governance gehören:

- **Zugangszertifizierung:**Regelmäßige Überprüfung des Benutzerzugriffs, um sicherzustellen, dass nur autorisierte Personen über Berechtigungen verfügen.
- **Richtlinienverwaltung:**Definieren und Durchsetzen von Zugriffsrichtlinien in der gesamten Organisation.
- **Audit- und Compliance-Berichte:**Verfolgung von Identitäts- und Zugriffsaktivitäten zum Nachweis der Einhaltung von Sicherheits- und Regulierungsstandards.

2. Identitätsverwaltung

Die Identitätsverwaltung befasst sich mit den operativen Aspekten der Verwaltung von Benutzeridentitäten. Sie umfasst:

- **Benutzerbereitstellung und -aufhebung:**Automatisieren Sie die Erstellung und Entfernung von Benutzerkonten basierend auf ihrer Rolle und ihrem Beschäftigungsstatus.
- **Rollenbasierte Zugriffskontrolle (RBAC):**Zuweisen von Berechtigungen basierend auf Jobfunktionen, um die Zugriffsverwaltung zu optimieren.
- **Self-Service-Zugriffsanfragen:**Ermöglicht Benutzern, Zugriff auf Ressourcen anzufordern und stellt gleichzeitig die entsprechenden Genehmigungen und die Verwaltung sicher.

Durch die Integration von Governance und Verwaltung bietet IGA einen ganzheitlichen Ansatz für die sichere und effiziente Verwaltung digitaler Identitäten.

Vorteile der IGA-Implementierung

Die Einführung eines IGA-Frameworks bringt einem Unternehmen zahlreiche Vorteile, darunter verbesserte Sicherheit, Einhaltung gesetzlicher Vorschriften und betriebliche Effizienz.

1. Verbesserte Sicherheitslage

Durch automatisierte Bereitstellung und De-Provisionierung stellt IGA sicher, dass Benutzer nur auf die für ihre Aufgaben erforderlichen Ressourcen zugreifen können. Darüber hinaus minimiert es das Risiko interner Bedrohungen durch strenge Zugriffskontrollen und die Überwachung identitätsbezogener Aktivitäten.

2. Einhaltung gesetzlicher Vorschriften

Unternehmen müssen verschiedene Datenschutz- und Sicherheitsvorschriften einhalten. IGA-Lösungen bieten die notwendigen Prüfprotokolle, Berichte und Durchsetzungsmechanismen, um die Einhaltung sicherzustellen. So vermeiden Unternehmen kostspielige Bußgelder und Reputationsschäden.

3. Erhöhte Effizienz und Produktivität

Manuelle Identitätsmanagementprozesse können zeitaufwändig und fehleranfällig sein. IGA automatisiert diese Prozesse, reduziert den Verwaltungsaufwand und ermöglicht es IT-Teams, sich auf strategische Initiativen statt auf routinemäßige Zugriffsverwaltungsaufgaben zu konzentrieren.

4. Verbesserte Benutzererfahrung

Eine gut implementierte IGA-Lösung optimiert Zugriffsanfragen und -genehmigungen und verkürzt die Wartezeit der Benutzer, um Zugriff auf benötigte Anwendungen zu erhalten. Dies führt zu höherer Produktivität und einem insgesamt besseren Benutzererlebnis.

Implementierung einer effektiven IGA-Strategie

Für Unternehmen, die IGA implementieren möchten, ist eine gut durchdachte Strategie unerlässlich. Die folgenden Schritte tragen zu einer erfolgreichen Implementierung bei:

1. Geschäftsanforderungen definieren

Das Verständnis von Geschäftszielen, Compliance-Anforderungen und Sicherheitsbedürfnissen ist entscheidend für die Entwicklung eines effektiven IGA-Frameworks. Unternehmen sollten wichtige Stakeholder identifizieren und ihre IGA-Strategie an den allgemeinen Geschäftszielen ausrichten.

2. Wählen Sie die richtige IGA-Lösung

Die Auswahl einer IGA-Plattform, die sich gut in die bestehende IT-Infrastruktur integriert, ist entscheidend. Unternehmen sollten Faktoren wie Skalierbarkeit, Automatisierungsmöglichkeiten und die Integration in Cloud- und lokale Anwendungen berücksichtigen.

3. Governance-Richtlinien festlegen

Klar definierte Richtlinien für Benutzerzugriff, Rollenverwaltung und Compliance-Überwachung sind erforderlich. Unternehmen sollten Zeitpläne für Zugriffsüberprüfungen erstellen, Rollenhierarchien definieren und Richtlinien zur Funktionstrennung (SoD) durchsetzen.

4. Automatisieren Sie Identitätsprozesse

Automatisierung spielt eine Schlüsselrolle für den Erfolg einer IGA-Implementierung. Automatisierte Workflows für Benutzerbereitstellung, Zugriffsgenehmigungen und Deprovisionierung reduzieren manuelle Fehler und verbessern die Effizienz.

5. Führen Sie regelmäßige Audits und Überprüfungen durch

Kontinuierliche Überwachung und regelmäßige Audits gewährleisten die Wirksamkeit der Zugriffsrichtlinien. Unternehmen sollten regelmäßige Zugriffsüberprüfungen durchführen und Analysen nutzen, um Anomalien und potenzielle Sicherheitsrisiken zu erkennen.

Die Zukunft von IGA

Mit der technologischen Weiterentwicklung entwickelt sich auch IGA weiter, um den veränderten Anforderungen der Cybersicherheit und des Identitätsmanagements gerecht zu werden. Neue Trends wie künstliche Intelligenz (KI) und maschinelles Lernen (ML) werden in IGA-Lösungen integriert, um die Bedrohungserkennung zu verbessern, die Entscheidungsfindung zu automatisieren und die allgemeine Sicherheit zu erhöhen.

Zero-Trust-Sicherheitsmodelle, die auf strikte Identitätsprüfung und minimale Zugriffsrechte setzen, treiben auch Veränderungen in IGA-Strategien voran. Unternehmen setzen zunehmend auf adaptive Authentifizierung, verhaltensbasierte Zugriffskontrollen und Echtzeit-Identitätsanalysen, um ihre Sicherheitslage zu stärken.

Da Unternehmen die digitale Transformation vorantreiben, wird die Bedeutung von IGA weiter zunehmen. Unternehmen, die Identitätsverwaltung und -management priorisieren, sind besser gerüstet, um sensible Daten zu schützen, die Einhaltung gesetzlicher Vorschriften zu gewährleisten und Identitäten in einer sich ständig weiterentwickelnden digitalen Welt effizient zu verwalten.

Die Entwicklung des Identitätsmanagements

Identitätsmanagement hat von seinen Anfängen als einfache Methode der Zugriffskontrolle bis hin zu den hochentwickelten und automatisierten Governance-Lösungen von heute einen langen Weg zurückgelegt. Mit dem Wachstum von Unternehmen und dem technologischen Fortschritt ist der Bedarf an strukturierteren und sichereren Identitätsmanagementsystemen dringlich geworden. Diese Entwicklung wurde durch verschiedene Faktoren vorangetrieben, darunter Sicherheitsbedenken, die Einhaltung gesetzlicher Vorschriften und die zunehmende Komplexität von IT-Umgebungen.

Frühe Phasen: Passwortbasierte Zugriffskontrolle

Die ersten Formen des Identitätsmanagements erfolgten weitgehend manuell und basierten auf einfachen Authentifizierungsmethoden wie Benutzernamen und Passwörtern. In den Anfängen der Computertechnik waren Systeme auf wenige Benutzer beschränkt, sodass eine passwortbasierte Zugriffskontrolle ausreichte. Benutzern wurden individuelle Anmeldeinformationen zugewiesen, und Systemadministratoren verwalteten die Zugriffsrechte manuell. Mit zunehmender Expansion von Unternehmen und steigender Benutzerzahl wurde dieser Ansatz jedoch ineffizient und schwer zu verwalten. Die Wiederverwendung von Passwörtern, schwache Passwortrichtlinien und der Mangel an zentraler Kontrolle führten zu Sicherheitslücken.

Der Aufstieg der Verzeichnisdienste

Mit der zunehmenden Nutzung von IT in Unternehmen wurde der Bedarf an einer besseren Benutzerverwaltung deutlich. In den 1990er Jahren entstanden Verzeichnisdienste wie Microsoft Active Directory und LDAP (Lightweight Directory Access Protocol), die eine strukturierte Verwaltung unternehmensweiter Identitäten ermöglichten. Diese Verzeichnisdienste ermöglichten es Unternehmen, Benutzeranmeldeinformationen, Gruppenmitgliedschaften und Zugriffsberechtigungen in einer zentralen Datenbank zu speichern. Dadurch konnten IT-Teams Zugriffsrichtlinien effektiver durchsetzen und Benutzerauthentifizierungsprozesse optimieren.

Verzeichnisdienste verbesserten zwar das Identitätsmanagement, wiesen aber dennoch Einschränkungen auf. Sie konzentrierten sich hauptsächlich auf die Authentifizierung und boten keine umfassenden Governance-Funktionen. Unternehmen benötigten robustere Lösungen für die Bereitstellung, De-Provisionierung und Einhaltung von Compliance-Anforderungen.

Die Einführung von Identity and Access Management (IAM)

Die frühen 2000er Jahre markierten mit der Einführung von Identity and Access Management (IAM)-Lösungen einen bedeutenden Wandel. IAM erweiterte den Umfang des Identitätsmanagements über die Authentifizierung hinaus und führte Funktionen wie Single Sign-On (SSO), Multi-Faktor-Authentifizierung (MFA) und rollenbasierte Zugriffskontrolle (RBAC) ein. Diese Funktionen ermöglichten es Unternehmen, strengere Sicherheitsmaßnahmen durchzusetzen und gleichzeitig die Benutzerfreundlichkeit zu verbessern.

IAM-Systeme automatisieren die Benutzerbereitstellung und -aufhebung und reduzieren so den Verwaltungsaufwand für IT-Teams. Anstatt Benutzer manuell in Systeme einzufügen und zu entfernen, können Unternehmen mit IAM-Tools Richtlinien definieren, die den Zugriff basierend auf vordefinierten Kriterien automatisch gewähren oder entziehen. Diese Automatisierung verbessert nicht nur die Sicherheit, sondern unterstützt Unternehmen auch bei der Einhaltung branchenspezifischer Vorschriften.

Die Entstehung von Identity Governance und Administration (IGA)

Mit zunehmend strengeren gesetzlichen Anforderungen erkannten Unternehmen, dass herkömmliche IAM-Lösungen nicht ausreichten, um Governance- und Compliance-Herausforderungen zu bewältigen. Dies führte zur Entwicklung von Identity Governance and Administration (IGA). Im Gegensatz zu herkömmlichem IAM konzentriert sich IGA auf den Governance-Aspekt des Identitätsmanagements und stellt sicher, dass Zugriffsrechte entsprechend den Geschäftsanforderungen gewährt und regelmäßig überprüft werden, um Sicherheitsrisiken vorzubeugen.

IGA-Lösungen führten Funktionen wie Zugriffszertifizierung, Richtliniendurchsetzung und Audit-Berichte ein. Diese Funktionen ermöglichten es Unternehmen, die Einhaltung von Vorschriften wie DSGVO, HIPAA und SOX nachzuweisen. Durch die Integration von Governance in das Identitätsmanagement konnten Unternehmen die Risiken übermäßiger Berechtigungen und Insider-Bedrohungen minimieren.

Die Umstellung auf Cloud-basiertes Identitätsmanagement

Die zunehmende Verbreitung von Cloud Computing brachte neue Herausforderungen und Chancen für das Identitätsmanagement mit sich. Herkömmliche lokale IAM- und IGA-Lösungen waren für Cloud-Umgebungen nicht optimal geeignet, was zur Entwicklung von Identity-as-a-Service (IDaaS)-Lösungen führte. Diese cloudbasierten Identitätsmanagement-Plattformen boten Unternehmen skalierbare und flexible Identitätsmanagement-Funktionen und ermöglichten ihnen den sicheren Zugriff auf lokale und Cloud-Anwendungen.

Mit der Umstellung auf Cloud-basiertes Identitätsmanagement begannen Unternehmen auch, Zero-Trust-Prinzipien zu implementieren. Anstatt die Vertrauenswürdigkeit der Benutzer im Unternehmensnetzwerk vorauszusetzen, erforderte Zero Trust eine kontinuierliche Authentifizierung und Überprüfung der Benutzeridentitäten. Dieser Ansatz erhöhte die Sicherheit in einer Zeit, in der Remote-Arbeit und Cloud-Nutzung zur Norm wurden, erheblich.

Die Rolle von künstlicher Intelligenz und maschinellem Lernen

Moderne Identitätsmanagementlösungen integrieren zunehmend künstliche Intelligenz (KI) und maschinelles Lernen (ML), um Sicherheit und Effizienz zu verbessern. KI-gesteuerte Identitätsmanagement-Tools analysieren das Benutzerverhalten, erkennen Anomalien und passen Zugriffsberechtigungen automatisch an das Risikoniveau an. Diese Funktionen helfen Unternehmen, unbefugten Zugriff zu verhindern und in Echtzeit auf Sicherheitsbedrohungen zu reagieren.

Algorithmen des maschinellen Lernens können auch das Identitätslebenszyklusmanagement unterstützen, indem sie Muster in Benutzerzugriffsanfragen erkennen und entsprechende Berechtigungen empfehlen. Dies reduziert die Abhängigkeit von manuellen Genehmigungen und verbessert die Gesamteffizienz von Identitätsmanagementprozessen.

Die Zukunft des Identitätsmanagements

Das Identitätsmanagement wird sich mit dem technologischen Fortschritt und zunehmenden Sicherheitsbedrohungen weiterentwickeln. Der Aufstieg dezentraler Identitäten, Blockchain-basierter Authentifizierung und biometrischer Verifizierung wird die Zukunft des Identitätsmanagements maßgeblich prägen. Unternehmen müssen adaptive Identitätsmanagementstrategien implementieren, die KI, Automatisierung und Zero-Trust-Prinzipien nutzen, um neuen Bedrohungen immer einen Schritt voraus zu sein.

Angesichts der fortschreitenden Digitalisierung von Unternehmen und der sich entwickelnden regulatorischen Anforderungen bleibt das Identitätsmanagement ein wichtiger Bestandteil der Cybersicherheit und IT-Governance. Der Wandel hin zu einem dynamischeren und intelligenteren Ansatz im Identitätsmanagement stellt sicher, dass Unternehmen sensible Daten schützen, unbefugten Zugriff verhindern und die Compliance in einer zunehmend komplexen digitalen Landschaft gewährleisten können.

Schlüsselkonzepte und Terminologie in IGA

Identity Governance and Administration (IGA) ist ein umfassendes Framework, das Identitätslebenszyklusmanagement mit Zugriffskontrolle und Compliance-Durchsetzung kombiniert. Das Verständnis der wichtigsten Konzepte und Terminologie von IGA ist für Unternehmen, die effektive Strategien für Identitäts- und Zugriffsmanagement implementieren möchten, unerlässlich. Dieses Kapitel untersucht die grundlegenden Begriffe und Prinzipien von IGA und verdeutlicht deren Zusammenspiel in Unternehmensumgebungen.

Identitäts- und Zugriffsverwaltung (IAM) vs. IGA

IAM wird oft mit IGA verwechselt, doch beide dienen unterschiedlichen Zwecken. IAM bezeichnet im Allgemeinen die Richtlinien und Technologien zur Verwaltung digitaler Identitäten und zur Steuerung des Zugriffs auf Systeme und Daten. IGA hingegen erweitert IAM um Governance-, Compliance- und Audit-Funktionen und stellt sicher, dass identitätsbezogene Entscheidungen mit Sicherheitsrichtlinien und gesetzlichen Anforderungen übereinstimmen. Während sich IAM auf Authentifizierung und Autorisierung konzentriert, sorgt IGA für Übersicht, Transparenz und die Durchsetzung von Identitätsrichtlinien.

Identitätslebenszyklusverwaltung

Identity Lifecycle Management umfasst die Prozesse zur Erstellung, Pflege und Außerbetriebnahme digitaler Identitäten. Dieser Lebenszyklus umfasst:

- **Bereitstellung:**Die Erstellung von Benutzerkonten und die Zuweisung von Zugriffsrechten, wenn ein neuer Mitarbeiter, Auftragnehmer oder Partner einer Organisation beitritt.
- **Änderung:**Aktualisierungen der Zugriffsrechte, wenn sich die Rolle einer Person innerhalb der Organisation ändert.
- **De-Provisionierung:**Der Entzug des Zugriffs, wenn eine Person die Organisation verlässt, verringert das Risiko verwaister Konten, die ausgenutzt werden könnten.

Die Automatisierung des Identitätslebenszyklusmanagements ist eine Kernfunktion von IGA und stellt sicher, dass der Zugriff zeitnah und konform gewährt und widerrufen wird.

Rollenbasierte Zugriffskontrolle (RBAC)

RBAC ist ein weit verbreitetes Zugriffskontrollmodell, das Berechtigungen basierend auf vordefinierten Rollen innerhalb einer Organisation vergibt. Anstatt einzelnen Personen einzeln Zugriff zu gewähren, strukturiert RBAC den Zugriff nach Aufgabenbereichen. Dies reduziert den Verwaltungsaufwand, verbessert die Sicherheit und gewährleistet eine einheitliche Zugriffsvergabe.

Beispielsweise benötigt ein Finanzanalyst möglicherweise Zugriff auf Finanzberichtssysteme, aber nicht auf HR-Datenbanken. Durch die Zuweisung von Mitarbeitern zu Rollen mit vordefinierten Zugriffsrechten können Unternehmen das Identitätsmanagement optimieren und den Zugriff mit den geringsten Berechtigungen durchsetzen.

Attributbasierte Zugriffskontrolle (ABAC)

ABAC erweitert RBAC um dynamische Attribute zur Festlegung von Zugriffsberechtigungen. Diese Attribute können Benutzermerkmale wie Abteilung, Standort oder Sicherheitsfreigabe sowie Kontextfaktoren wie Zugriffszeitpunkt und Gerätetyp umfassen. ABAC bietet eine granularere und flexiblere Zugriffskontrolle als RBAC und eignet sich daher ideal für Unternehmen mit komplexen Zugriffsanforderungen.

Zugangszertifizierung und -bescheinigung

Bei der Zugriffszertifizierung, auch Attestierung genannt, wird der Benutzerzugriff regelmäßig überprüft, um sicherzustellen, dass er weiterhin angemessen ist. Organisationen führen Zugriffsüberprüfungen durch, um sicherzustellen, dass Mitarbeiter, Auftragnehmer und Dritte nur über die für ihre Rollen erforderlichen Berechtigungen verfügen. Die Zugriffszertifizierung trägt dazu bei, eine Ausweitung der Berechtigungen zu verhindern, bei der Benutzer im Laufe der Zeit übermäßige Berechtigungen ansammeln und so die Sicherheitsrisiken erhöhen.

IGA-Lösungen automatisieren die Zugriffszertifizierung, indem sie Überprüfungsanfragen an Manager oder Compliance-Beauftragte senden und so eine kontinuierliche Governance ohne manuelle Eingriffe gewährleisten.

Funktionstrennung (SoD)

SoD ist ein Sicherheitsprinzip, das Interessenkonflikte verhindert und das Betrugsrisiko reduziert, indem es sicherstellt, dass keine einzelne Person übermäßige Kontrolle über kritische Geschäftsprozesse hat. In IGA definieren SoD-Richtlinien inkompatible Zugriffsrechte, um unbefugte Aktivitäten zu verhindern.

Beispielsweise sollte in einem Finanzsystem derselbe Benutzer nicht gleichzeitig die Berechtigung zum Erstellen und Genehmigen von

Transaktionen haben. IGA-Tools setzen SoD-Regeln durch, indem sie widersprüchliche Zugriffszuweisungen erkennen und verhindern.

Integration von Privileged Access Management (PAM)

IGA integriert häufig PAM-Lösungen, um privilegierte Konten mit erweiterten Zugriffsrechten auf kritische Systeme zu verwalten. Privilegierte Konten, wie z. B. Systemadministratoren oder Datenbankadministratoren, stellen ein höheres Sicherheitsrisiko dar, wenn sie kompromittiert werden.

Durch die Integration von PAM in IGA können Unternehmen strengere Kontrollen für privilegierte Zugriffe durchsetzen, beispielsweise Sitzungsaufzeichnung, temporäre Rechteerweiterung und Multi-Faktor-Authentifizierung. Dadurch wird sichergestellt, dass hochsensible Konten mit verbesserten Sicherheitsmaßnahmen verwaltet werden.

Identitätsanalyse und risikobasierter Zugriff

Moderne IGA-Lösungen nutzen Identitätsanalysen und risikobasierten Zugriff, um die Sicherheit zu erhöhen. Identitätsanalysen nutzen maschinelles Lernen und Verhaltensanalysen, um Anomalien in Benutzerzugriffsmustern zu erkennen.

Der risikobasierte Zugriff wertet Faktoren wie Anmeldeort, Gerätetyp und historisches Verhalten aus, um zu bestimmen, ob der Zugriff gewährt, verweigert oder eine zusätzliche Überprüfung erforderlich ist. Durch die Integration dieser intelligenten Funktionen verbessern IGA-Systeme die Bedrohungserkennung und reduzieren Vorfälle unbefugten Zugriffs.

Self-Service-Zugriffsanfragen

Self-Service-Zugriffsanfragen ermöglichen es Benutzern, über einen automatisierten Workflow Zugriff auf Anwendungen und Ressourcen anzufordern. Diese Funktion steigert die Effizienz, indem sie die Belastung der IT-Teams reduziert und gleichzeitig sicherstellt, dass Zugriffsanfragen ordnungsgemäß genehmigt werden.

Benutzer reichen Zugriffsanfragen ein, die dann gemäß vordefinierten Workflows zur Genehmigung an den Manager weitergeleitet werden. Nach der Genehmigung stellen IGA-Systeme den Zugriff automatisch bereit, wodurch Verzögerungen und Verwaltungsaufwand reduziert werden.

Compliance- und Audit-Berichte

IGA spielt eine entscheidende Rolle bei der Einhaltung gesetzlicher Vorschriften, indem es Prüfpfade und Compliance-Berichte erstellt. Unternehmen müssen die Einhaltung von Sicherheitsrichtlinien und -vorschriften wie DSGVO, SOX und HIPAA nachweisen.

IGA-Lösungen bieten integrierte Berichtsfunktionen zur Dokumentation identitätsbezogener Aktivitäten, Zugriffsänderungen und Richtliniendurchsetzung. Diese Berichte unterstützen Unternehmen bei der Vorbereitung auf Audits und gewährleisten die Verantwortlichkeit im Identitätsmanagement.

Die Zukunft der IGA-Terminologie und -Konzepte

Da Unternehmen zunehmend Cloud-Technologien und Zero-Trust-Sicherheitsmodelle einsetzen, werden sich IGA-Konzepte weiterentwickeln. Neue Trends wie dezentrale Identität, passwortlose Authentifizierung und KI-gesteuertes Zugriffsmanagement werden die Art und Weise, wie Unternehmen Identitätsgovernance betreiben, grundlegend verändern.

Durch das Verständnis dieser Schlüsselkonzepte und der Terminologie können Unternehmen IGA effektiv implementieren, die Sicherheit stärken und die Compliance in einer zunehmend komplexen digitalen Landschaft aufrechterhalten.

Die Rolle von IGA in modernen Unternehmen

Identity Governance und Administration (IGA) spielen in modernen Unternehmen eine entscheidende Rolle. Sie gewährleisten den angemessenen Zugriff von Benutzern auf Unternehmensressourcen und gewährleisten gleichzeitig Sicherheit, Compliance und betriebliche Effizienz. Mit der Ausweitung der digitalen Präsenz von Unternehmen wird die Verwaltung von Identitäten und Zugriffsrechten komplexer. IGA bietet einen strukturierten Rahmen für die Verwaltung digitaler Identitäten, die Automatisierung des Zugriffsmanagements und die Durchsetzung von Richtlinien, die den Geschäftszielen und gesetzlichen Anforderungen entsprechen.

Verbesserung der Sicherheit und Reduzierung des Risikos

Eine der Hauptfunktionen von IGA in modernen Unternehmen besteht darin, die Sicherheit zu erhöhen, indem das Risiko unbefugten Zugriffs minimiert wird. Cyberbedrohungen entwickeln sich ständig weiter, und Angreifer nutzen häufig schwache Identitätsmanagementpraktiken aus, um Zugriff auf vertrauliche Daten zu erhalten. Ein robustes IGA-Framework mindert diese Risiken durch die Durchsetzung strenger Zugriffskontrollen, die Implementierung von Least-Privilege-Prinzipien und die kontinuierliche Überwachung der Benutzeraktivitäten.

Durch automatisierte Bereitstellung und Deaktivierung stellt IGA sicher, dass Mitarbeiter, Auftragnehmer und externe Benutzer nur auf die für ihre Aufgaben erforderlichen Ressourcen zugreifen können. Wenn ein Mitarbeiter das Unternehmen verlässt oder seine Rolle wechselt, werden seine Zugriffsrechte in Echtzeit aktualisiert oder widerrufen. Dies reduziert das Risiko verwaister Konten und potenzieller Sicherheitsverletzungen.

Darüber hinaus lassen sich IGA-Lösungen in SIEM-Systeme (Security Information and Event Management) integrieren, um Anomalien und verdächtige Zugriffsmuster zu erkennen. Bei einem unbefugten Zugriffsversuch können automatisierte Workflows Warnmeldungen auslösen oder den Zugriff sofort sperren, um potenzielle Sicherheitsvorfälle zu verhindern.

Unterstützung der Einhaltung gesetzlicher Vorschriften

Unternehmen müssen eine zunehmende Anzahl von Vorschriften und Branchenstandards einhalten, die strenge Kontrollen im Identitäts- und Zugriffsmanagement vorschreiben. Vorschriften wie die Datenschutz-Grundverordnung (DSGVO), der Sarbanes-Oxley Act (SOX), der Health Insurance Portability and Accountability Act (HIPAA) und der Payment Card Industry Data Security Standard (PCI DSS) verpflichten Unternehmen, Richtlinien zur Identitätsverwaltung durchzusetzen und Prüfprotokolle für Benutzeraktivitäten zu führen.

IGA-Lösungen unterstützen Unternehmen bei der Einhaltung dieser Compliance-Anforderungen durch Funktionen wie Zugriffszertifizierung, Richtliniendurchsetzung und detailliertes Reporting. Durch automatisierte Zugriffsüberprüfungen können Unternehmen sicherstellen, dass nur autorisiertes Personal Zugriff auf sensible Daten hat, wodurch das Risiko von Compliance-Verstößen reduziert wird.

Darüber hinaus können Prüfer IGA-Plattformen nutzen, um Echtzeitberichte zu erstellen, die die Einhaltung gesetzlicher Vorschriften belegen. Diese Berichte geben Einblick darüber, wer wann und warum auf welche Ressourcen zugegriffen hat. So können Unternehmen leichter auf Prüfanfragen reagieren und potenzielle Bußgelder oder rechtliche Konsequenzen vermeiden.

Verbesserung der Betriebseffizienz

Manuelle Identitätsmanagementprozesse können zeitaufwändig und fehleranfällig sein. Dies führt zu Ineffizienzen, die die Unternehmensproduktivität beeinträchtigen. IGA optimiert das Identitäts- und Zugriffsmanagement durch die Automatisierung wichtiger Aufgaben wie Benutzerbereitstellung, Rollenverwaltung und Genehmigung von Zugriffsanfragen. Dies reduziert den Verwaltungsaufwand für IT-Teams und ermöglicht Mitarbeitern schnelleren Zugriff auf benötigte Ressourcen.

Self-Service-Funktionen in IGA-Lösungen steigern die Effizienz zusätzlich, indem sie es Benutzern ermöglichen, über einen automatisierten Genehmigungsworkflow Zugriff auf Anwendungen und Daten anzufordern. Anstatt auf manuelle Eingriffe von IT-Administratoren angewiesen zu sein, werden Zugriffsanfragen basierend auf vordefinierten Richtlinien bearbeitet. Dies reduziert Verzögerungen und verbessert die Benutzerfreundlichkeit.

Darüber hinaus unterstützen Frameworks für rollenbasierte Zugriffskontrolle (RBAC) und richtlinienbasierte Zugriffskontrolle (PBAC) Unternehmen bei der Standardisierung des Zugriffsmanagements und stellen sicher, dass Mitarbeiter die entsprechenden Berechtigungen entsprechend ihrer Aufgaben erhalten. Dies verhindert eine übermäßige Vergabe von Berechtigungen und verbessert die allgemeine Governance.

Ermöglichung der digitalen Transformation

Moderne Unternehmen nutzen die digitale Transformation durch Cloud Computing, Remote-Arbeit und hybride IT-Umgebungen. Diese Fortschritte bringen jedoch auch neue Herausforderungen für das Identitätsmanagement mit sich. Mitarbeiter und Auftragnehmer benötigen sicheren Zugriff auf Cloud-Anwendungen, Rechenzentren und lokale Systeme von verschiedenen Geräten und Standorten aus. Ohne eine starke IGA-Strategie fällt es Unternehmen schwer, die Transparenz und Kontrolle über diese verteilten Identitäten zu wahren.

IGA-Lösungen unterstützen die digitale Transformation durch zentralisierte Identitätsverwaltung in Hybrid- und Multi-Cloud-Umgebungen. Unternehmen können plattformübergreifend einheitliche Zugriffsrichtlinien durchsetzen und so sicherstellen, dass Benutzer nahtlos und sicher auf Unternehmensressourcen zugreifen können.

Darüber hinaus erhöht IGA die Agilität durch die Integration mit Identity-as-a-Service (IDaaS)-Lösungen, die cloudbasierte Identitätsmanagementfunktionen bieten. Dies ermöglicht Unternehmen, ihre Identity-Governance-Aktivitäten zu skalieren, wenn sie in neue Märkte expandieren oder neue Technologien einführen.

Stärkung des Identity Lifecycle Managements

Die Rolle der IGA geht über die anfängliche Zugriffsbereitstellung hinaus und umfasst den gesamten Identitätslebenszyklus. Von der Einarbeitung neuer Mitarbeiter über die Verwaltung von Rollenänderungen bis hin zur erforderlichen Sperrung des Zugriffs stellt die IGA sicher, dass identitätsbezogene Prozesse korrekt und aktuell bleiben.

Die Automatisierung des Lebenszyklusmanagements reduziert Fehler im Zusammenhang mit manuellen Aktualisierungen und verbessert die Sicherheit durch den Wegfall unnötiger Zugriffsrechte. Durch die Integration in Personalsysteme (HR) können IGA-Plattformen Identitätsdaten mit dem Beschäftigungsstatus synchronisieren und Zugriffsberechtigungen bei Rollenänderungen oder Beendigung des Arbeitsverhältnisses automatisch aktualisieren.

Dieser Automatisierungsgrad verringert nicht nur den Verwaltungsaufwand, sondern gewährleistet auch die Einhaltung von Sicherheitsrichtlinien und gesetzlichen Anforderungen.

Anpassung an neue Sicherheitstrends

Da Cyberbedrohungen immer ausgefeilter werden, müssen Unternehmen fortschrittliche Identity-Governance-Strategien implementieren, um potenziellen Risiken einen Schritt voraus zu sein. IGA entwickelt sich weiter und integriert Funktionen für künstliche Intelligenz (KI) und maschinelles Lernen (ML). So können Unternehmen Anomalien erkennen, Zugriffsmuster identifizieren und datenbasierte Entscheidungen zur Identity Governance treffen.

Verhaltensbasierte Analysen ermöglichen es Unternehmen, Insider-Bedrohungen und ungewöhnliche Benutzeraktivitäten in Echtzeit zu erkennen. Greift ein Mitarbeiter plötzlich auf vertrauliche Daten zu, die nicht seinen üblichen Verhaltensmustern entsprechen, können KI-gestützte IGA-Lösungen die Aktivität zur Überprüfung markieren oder zusätzliche Authentifizierungsmaßnahmen erzwingen.

Darüber hinaus werden Zero-Trust-Sicherheitsmodelle, die auf kontinuierlicher Verifizierung und geringstmöglichem Zugriff basieren, zum Standard für moderne Unternehmen. IGA spielt bei Zero Trust eine entscheidende Rolle, indem es granulare Zugriffskontrollen durchsetzt, Identitäten an jedem Zugriffspunkt überprüft und sicherstellt, dass nur autorisierte Benutzer mit sensiblen Assets interagieren können.

Die wachsende Bedeutung von IGA in der Unternehmenssicherheit

Mit der Weiterentwicklung von Unternehmen entwickeln sich auch ihre Anforderungen an das Identitätsmanagement. IGA ist zu einem wesentlichen Bestandteil der Unternehmenssicherheit geworden und gewährleistet, dass Unternehmen Identitäten effektiv verwalten und gleichzeitig Compliance und betriebliche Effizienz gewährleisten können. Durch die Implementierung eines starken IGA-Frameworks können Unternehmen ihre digitalen Assets schützen, Sicherheitsrisiken reduzieren und ihre langfristigen Geschäftsziele unterstützen.

IGA vs. IAM: Den Unterschied verstehen

Identitätssicherheit ist ein entscheidender Aspekt moderner Cybersicherheitsrahmen. Sie stellt sicher, dass nur autorisierte Personen auf Unternehmenssysteme und -daten zugreifen können. In diesem Bereich werden häufig zwei Schlüsselkonzepte diskutiert: Identity and Access Management (IAM) und Identity Governance and Administration (IGA). Obwohl diese Begriffe manchmal synonym verwendet werden, dienen sie unterschiedlichen Zwecken. Das Verständnis der Unterschiede zwischen IAM und IGA ist für Unternehmen, die ein sicheres und konformes Identitätsmanagement-Framework etablieren möchten, unerlässlich.

Definition von IAM und IGA

IAM ist ein umfassendes Fachgebiet, das alle Aspekte der Verwaltung digitaler Identitäten, Authentifizierung und Autorisierung umfasst. Es bietet Mechanismen, die sicherstellen, dass Benutzer auf die benötigten Systeme, Anwendungen und Ressourcen zugreifen können, während gleichzeitig unbefugter Zugriff verhindert wird. IAM-Lösungen umfassen Authentifizierungsmethoden wie Passwörter, Biometrie und Multi-Faktor-Authentifizierung (MFA) sowie Autorisierungsrichtlinien, die festlegen, welche Aktionen Benutzer innerhalb eines Systems ausführen dürfen.

IGA hingegen erweitert IAM durch die Integration von Governance, Aufsicht und Compliance in das Identitätsmanagement. Während sich IAM auf die Ermöglichung und Sicherung des Zugriffs konzentriert, stellt IGA sicher, dass der Zugriff angemessen ist, überwacht wird und den Geschäftsrichtlinien und gesetzlichen Anforderungen entspricht. IGA-Lösungen erzwingen Zugriffskontrollen, automatisieren das Identity Lifecycle Management und bieten Audit- und Reporting-Funktionen zum Nachweis der Einhaltung von Standards wie DSGVO, HIPAA und SOX.

Hauptunterschiede zwischen IAM und IGA

Einer der Hauptunterschiede zwischen IAM und IGA liegt in ihren Kernzielen. IAM dient der effizienten Authentifizierung und Autorisierung von Benutzern und gewährleistet so einen sicheren und optimierten Zugriff auf digitale Ressourcen. Es bietet sofortige Zugriffskontrollmechanismen wie Single Sign-On (SSO) und MFA, um die Sicherheit zu erhöhen, ohne das Benutzererlebnis zu beeinträchtigen.

IGA hingegen konzentriert sich auf Governance und Administration. Es befasst sich mit der Beantwortung kritischer Fragen wie: Wer sollte Zugriff haben? Warum wird er benötigt? Wie wird der Zugriff genutzt? Durch die Implementierung von Zugriffsüberprüfungsprozessen, Richtliniendurchsetzung und automatisierten Workflows stellt IGA sicher, dass identitätsbezogene Entscheidungen überprüfbar, gerechtfertigt und den organisatorischen und regulatorischen Anforderungen entsprechen.

Authentifizierung und Zugriffskontrolle vs. Identity Governance

IAM-Lösungen legen den Schwerpunkt auf Authentifizierungs- und Zugriffskontrollmechanismen, um Benutzeridentitäten zu überprüfen und ihre Berechtigungen festzulegen. Zu den Authentifizierungsmethoden gehören passwortbasierte Anmeldungen, biometrische Verifizierung und Hardware-Token. Zugriffskontrollrichtlinien definieren, was authentifizierte Benutzer innerhalb einer Anwendung oder eines Systems tun können.

IGA bietet eine zusätzliche Kontrollebene durch die kontinuierliche Bewertung und Steuerung von Zugriffsrechten. Es stellt sicher, dass Benutzer nur über die erforderlichen Berechtigungen verfügen und der Zugriff regelmäßig überprüft wird. Durch rollenbasierte Zugriffskontrolle (RBAC), attributbasierte Zugriffskontrolle (ABAC) und Funktionstrennung (SoD) minimiert IGA die Risiken übermäßiger Berechtigungen und unbefugten Zugriffs.

Identitätslebenszyklusverwaltung

IAM konzentriert sich in erster Linie auf die Gewährung und Durchsetzung von Zugriffsrechten, während IGA einen ganzheitlichen Ansatz zur Verwaltung von Identitätslebenszyklen verfolgt. Das Identity-Lifecycle-Management in IGA umfasst:

- **Benutzer-Onboarding und -Bereitstellung:**Automatisieren Sie die Erstellung von Benutzerkonten und weisen Sie anfängliche Zugriffsrechte basierend auf Jobrollen zu.
- **Rollen- und Zugriffsänderungen:**Anpassen von Berechtigungen beim Wechsel von Benutzern zwischen Rollen, Abteilungen oder Projekten.
- **Offboarding und Deprovisionierung von Benutzern:**Stellen Sie sicher, dass Zugriffsrechte umgehend widerrufen werden, wenn Benutzer das Unternehmen verlassen. So verringern Sie das Risiko verwaister Konten.

Durch die Integration des Lebenszyklusmanagements erhöht IGA die Sicherheit und reduziert den Verwaltungsaufwand, sodass sichergestellt wird, dass Benutzer jederzeit über die richtige Zugriffsebene verfügen.

Compliance und Auditing

Ein wichtiger Faktor für die Einführung von IGA ist die Einhaltung gesetzlicher Vorschriften. Unternehmen müssen verschiedene Branchenvorschriften einhalten, die strenge Kontrollen des Benutzerzugriffs auf vertrauliche Daten vorschreiben. IAM sichert zwar den Zugriff durch Authentifizierung und Autorisierung, bietet aber nicht automatisch die für Audits erforderlichen Berichts- und Compliance-Funktionen.

IGA-Lösungen schließen diese Lücke, indem sie detaillierte Prüfprotokolle erstellen, Zugriffszertifizierungen automatisieren und Governance-Richtlinien durchsetzen. Diese Funktionen helfen Unternehmen, die Einhaltung gesetzlicher Vorschriften nachzuweisen, Sicherheitsrisiken zu minimieren und das Risiko von Datenschutzverletzungen zu verringern.

Integration mit Privileged Access Management (PAM)

Privileged Access Management (PAM) ist ein weiterer wichtiger Aspekt der Identitätssicherheit und konzentriert sich auf den Schutz von Konten mit erhöhten Berechtigungen. IAM bietet zwar Authentifizierungsmechanismen für privilegierte Benutzer, regelt jedoch nicht grundsätzlich, wie privilegierter Zugriff gewährt oder überwacht wird.

IGA-Lösungen integrieren sich in PAM, um die Kontrolle über privilegierte Konten zu gewährleisten. So wird sichergestellt, dass risikoreicher Zugriff ordnungsgemäß begründet, nach dem Prinzip der geringsten Berechtigung zugewiesen und regelmäßig überprüft wird. Diese Integration erhöht die Sicherheit, indem sie unbefugten Administratorzugriff verhindert und das Risiko von Insider-Bedrohungen reduziert.

Anwendungsfälle für IAM und IGA

IAM ist unerlässlich, um im täglichen Geschäftsbetrieb einen sicheren Zugriff zu ermöglichen. Es wird verwendet für:

- Implementierung von Single Sign-On (SSO), um die Authentifizierung über mehrere Anwendungen hinweg zu vereinfachen.

- Erzwingen der Multi-Faktor-Authentifizierung (MFA) zur Erhöhung der Anmeldesicherheit.
- Definieren von Zugriffskontrollrichtlinien, um den unbefugten Zugriff auf vertrauliche Systeme einzuschränken.

IGA ist notwendig, wenn Organisationen zusätzliche Governance- und Compliance-Maßnahmen benötigen. Häufige Anwendungsfälle sind:

- Führen Sie regelmäßige Zugriffsüberprüfungen durch, um sicherzustellen, dass die Berechtigungen noch angemessen sind.
- Automatisieren Sie die Bereitstellung und Aufhebung der Benutzerbereitstellung zur Anpassung an HR-Prozesse.
- Durchsetzung von Richtlinien zur Funktionstrennung (SoD), um Betrug und Interessenkonflikte zu verhindern.

Die Wahl des richtigen Ansatzes

Unternehmen müssen ihre Identitätssicherheitsanforderungen bewerten, um festzustellen, ob IAM, IGA oder eine Kombination aus beidem erforderlich ist. In vielen Fällen ergänzen sich IAM und IGA als Lösungen. Während IAM die technischen Kontrollen für Authentifizierung und Zugriffsdurchsetzung bereitstellt, bietet IGA Governance, Aufsicht und Compliance-Überwachung.

Für Unternehmen in stark regulierten Branchen ist IGA entscheidend, um Compliance sicherzustellen und Sicherheitsrisiken zu minimieren. Unternehmen mit komplexen Identitätsmanagement-Anforderungen, wie z. B. der Verwaltung großer Belegschaften, Zugriff durch Dritte und Cloud-Umgebungen, profitieren von den automatisierten Workflows und Audit-Funktionen von IGA.

Unternehmen hingegen, die die Benutzerauthentifizierung verbessern, SSO implementieren oder MFA-Lösungen einsetzen möchten, setzen auf IAM als primäres Zugriffsverwaltungs-Framework. Die Kombination von IAM und IGA gewährleistet einen umfassenden Ansatz für die Identitätssicherheit und verbindet nahtlosen Benutzerzugriff mit strengen Governance- und Compliance-Maßnahmen.

Die Zukunft von IAM und IGA

Angesichts der zunehmenden Cyberbedrohungen und des zunehmenden regulatorischen Drucks werden IAM und IGA weiterhin eine wichtige Rolle in den Sicherheitsstrategien von Unternehmen spielen. Neue Trends wie KI-gestützte Identitätsanalysen, Zero-Trust-Sicherheitsmodelle und dezentrales Identitätsmanagement werden die Identitätssicherheitslandschaft weiter prägen.

Unternehmen, die moderne IAM- und IGA-Lösungen einsetzen, erhalten mehr Transparenz über Benutzerzugriffe, reduzieren Sicherheitsrisiken und optimieren Compliance-Bemühungen. Durch das Verständnis der unterschiedlichen Rollen von IAM und IGA können Unternehmen ein robustes Identitätssicherheits-Framework implementieren, das sowohl betrieblichen als auch regulatorischen Anforderungen gerecht wird.

Vorteile der IGA-Implementierung

Identity Governance und Administration (IGA) ist ein wichtiger Bestandteil moderner Cybersicherheitsstrategien und unterstützt Unternehmen bei der Verwaltung digitaler Identitäten, der Durchsetzung von Zugriffsrichtlinien und der Gewährleistung der Einhaltung gesetzlicher Vorschriften. Mit dem Wachstum von Unternehmen und der zunehmenden Komplexität ihrer IT-Umgebungen wird ein robustes Identity-Governance-Framework unerlässlich. Die Implementierung von IGA bietet zahlreiche Vorteile – von erhöhter Sicherheit und Risikominimierung bis hin zu höherer Betriebseffizienz und verbessertem Benutzererlebnis.

Stärkung der Sicherheit und Reduzierung des Risikos

Einer der Hauptvorteile der IGA-Implementierung ist die Verbesserung der Sicherheit durch die Verhinderung unbefugten Zugriffs auf sensible Systeme und Daten. Unternehmen kämpfen häufig mit übermäßigen Zugriffsrechten, verwaisten Konten und einer Ausweitung der Berechtigungen, die erhebliche Sicherheitsrisiken darstellen. IGA-Lösungen mindern diese Risiken, indem sie den Zugriff mit den geringsten Berechtigungen erzwingen, das Identity Lifecycle Management automatisieren und den Benutzerzugriff kontinuierlich überwachen.

Mit einem IGA-Framework können Unternehmen sicherstellen, dass Benutzer nur auf die Ressourcen zugreifen können, die sie für ihre Aufgaben benötigen. Wechselt ein Mitarbeiter die Position oder verlässt er das Unternehmen, wird sein Zugriff durch die automatische Deprovisionierung umgehend entzogen. Dies reduziert das Risiko von Insider-Bedrohungen. Darüber hinaus helfen kontinuierliche Audit- und Zugriffszertifizierungsprozesse, Sicherheitslücken zu erkennen und zu beheben, bevor sie ausgenutzt werden können.

Sicherstellung der Einhaltung gesetzlicher Vorschriften

Viele Branchen unterliegen strengen Vorschriften, die von Unternehmen die Implementierung strenger Identitäts- und Zugriffskontrollen verlangen. Gesetze wie die Datenschutz-Grundverordnung (DSGVO), der Sarbanes-Oxley Act (SOX) und der Health Insurance Portability and Accountability Act (HIPAA) schreiben Unternehmen vor, den Zugriff auf sensible Daten zu überwachen, zu kontrollieren und zu melden.

Die Implementierung von IGA vereinfacht die Compliance durch automatisierte Zugriffsprüfungen, Richtliniendurchsetzung und detaillierte Berichtsfunktionen. Unternehmen können revisionssichere Berichte erstellen, die die Einhaltung der Zugriffskontrollrichtlinien nachweisen und so das Risiko behördlicher Sanktionen verringern. IGA-Lösungen unterstützen zudem die Durchsetzung von Funktionstrennungsrichtlinien (SoD) und verhindern so Interessenkonflikte, die zu Betrug oder Datenschutzverletzungen führen können.

Steigerung der Betriebseffizienz

Die manuelle Verwaltung von Benutzeridentitäten und Zugriffsrechten kann zeitaufwändig und fehleranfällig sein. IT-Teams verbringen oft übermäßig viel Zeit mit der Bereitstellung und Deaktivierung von Konten, der Beantwortung von Zugriffsanfragen und der Durchführung von Zugriffsüberprüfungen. Durch die Automatisierung dieser Prozesse reduziert IGA den Verwaltungsaufwand erheblich und verbessert die Effizienz.

Self-Service-Zugriffsanfragen ermöglichen es Mitarbeitern, über ein zentrales Portal Zugriff auf Anwendungen und Ressourcen zu beantragen. Dadurch wird die Abhängigkeit von IT-Administratoren reduziert. Automatisierte Genehmigungsworkflows stellen sicher, dass Zugriffsanfragen geprüft und basierend auf vordefinierten Richtlinien genehmigt werden. Das reduziert Verzögerungen und steigert die Produktivität. Darüber hinaus vereinfachen die rollenbasierte Zugriffssteuerung (RBAC) und die richtlinienbasierte Zugriffssteuerung (PBAC) die Zugriffsverwaltung, indem sie Benutzer mit ähnlichen Aufgaben gruppieren und ihnen entsprechende Berechtigungen zuweisen.

Verbesserung der Benutzererfahrung

Eine gut implementierte IGA-Lösung verbessert das Benutzererlebnis, indem sie nahtlosen und sicheren Zugriff auf die benötigten Ressourcen ermöglicht. Herkömmliche Zugriffsanforderungsprozesse erfordern oft mehrere Genehmigungsebenen und manuelle Eingriffe, was zu Verzögerungen und Frustration führt. Mit IGA wird das Zugriffsmanagement optimiert, sodass Mitarbeiter vom ersten Tag an produktiv sein können.

Die Integration von Single Sign-On (SSO) in IGA-Lösungen reduziert die Notwendigkeit, sich mehrere Passwörter zu merken, und minimiert so passwortbezogene Supportanfragen. Darüber hinaus ermöglichen Self-Service-Funktionen den Benutzern die eigenständige Verwaltung ihres Zugangs und entlasten so den IT-Helpdesk. Diese Verbesserungen sorgen für eine effizientere und benutzerfreundlichere Arbeitsumgebung.

Unterstützung der digitalen Transformation

Da Unternehmen zunehmend auf Cloud Computing, Remote-Arbeit und hybride IT-Umgebungen setzen, wird die Verwaltung von

Identitäten über mehrere Plattformen hinweg immer komplexer. IGA-Lösungen bieten zentralisierte Identitätsverwaltung und ermöglichen Unternehmen die Durchsetzung einheitlicher Zugriffsrichtlinien für lokale und Cloud-Anwendungen.

Durch die Integration mit cloudbasierten Identity-as-a-Service (IDaaS)-Lösungen ermöglicht IGA Unternehmen, ihre Governance-Funktionen auf Software-as-a-Service (SaaS)-Anwendungen, Infrastructure-as-a-Service (IaaS)-Plattformen und andere digitale Dienste auszuweiten. Dadurch wird sichergestellt, dass Sicherheitsrichtlinien unabhängig vom Hosting-Standort von Anwendungen und Daten eingehalten werden.

Verbesserte Sichtbarkeit und Kontrolle

Eine der größten Herausforderungen im Identitätsmanagement besteht darin, den Überblick darüber zu behalten, wer Zugriff auf welche Ressourcen hat. IGA-Lösungen bieten einen umfassenden Überblick über alle Identitäten, Zugriffsberechtigungen und Berechtigungen im gesamten Unternehmen. Diese zentrale Transparenz hilft Sicherheitsteams, übermäßige Berechtigungen zu erkennen, Richtlinienverstöße aufzudecken und Compliance-Anforderungen effektiver durchzusetzen.

Echtzeitüberwachung und Identitätsanalyse verbessern die Kontrolle zusätzlich, indem sie ungewöhnliche Zugriffsmuster und potenzielle Sicherheitsbedrohungen identifizieren. Fortschrittliche IGA-Plattformen nutzen künstliche Intelligenz (KI) und maschinelles Lernen (ML), um Anomalien zu erkennen und risikobasierte Empfehlungen für Zugriffsentscheidungen zu geben. Dieser proaktive Ansatz stärkt die Sicherheitslage und ermöglicht es Unternehmen, schnell auf potenzielle Bedrohungen zu reagieren.

Geschäftsflexibilität ermöglichen

Moderne Unternehmen benötigen Flexibilität, um sich an veränderte Marktbedingungen, regulatorische Rahmenbedingungen und technologische Fortschritte anzupassen. IGA ermöglicht es Unternehmen, ihre Identity-Governance-Aktivitäten effizient zu skalieren – sei es bei der Einarbeitung neuer Mitarbeiter, der Expansion in neue Märkte oder der Integration neuer Technologien.

Durch die Automatisierung des Identity Lifecycle Managements können Unternehmen Mitarbeiter, Auftragnehmer und Partner schnell und sicher ein- und ausgliedern. Diese Flexibilität unterstützt das Unternehmenswachstum und gewährleistet gleichzeitig strenge Sicherheits- und Compliance-Standards.

Kosten und Ressourcenbedarf senken

Die Implementierung von IGA kann zu erheblichen Kosteneinsparungen führen, da sie den manuellen Aufwand für das Identitätsmanagement reduziert, Sicherheitsvorfälle minimiert und Bußgelder vermeidet. Die Automatisierung der Identitätsverwaltung reduziert den Zeit- und Ressourcenaufwand für Zugriffszertifizierung, Benutzerbereitstellung und Compliance-Audits. Darüber hinaus können Unternehmen durch die Verhinderung unbefugten Zugriffs und die Reduzierung von Sicherheitsrisiken kostspielige Datenschutzverletzungen und rechtliche Konsequenzen vermeiden.

IGA-Lösungen tragen zudem zur Optimierung der IT-Ressourcenzuweisung bei, indem sie eine bessere Kontrolle über Softwarelizenzen, Cloud-Service-Abonnements und die Anwendungsnutzung ermöglichen. Indem sichergestellt wird, dass nur autorisierte Benutzer Zugriff auf bestimmte Ressourcen haben, können Unternehmen unnötige Ausgaben für ungenutzte oder nicht ausgelastete Konten vermeiden.

Zukunftssichere Identitätsverwaltung

Angesichts zunehmender Cybersicherheitsbedrohungen und strengerer regulatorischer Anforderungen müssen Unternehmen ihre Identity-Governance-Strategien kontinuierlich verbessern. Die Implementierung von IGA bietet eine zukunftssichere Grundlage für die Verwaltung digitaler Identitäten und ermöglicht es Unternehmen, sich an neue Sicherheitsherausforderungen und technologische Fortschritte anzupassen.

Durch die Integration von KI, maschinellem Lernen und verhaltensbasierten Zugriffskontrollen wird IGA intelligenter und proaktiver. Unternehmen, die heute in IGA investieren, sind in Zukunft besser aufgestellt, um Identitäten sicher und effizient zu verwalten.

Durch die Implementierung eines umfassenden IGA-Frameworks können Unternehmen die Sicherheit erhöhen, Abläufe optimieren, Compliance gewährleisten und die allgemeine Geschäftsflexibilität verbessern. Diese Vorteile machen IGA zu einem wesentlichen Bestandteil der Identitäts- und Zugriffsmanagementstrategie jedes modernen Unternehmens.

Häufige Herausforderungen bei der Identitätsverwaltung

Identity Governance und Administration (IGA) spielen eine entscheidende Rolle bei der Verwaltung von Benutzeridentitäten, der Gewährleistung der Sicherheit und der Einhaltung gesetzlicher Vorschriften. Die Implementierung und Aufrechterhaltung einer effektiven IGA-Strategie ist jedoch nicht ohne Herausforderungen. Unternehmen stehen vor zahlreichen Hindernissen, die von technischer Komplexität über Compliance-Belastungen bis hin zum Widerstand der Benutzer reichen. Das Verständnis dieser Herausforderungen ist der Schlüssel zur Entwicklung eines robusten Identity-Governance-Frameworks, das Risiken minimiert und die betriebliche Effizienz steigert.

Komplexität der Verwaltung unterschiedlicher Benutzeridentitäten

Eine der größten Herausforderungen im Bereich Identity Governance ist die Verwaltung einer Vielzahl unterschiedlicher Benutzeridentitäten. Unternehmen haben oft mehrere Benutzerkategorien, darunter Mitarbeiter, Auftragnehmer,

Drittanbieter und Geschäftspartner. Jede dieser Gruppen benötigt unterschiedliche Zugriffsebenen, abhängig von ihren Rollen, Aufgaben und den Systemen, mit denen sie interagieren müssen.

Mit dem Wachstum von Unternehmen verteilen sich Benutzeridentitäten auf verschiedene Plattformen, darunter lokale Umgebungen, Cloud-Dienste und hybride Infrastrukturen. Die konsistente Verwaltung von Identitäten über mehrere Systeme hinweg ist eine anspruchsvolle Aufgabe, insbesondere wenn Benutzer sowohl auf ältere als auch auf moderne Cloud-Anwendungen zugreifen müssen. Ohne ein zentralisiertes Governance-Framework fällt es Unternehmen schwer, Zugriffsrichtlinien einheitlich durchzusetzen, was zu Sicherheitslücken und Compliance-Risiken führt.

Inkonsistente Rollen- und Zugriffsverwaltung

Die rollenbasierte Zugriffskontrolle (RBAC) ist ein weit verbreiteter Ansatz zur Identitätsverwaltung. Die Definition und Pflege von Rollen im gesamten Unternehmen kann jedoch eine Herausforderung darstellen. Mit der Zeit werden Rollendefinitionen aufgrund der zunehmenden Anzahl an Rollen komplex, da Unternehmen zu viele Rollen erstellen, um den individuellen Zugriffsanforderungen gerecht zu werden. Dies führt zu Ineffizienzen und erschwert die effektive Verwaltung von Benutzerberechtigungen.

Ein weiteres Problem ist die zunehmende Berechtigungszunahme, bei der Benutzer mit wechselnden Rollen innerhalb eines Unternehmens übermäßige Zugriffsrechte anhäufen. Ohne regelmäßige Zugriffsüberprüfungen und geeignete Deprovisionierungsmechanismen behalten Mitarbeiter möglicherweise Berechtigungen, die sie nicht mehr benötigen, was die Sicherheitsrisiken erhöht. Die Verwaltung von Rollenhierarchien und die Sicherstellung, dass Benutzer nur die für ihre Aufgaben erforderlichen Berechtigungen haben, erfordern kontinuierliche Überwachung und Governance.

Compliance- und Regulierungslasten

Die Einhaltung gesetzlicher Vorschriften ist ein entscheidender Faktor für die Identitätsverwaltung. Die Erfüllung der Compliance-

Anforderungen stellt jedoch eine erhebliche Herausforderung dar. Unternehmen müssen verschiedene Vorschriften einhalten, beispielsweise die Datenschutz-Grundverordnung (DSGVO), den Health Insurance Portability and Accountability Act (HIPAA), den Sarbanes-Oxley Act (SOX) und branchenspezifische Standards wie den Payment Card Industry Data Security Standard (PCI DSS).

Diese Vorschriften erfordern strenge Zugriffskontrollen, Prüfprotokolle und die regelmäßige Zertifizierung von Benutzerrechten. Die Gewährleistung einer kontinuierlichen Compliance im gesamten Unternehmen ist jedoch ressourcenintensiv. Unternehmen müssen regelmäßig Zugriffsprüfungen durchführen, Compliance-Berichte erstellen und detaillierte Protokolle identitätsbezogener Aktivitäten führen. Die Komplexität der Compliance steigt, wenn Unternehmen in mehreren Regionen mit unterschiedlichen regulatorischen Rahmenbedingungen tätig sind. Dies erfordert anpassbare Governance-Richtlinien, die den unterschiedlichen gesetzlichen Anforderungen gerecht werden.

Mangelnde Automatisierung im Identity Lifecycle Management

Manuelle Identitätsmanagementprozesse sind ineffizient und anfällig für menschliche Fehler. Viele Unternehmen setzen immer noch auf veraltete, arbeitsintensive Methoden für die Benutzerbereitstellung, Zugriffszertifizierung und Deprovisionierung. Dies führt zu Verzögerungen bei der Gewährung oder Sperrung von Zugriffen, erhöht die Sicherheitsrisiken und beeinträchtigt die Benutzerproduktivität.

Wenn beispielsweise ein Mitarbeiter in ein Unternehmen eintritt, müssen IT-Teams manuell Konten erstellen, Rollen zuweisen und Berechtigungen für mehrere Anwendungen konfigurieren. Ist dieser Prozess nicht automatisiert, kann es für neue Mitarbeiter zu Verzögerungen beim Zugriff auf kritische Systeme kommen, was zu Produktivitätseinbußen führt. Auch beim Ausscheiden eines Mitarbeiters kann ein nicht rechtzeitiger Entzug des Zugriffs zu verwaisten Konten führen, die dann zum Ziel für böswillige Angriffe werden.

Automatisierung spielt eine Schlüsselrolle bei der Optimierung des Identity Lifecycle Managements und stellt sicher, dass Zugriffsrechte zeitnah zugewiesen und entzogen werden. Die Implementierung der Automatisierung erfordert jedoch die Integration von Identity-Governance-Lösungen in verschiedene Anwendungen und IT-Infrastrukturen, was technisch komplex sein kann.

Verwalten von privilegiertem Zugriff und Insider-Bedrohungen

Privilegierte Konten, wie Systemadministratoren, IT-Supportmitarbeiter und Führungskräfte, haben erweiterten Zugriff auf kritische Systeme und Daten. Werden diese Konten nicht ordnungsgemäß verwaltet, stellen sie ein erhebliches Sicherheitsrisiko dar. Insider-Bedrohungen, ob absichtlich oder versehentlich, können zu Datenlecks, unbefugten Änderungen oder Compliance-Verstößen führen.

Eine der Herausforderungen für Unternehmen besteht darin, privilegierte Zugriffe effektiv zu überwachen und zu kontrollieren. Herkömmliche Identity-Governance-Lösungen konzentrieren sich oft auf Standardbenutzerkonten, während das Privileged Access Management (PAM) separat behandelt wird. Ohne die ordnungsgemäße Integration von IGA und PAM fällt es Unternehmen möglicherweise schwer, das Prinzip der geringsten Privilegien durchzusetzen, privilegierte Sitzungen zu verfolgen und den Missbrauch von Administratorrechten zu verhindern.

Widerstand gegen Veränderungen und mangelndes Bewusstsein der Benutzer

Effektive Identitätsverwaltung erfordert die Zusammenarbeit von Mitarbeitern, Führungskräften und IT-Teams. Unternehmen stoßen jedoch häufig auf Widerstand bei der Implementierung neuer Governance-Richtlinien oder Identitätsmanagement-Lösungen. Mitarbeiter empfinden zusätzliche Sicherheitsmaßnahmen wie Multi-Faktor-Authentifizierung (MFA) und strenge Zugriffsprüfungen möglicherweise eher als Unannehmlichkeit denn als Notwendigkeit.

Darüber hinaus führt mangelndes Bewusstsein für bewährte Verfahren der Identitätsverwaltung zu mangelnder Sicherheitshygiene. Benutzer geben möglicherweise Anmeldeinformationen weiter, umgehen Sicherheitskontrollen oder melden verdächtige Aktivitäten nicht. Unternehmen müssen in Schulungsprogramme und Sensibilisierungskampagnen investieren, um ihre Mitarbeiter über die Bedeutung der Identitätsverwaltung und ihre Rolle bei der Aufrechterhaltung der Sicherheit aufzuklären.

Herausforderungen bei der Integration von IGA in die bestehende IT-Infrastruktur

Viele Unternehmen arbeiten in komplexen IT-Umgebungen mit einer Mischung aus Legacy-Systemen, lokalen Anwendungen und Cloud-basierten Diensten. Die Integration von IGA-Lösungen in diese unterschiedlichen Systeme stellt technische und betriebliche Herausforderungen dar. Einigen Legacy-Anwendungen fehlen moderne Identitätsmanagement-Funktionen, was die Durchsetzung zentralisierter Governance-Richtlinien erschwert.

Darüber hinaus übernehmen Unternehmen nach Fusionen und Übernahmen häufig mehrere Identitätsmanagementsysteme mit jeweils unterschiedlichen Richtlinien und Konfigurationen. Die Konsolidierung dieser Systeme in einem einheitlichen IGA-Framework erfordert erheblichen Aufwand, einschließlich Datenmigration, Richtlinienharmonisierung und Systemintegration.

Identitätsverwaltung in einer Cloud- und Hybridumgebung

Mit der Migration von Unternehmen in Cloud-Umgebungen wird die Identitätsverwaltung zu einer größeren Herausforderung. Herkömmliche IGA-Lösungen wurden für lokale Umgebungen entwickelt und ihre Anpassung an Cloud-basierte Anwendungen erfordert neue Strategien. Cloud-Anwendungen verfügen oft über unterschiedliche Authentifizierungs- und Autorisierungsmechanismen, was die Durchsetzung einheitlicher Zugriffsrichtlinien auf allen Plattformen erschwert.

Darüber hinaus müssen Unternehmen externe Identitäten verwalten, beispielsweise von Geschäftspartnern und Drittanbietern, die Zugriff auf Unternehmensressourcen benötigen. Es wird zunehmend wichtiger, sicherzustellen, dass diese externen Identitäten mit der gleichen Sorgfalt verwaltet werden wie interne Mitarbeiter. Ohne ordnungsgemäße Governance können Unternehmen sensible Daten unbefugten Dritten zugänglich machen.

Bewältigung der Herausforderungen der Identitätsverwaltung

Um diese Herausforderungen zu meistern, ist ein strategischer Ansatz für die Identitätsverwaltung erforderlich. Unternehmen müssen moderne IGA-Lösungen einsetzen, die Automatisierung, Rollenmanagement und Compliance-Reporting bieten. Die Implementierung KI-gestützter Identitätsanalysen kann helfen, Anomalien zu erkennen, Sicherheitsrisiken zu identifizieren und die Entscheidungsfindung zu verbessern.

Ein starker Governance-Rahmen sollte auch regelmäßige Zugriffsüberprüfungen, die Integration in das Privileged Access Management und eine kontinuierliche Überwachung der Benutzeraktivitäten umfassen. Unternehmen müssen Benutzerschulungen und Change-Management-Initiativen priorisieren, um sicherzustellen, dass die Mitarbeiter die Identity-Governance-Richtlinien verstehen und einhalten.

Da sich die digitale Landschaft ständig weiterentwickelt, müssen Unternehmen die Herausforderungen der Identitätsverwaltung proaktiv angehen. Eine klar definierte IGA-Strategie erhöht die Sicherheit, reduziert Compliance-Risiken und verbessert die betriebliche Effizienz. So können Unternehmen Identitäten in einer zunehmend komplexen IT-Umgebung effektiv verwalten.

Entwicklung einer IGA-Strategie

Identity Governance und Administration (IGA) ist für moderne Unternehmen unerlässlich, um eine sichere, effiziente und konforme Verwaltung digitaler Identitäten zu gewährleisten. Eine gut entwickelte IGA-Strategie ermöglicht es Unternehmen, den Benutzerzugriff zu kontrollieren, Richtlinien durchzusetzen und identitätsbezogene Risiken im Blick zu behalten. Die Implementierung von IGA erfordert sorgfältige Planung, Ausrichtung auf Geschäftsziele und kontinuierliche Verbesserung, um sich an neue

Sicherheitsbedrohungen und regulatorische Anforderungen anzupassen.

Die Notwendigkeit einer IGA-Strategie verstehen

Unternehmen arbeiten heute in komplexen IT-Umgebungen, die lokale Systeme, Cloud-Anwendungen und hybride Infrastrukturen umfassen. Die Verwaltung von Benutzeridentitäten über diese verschiedenen Plattformen hinweg stellt eine Herausforderung dar, insbesondere da die Belegschaft zunehmend mobiler wird und Auftragnehmer, Drittanbieter und Remote-Mitarbeiter umfasst. Ohne eine strukturierte IGA-Strategie sind Unternehmen Risiken wie unbefugtem Zugriff, zunehmender Berechtigungsausweitung, Compliance-Verstößen und Sicherheitsverletzungen ausgesetzt.

Eine gut definierte IGA-Strategie hilft Unternehmen, diese Risiken zu minimieren, indem sie einen Rahmen für Identitätslebenszyklusmanagement, Zugriffskontrollen und Governance-Richtlinien bietet. Durch die Integration von Automatisierung und Analyse können Unternehmen die Effizienz steigern, die Sicherheit erhöhen und den Verwaltungsaufwand für das Identitätsmanagement reduzieren.

Festlegen von Geschäftszielen und Compliance-Anforderungen

Der erste Schritt bei der Entwicklung einer IGA-Strategie besteht darin, Geschäftsziele und regulatorische Anforderungen zu identifizieren. Jedes Unternehmen hat individuelle Sicherheits- und Governance-Anforderungen, die auf Branchenstandards, Datenschutzgesetzen und operativen Prioritäten basieren. Unternehmen in stark regulierten Branchen wie dem Finanz- und Gesundheitswesen müssen strenge Compliance-Vorgaben einhalten, darunter DSGVO, HIPAA und SOX.

Die Ausrichtung der IGA an den Geschäftszielen stellt sicher, dass Identitätsmanagementprozesse die betriebliche Effizienz fördern, ohne die Sicherheit zu beeinträchtigen. Dazu gehört die Definition von Key Performance Indicators (KPIs), um die Effektivität der Identity-Governance-Maßnahmen zu messen. Zu den gängigen KPIs gehören die Zeit für die Bereitstellung und Deaktivierung von Konten, der

Prozentsatz der eliminierten verwaisten Konten und die Erfolgsquote bei Compliance-Audits.

Definieren von Identity Governance-Richtlinien

Eine effektive IGA-Strategie erfordert klar definierte Richtlinien für Benutzerzugriff, Rollenzuweisungen und Sicherheitsmaßnahmen. Unternehmen müssen klare Richtlinien festlegen, wer auf bestimmte Systeme zugreifen darf, wie Zugriffsanfragen bearbeitet werden und wie häufig Zugriffsüberprüfungen durchgeführt werden.

Die Richtlinien sollten Folgendes abdecken:

- **Rollenbasierte Zugriffskontrolle (RBAC):**Definieren Sie auftragsbezogene Zugriffsrechte, um übermäßige Berechtigungen zu minimieren.
- **Funktionstrennung (SoD):**Verhindern Sie Interessenkonflikte, indem Sie Benutzern widersprüchliche Berechtigungen erteilen, beispielsweise die Möglichkeit, Finanztransaktionen sowohl zu initiieren als auch zu genehmigen.
- **Zugangszertifizierung:**Durchführen regelmäßiger Überprüfungen, um sicherzustellen, dass der Zugriff weiterhin angemessen und notwendig ist.

Durch die frühzeitige Festlegung von Governance-Richtlinien im Strategieentwicklungsprozess wird die Konsistenz bei der Zugriffskontrolle und der Durchsetzung von Compliance-Vorgaben gewährleistet.

Implementierung der Automatisierung für das Identity Lifecycle Management

Manuelle Identitätsmanagementprozesse sind ineffizient und fehleranfällig. Die Automatisierung der Benutzerbereitstellung, Rollenzuweisung und Deprovisionierung verbessert die Genauigkeit und reduziert den Verwaltungsaufwand. Eine gut implementierte IGA-Strategie nutzt Automatisierung, um:

- **Stellen Sie neue Benutzer basierend auf Stellenrollen und Abteilungsrichtlinien bereit.**
- **Passen Sie Zugriffsrechte automatisch an, wenn Mitarbeiter ihre Rollen ändern.**
- **Widerrufen Sie den Zugriff sofort, wenn Mitarbeiter das Unternehmen verlassen.**

Die Automatisierung verbessert zudem die Compliance durch die Erstellung von Prüfprotokollen und die konsequente Durchsetzung von Richtlinien in allen identitätsbezogenen Prozessen. Die Integration von IGA-Lösungen in HR-Systeme gewährleistet nahtlose Updates, wenn Mitarbeiter in ein Unternehmen eintreten, innerhalb des Unternehmens wechseln oder es verlassen.

Integration von IGA in die vorhandene IT-Infrastruktur

Eine erfolgreiche IGA-Implementierung hängt von der nahtlosen Integration in die IT-Infrastruktur des Unternehmens ab, einschließlich Identitätsanbietern, Cloud-Plattformen und Privileged Access Management (PAM)-Lösungen. Unternehmen müssen ihre aktuelle Technologielandschaft bewerten und eine IGA-Plattform auswählen, die die Interoperabilität mit vorhandenen Tools unterstützt.

Zu den wichtigsten Integrationspunkten gehören:

- **Single Sign-On (SSO) und Multi-Faktor-Authentifizierung (MFA):**Verbesserte Sicherheit bei gleichzeitiger Gewährleistung eines reibungslosen Benutzererlebnisses.
- **Cloud- und On-Premises-Anwendungen:**Verwalten Sie den Zugriff sowohl auf Legacy-Systeme als auch auf moderne SaaS-Anwendungen.
- **Security Information and Event Management (SIEM)-Systeme:**Ermöglicht Echtzeitüberwachung und Bedrohungserkennung basierend auf Identitätsanalysen.

Indem sie sicherstellen, dass IGA-Lösungen harmonisch mit anderen Sicherheitstechnologien zusammenarbeiten, können Unternehmen die Effektivität ihrer Identity-Governance-Strategie maximieren.

Durchführung regelmäßiger Zugriffsüberprüfungen und Audits

IGA-Strategien müssen Mechanismen für kontinuierliches Monitoring, Zugriffsüberprüfungen und Compliance-Audits umfassen. Regelmäßige Audits helfen Unternehmen, Sicherheitslücken zu identifizieren, verwaiste Konten aufzuspüren und die Ausweitung von Berechtigungen zu verhindern.

Bei Zugriffsüberprüfungen prüfen Manager und Systemverantwortliche, ob Benutzer weiterhin Zugriff auf bestimmte Anwendungen und Daten benötigen. Die Automatisierung dieser Überprüfungen durch IGA-Lösungen reduziert den manuellen Aufwand und gewährleistet die Einhaltung gesetzlicher Vorschriften. Unternehmen sollten zudem ein risikobasiertes Zugriffsmonitoring implementieren, um Anomalien und unbefugte Zugriffsversuche zu erkennen.

Schulung der Benutzer und Förderung der Einhaltung

Erfolgreiche IGA-Strategien erfordern das Bewusstsein und die Beteiligung der Benutzer. Mitarbeiter, Manager und IT-Administratoren müssen die Bedeutung von Identity Governance verstehen und etablierte Richtlinien einhalten. Unternehmen sollten in Schulungen zum Sicherheitsbewusstsein investieren, um:

- Informieren Sie Ihre Mitarbeiter über sicheres Passwortmanagement und Phishing-Bedrohungen.
- Schulen Sie Manager darin, wie sie Zugriffsüberprüfungen effektiv durchführen.
- Vermitteln Sie IT-Teams Wissen zu Best Practices und zur Richtliniendurchsetzung der IGA.

Durch die Förderung einer Kultur der Sicherheit und Compliance können Unternehmen sicherstellen, dass die Identitätsverwaltung eine gemeinsame Verantwortung aller Abteilungen bleibt.

Anpassung an sich entwickelnde Sicherheitsbedrohungen und Geschäftsanforderungen

Identity Governance ist kein einmaliges Projekt, sondern ein fortlaufender Prozess, der sich an veränderte Sicherheitslandschaften und Geschäftsprioritäten anpassen muss. Unternehmen müssen neuen Bedrohungen wie Insider-Angriffen und auf Anmeldeinformationen basierenden Cyberangriffen immer einen Schritt voraus sein, indem sie ihre IGA-Strategie kontinuierlich weiterentwickeln.

Künstliche Intelligenz (KI) und maschinelles Lernen (ML) gewinnen in der Identitätsverwaltung zunehmend an Bedeutung. Sie ermöglichen es Unternehmen, Nutzerverhalten zu analysieren, Anomalien zu erkennen und risikobasierte Zugriffsentscheidungen zu automatisieren. Die Implementierung KI-gestützter Identitätsanalysen kann die Bedrohungserkennung verbessern und tiefere Einblicke in Zugriffsmuster ermöglichen.

Wenn Unternehmen ihre digitale Präsenz ausbauen, müssen sie auch die Rolle der Identitätsverwaltung bei der Unterstützung der Cloud-Nutzung, der Remote-Arbeit und der Zugriffsverwaltung durch Dritte berücksichtigen. Eine agile und adaptive IGA-Strategie stellt sicher, dass Sicherheit und Compliance auch bei sich weiterentwickelnden Geschäftsabläufen gewährleistet bleiben.

Erreichen einer ausgewogenen und effektiven IGA-Strategie

Die Entwicklung einer IGA-Strategie erfordert ein Gleichgewicht zwischen Sicherheit, Compliance und Benutzerfreundlichkeit. Unternehmen müssen ein Governance-Framework entwickeln, das strenge Sicherheitskontrollen durchsetzt und gleichzeitig einen reibungslosen Zugriff für autorisierte Benutzer gewährleistet.

Durch die Ausrichtung der Identitätsverwaltung an Geschäftszielen, die Automatisierung von Identitätslebenszyklusprozessen, die Integration von IGA-Lösungen in die bestehende IT-Infrastruktur und die kontinuierliche Zugriffsüberwachung können Unternehmen eine robuste Identitätsverwaltungsstrategie entwickeln. Dieser Ansatz erhöht nicht nur die Sicherheit, sondern verbessert auch die betriebliche Effizienz und die Einhaltung gesetzlicher Vorschriften und sichert so den langfristigen Erfolg des Identitätsmanagements.

Auswahl der richtigen IGA-Tools

Die Auswahl der richtigen Tools für Identity Governance und Administration (IGA) ist ein entscheidender Schritt zur Gewährleistung der Sicherheit, Compliance und Effizienz der Identitätsmanagementstrategie eines Unternehmens. Angesichts der zunehmenden Komplexität von IT-Umgebungen müssen Unternehmen in Tools investieren, die das Identity Lifecycle Management optimieren, Zugriffsrichtlinien durchsetzen und Audit-Funktionen bieten. Die Wahl einer IGA-Lösung beeinflusst nicht nur die Sicherheit, sondern auch die betriebliche Effizienz und die Einhaltung gesetzlicher Vorschriften. Das Verständnis der wichtigsten Faktoren bei der Bewertung von IGA-Tools hilft Unternehmen, fundierte Entscheidungen zu treffen, die ihren Geschäftsanforderungen entsprechen.

Geschäftsanforderungen verstehen

Vor der Auswahl eines IGA-Tools müssen Unternehmen ihre spezifischen Anforderungen bewerten. Jedes Unternehmen hat individuelle Anforderungen an die Identitätsverwaltung, die auf Größe, Branche, regulatorische Rahmenbedingungen und vorhandene IT-Infrastruktur basieren. Unternehmen mit einer dynamischen Belegschaft, beispielsweise solche, die auf Auftragnehmer und Drittanbieter angewiesen sind, legen möglicherweise Wert auf die automatisierte Bereitstellung und Deaktivierung von Benutzerrechten. Stark regulierte Branchen wie das Finanz- und Gesundheitswesen benötigen robuste Compliance- und Audit-Funktionen, um gesetzliche Anforderungen zu erfüllen.

Die Identifizierung wichtiger Anwendungsfälle stellt sicher, dass das ausgewählte IGA-Tool wesentliche Geschäftsfunktionen unterstützt. Beispielsweise benötigen manche Unternehmen eine umfassende Integration mit Cloud-Plattformen wie Microsoft Azure, AWS oder Google Cloud, während andere die nahtlose Integration mit bestehenden lokalen Anwendungen priorisieren. Das Verständnis dieser Anforderungen hilft, Tools herauszufiltern, denen wichtige Funktionen fehlen.

Kernfunktionen, auf die Sie bei einer IGA-Lösung achten sollten

Ein effektives IGA-Tool muss umfassende Funktionen zur Unterstützung des Identitätslebenszyklusmanagements, der Zugriffskontrolle, der Compliance-Durchsetzung und der Sicherheitsüberwachung bieten. Folgende Funktionen sind bei der Bewertung von IGA-Lösungen unerlässlich:

Identitätslebenszyklusverwaltung

Die Verwaltung des gesamten Lebenszyklus von Benutzeridentitäten ist eine grundlegende Funktion von IGA. Ein robustes Tool automatisiert die Bereitstellung und Deaktivierung von Benutzerkonten über verschiedene Systeme hinweg und stellt sicher, dass Mitarbeiter, Auftragnehmer und Partner vom Onboarding bis zum Offboarding den erforderlichen Zugriff haben. Die automatisierte rollenbasierte Bereitstellung minimiert das Risiko menschlicher Fehler und reduziert den Verwaltungsaufwand.

Zugriffszertifizierung und -prüfung

IGA-Lösungen sollten regelmäßige Zugriffsüberprüfungen unterstützen, um sicherzustellen, dass Benutzer nur über die erforderlichen Berechtigungen verfügen. Automatisierte Zertifizierungskampagnen ermöglichen Managern und Systembesitzern eine effiziente Überprüfung der Zugriffsrechte. Diese Funktion ist entscheidend für Unternehmen, die Vorschriften einhalten müssen, die regelmäßige Überprüfungen des Benutzerzugriffs erfordern.

Rollenbasierte und richtlinienbasierte Zugriffskontrolle

Ein gutes IGA-Tool sollte sowohl rollenbasierte Zugriffskontrolle (RBAC) als auch richtlinienbasierte Zugriffskontrolle (PBAC) bieten. RBAC ermöglicht es Unternehmen, Berechtigungen basierend auf vordefinierten Rollen zuzuweisen und so die Verwaltung individueller Benutzerzugriffe zu vereinfachen. PBAC bietet mehr Flexibilität durch die Durchsetzung von Zugriffsrichtlinien basierend auf Attributen wie Abteilung, Standort oder Gerätetyp.

Integration in die vorhandene IT-Infrastruktur

Eine nahtlose Integration mit bestehenden Anwendungen, Cloud-Diensten und Unternehmenssystemen ist entscheidend. Das IGA-Tool sollte Standardauthentifizierungsprotokolle wie SAML, OAuth und SCIM unterstützen, um eine reibungslose Interoperabilität zu gewährleisten. Unternehmen mit hybriden Umgebungen benötigen Lösungen, die sowohl mit lokalen als auch mit Cloud-Anwendungen kompatibel sind, ohne dass umfangreiche Anpassungen erforderlich sind.

Self-Service-Zugriffsanfragen

Self-Service-Funktionen ermöglichen es Benutzern, Zugriff auf Anwendungen und Daten anzufordern, ohne auf IT-Administratoren angewiesen zu sein. Das Tool sollte eine intuitive Benutzeroberfläche für die Antragstellung bieten und gleichzeitig Genehmigungsworkflows integrieren, um die sichere Zugriffsgewährung zu gewährleisten. Diese Funktionalität steigert die Effizienz und reduziert den Verwaltungsaufwand.

Compliance- und Audit-Berichte

Die Einhaltung gesetzlicher Vorschriften ist ein wichtiger Faktor für die Einführung von IGA. Das gewählte Tool muss detaillierte Berichte über Benutzerzugriffe, Richtliniendurchsetzung und Zugriffszertifizierungen erstellen. Diese Berichte sollten revisionssicher sein, damit Unternehmen die Einhaltung von DSGVO, HIPAA, SOX und anderen regulatorischen Rahmenbedingungen nachweisen können.

Integration von Privileged Access Management (PAM)

Während IGA Standardbenutzerkonten verwaltet, erfordern privilegierte Konten zusätzliche Kontrolle. Einige IGA-Tools bieten integrierte Funktionen für privilegiertes Zugriffsmanagement, während andere in dedizierte PAM-Lösungen integriert sind.

Unternehmen mit hohen Sicherheitsanforderungen sollten sicherstellen, dass ihre IGA-Lösung die Verwaltung privilegierter Identitäten unterstützt.

Cloudbasierte vs. lokale IGA-Lösungen

Unternehmen müssen entscheiden, ob sie eine lokale IGA-Lösung oder ein Cloud-basiertes Identity-as-a-Service-Modell (IDaaS) einsetzen. Jede Option hat unterschiedliche Vorteile und Einschränkungen.

- **Vor-Ort-IGA**Lösungen bieten volle Kontrolle über Daten und Sicherheitsrichtlinien und eignen sich daher für Unternehmen mit strengen Anforderungen an die Datenaufbewahrung. Allerdings erfordern sie erhebliche IT-Ressourcen für Bereitstellung und Wartung.
- **Cloudbasierte IGA (IDaaS)**Lösungen bieten Skalierbarkeit, einfache Bereitstellung und automatische Updates. Diese Tools eignen sich ideal für Unternehmen, die die digitale Transformation und die Migration in die Cloud vorantreiben. Unternehmen müssen jedoch bei der Auswahl von IDaaS-Optionen die Datensicherheit und die Integrationsmöglichkeiten berücksichtigen.

Bewertung der Skalierbarkeit und Leistung

Mit dem Wachstum von Unternehmen entwickeln sich auch ihre Anforderungen an die Identitätsverwaltung weiter. Ein skalierbares IGA-Tool kann steigende Benutzerzahlen, Anwendungen und Richtlinien ohne Leistungseinbußen bewältigen. Unternehmen sollten prüfen, wie gut eine IGA-Lösung hohe Transaktionsvolumina, komplexe Workflows und zukünftige Erweiterungen bewältigt. Leistungstests während der Evaluierungsphase stellen sicher, dass das Tool in großen Umgebungen effizient funktioniert.

Ruf des Anbieters und Support-Services

Die Wahl eines seriösen IGA-Anbieters ist ebenso wichtig wie die Auswahl des Tools selbst. Unternehmen sollten Anbieter anhand ihrer Erfahrung, Kundenbewertungen und Supportangebote bewerten. Wichtige Überlegungen sind:

- **Produkt-Roadmap und Innovation:**Ein starker Anbieter aktualisiert seine IGA-Lösungen kontinuierlich, um auf neue Sicherheitsbedrohungen und Compliance-Anforderungen zu reagieren.
- **Zugang zu Support:**Zuverlässiger technischer Support und Schulungsressourcen sind für eine reibungslose Implementierung und laufende Wartung unerlässlich.
- **Benutzergemeinschaft und Dokumentation:**Eine gut dokumentierte Lösung mit einer aktiven Benutzer-Community gewährleistet eine bessere Fehlerbehebung und einen besseren Wissensaustausch.

Gesamtbetriebskosten (TCO)

Obwohl die Kosten nicht der alleinige Entscheidungsfaktor sein sollten, müssen Unternehmen die Gesamtbetriebskosten (TCO) einer IGA-Lösung bewerten. Lizenzgebühren, Implementierungskosten, Anpassungskosten und laufende Wartung tragen alle zu den TCO bei. Eine Lösung mit geringeren Vorlaufkosten kann einen umfangreichen Konfigurationsaufwand erfordern, was die langfristigen Kosten erhöht. Eine Kosten-Nutzen-Analyse stellt sicher, dass das ausgewählte IGA-Tool einen Mehrwert bietet und gleichzeitig im Budgetrahmen bleibt.

Proof of Concept und Pilottests

Bevor Unternehmen eine umfassende Implementierung durchführen, sollten sie einen Proof of Concept (PoC) durchführen, um das IGA-Tool in ihrer Umgebung zu testen. Ein PoC ermöglicht es IT-Teams, Integrationsmöglichkeiten zu validieren, die Leistung zu bewerten und die Benutzererfahrung zu beurteilen. Ein Pilotprogramm mit einer kleinen Benutzergruppe hilft, potenzielle Herausforderungen zu identifizieren und Bereitstellungsstrategien zu verfeinern, bevor die Lösung unternehmensweit eingeführt wird.

Die richtige Wahl für langfristigen Erfolg

Die Auswahl des richtigen IGA-Tools ist eine strategische Entscheidung, die sich auf Sicherheit, Compliance und betriebliche Effizienz auswirkt. Unternehmen müssen Lösungen priorisieren, die ihren aktuellen Anforderungen entsprechen und gleichzeitig

Skalierbarkeit für zukünftiges Wachstum bieten. Ein gut gewähltes IGA-Tool vereinfacht nicht nur das Identitätsmanagement, sondern verbessert auch die Sicherheit und die Einhaltung gesetzlicher Vorschriften. Durch eine sorgfältige Evaluierung stellen Unternehmen sicher, dass sie eine Lösung implementieren, die ihre langfristigen Identity-Governance-Ziele unterstützt.

Aufbau eines effektiven IGA-Frameworks

Identity Governance und Administration (IGA) ist ein grundlegender Bestandteil der Sicherheits- und Compliance-Strategie eines Unternehmens. Ein gut strukturiertes IGA-Framework gewährleistet die effektive Verwaltung von Identitäten, die korrekte Zuweisung von Zugriffsrechten und die Einhaltung gesetzlicher Anforderungen. Mit dem Wachstum von Unternehmen steigt die Komplexität der Verwaltung digitaler Identitäten. Daher ist die Implementierung eines IGA-Frameworks, das Sicherheit, Effizienz und Compliance in Einklang bringt, unerlässlich.

Die Notwendigkeit eines IGA-Rahmens verstehen

Unternehmen agieren in einem Umfeld, in dem digitale Identitäten nicht nur Mitarbeiter, sondern auch Auftragnehmer, Partner und Drittanbieter umfassen. Da diese Identitäten Zugriff auf Unternehmenssysteme und vertrauliche Daten haben, müssen sie sicher verwaltet werden, um unbefugten Zugriff und Datenschutzverletzungen zu verhindern. Ein strukturiertes IGA-Framework unterstützt Unternehmen bei der Zugriffskontrolle, der Automatisierung des Identitätslebenszyklusmanagements und der Durchsetzung von Sicherheitsrichtlinien.

Ein gut konzipiertes IGA-Framework unterstützt zudem die Einhaltung gesetzlicher Vorschriften, indem es sicherstellt, dass die

Zugriffskontrollen den Anforderungen von Frameworks wie DSGVO, HIPAA und SOX entsprechen. Ohne ein geeignetes Governance-Modell riskieren Unternehmen Auditfehler, Datenschutzverletzungen und betriebliche Ineffizienzen.

Definieren von Governance-Richtlinien und Zugriffskontrollen

Die Grundlage eines effektiven IGA-Frameworks sind klar definierte Governance-Richtlinien. Organisationen müssen Regeln für die Identitätserstellung, die Zugriffsbereitstellung und die Rollenzuweisung festlegen. Diese Richtlinien sollten mit den Geschäftszielen übereinstimmen und gleichzeitig Sicherheit und Compliance gewährleisten.

Zu den wichtigsten Governance-Richtlinien gehören:

- **Zugriffskontrollrichtlinien:**Definieren Sie basierend auf Stellenbeschreibungen, Abteilungen und Geschäftsanforderungen, wer auf welche Ressourcen zugreifen kann.
- **Rollenbasierte Zugriffskontrolle (RBAC):**Zuweisen von Berechtigungen basierend auf vordefinierten Jobfunktionen, um übermäßigen Zugriff zu minimieren.
- **Funktionstrennung (SoD):**Vermeidung von Interessenkonflikten durch Gewährleistung, dass Benutzer keine widersprüchlichen Zugriffsrechte haben, beispielsweise die Berechtigung zum Initiieren und Genehmigen von Finanztransaktionen.
- **Zugangszertifizierung:**Durchführen regelmäßiger Überprüfungen, um den Benutzerzugriff zu validieren und unnötige Berechtigungen zu entfernen.

Durch die Definition und Durchsetzung dieser Richtlinien können Organisationen einen strukturierten Ansatz zur Identitätsverwaltung beibehalten.

Automatisierung des Identity Lifecycle Managements

Die manuelle Verwaltung von Benutzeridentitäten und Zugriffsrechten ist ineffizient und fehleranfällig. Automatisierung ist ein entscheidender Bestandteil eines effektiven IGA-Frameworks und stellt sicher, dass Benutzerzugriffe basierend auf vordefinierten Richtlinien zeitnah gewährt und entzogen werden.

Zu den wichtigsten Bereichen der Automatisierung gehören:

- **Benutzerbereitstellung:**Automatisches Erstellen von Konten und Zuweisen von Zugriffsrechten, wenn Mitarbeiter, Auftragnehmer oder Drittbenutzer einer Organisation beitreten.
- **Rollenänderungen:**Anpassen der Zugriffsrechte, wenn Mitarbeiter ihre Funktion oder Abteilung wechseln.
- **De-Provisionierung:**Um Sicherheitsrisiken vorzubeugen, wird der Zugriff sofort widerrufen, wenn Benutzer die Organisation verlassen.

Durch die Integration der Automatisierung in die Identitätsverwaltung reduzieren Unternehmen den Verwaltungsaufwand und verbessern ihre Sicherheitslage.

Implementierung starker Authentifizierungs- und Autorisierungsmechanismen

Ein effektives IGA-Framework integriert Authentifizierungs- und Autorisierungsmechanismen, um einen sicheren Zugriff auf Unternehmenssysteme zu gewährleisten. Die Implementierung von Single Sign-On (SSO) reduziert die Anzahl der benötigten Anmeldeinformationen und verbessert gleichzeitig die Zugriffssicherheit. Die Multi-Faktor-Authentifizierung (MFA) bietet zusätzliche Sicherheit, indem sie mehrere Verifizierungsmethoden erfordert, bevor der Zugriff gewährt wird.

Zusätzlich zur Authentifizierung bietet die richtlinienbasierte Zugriffskontrolle (PBAC) ein dynamisches Zugriffsmanagement basierend auf Kontextfaktoren wie Standort, Gerätetyp und Risikostufe. Dieser Ansatz gewährleistet Zugriffsentscheidungen in Echtzeit und verbessert so die Sicherheit, ohne die Benutzerproduktivität zu beeinträchtigen.

Integration von IGA in die IT- und Sicherheitsinfrastruktur

Ein IGA-Framework muss sich nahtlos in die IT- und Sicherheitsinfrastruktur eines Unternehmens integrieren lassen. Identitätsmanagement-Tools sollten mit Unternehmensanwendungen, Cloud-Plattformen und Privileged Access Management (PAM)-Lösungen verbunden sein, um eine konsistente Zugriffskontrolle in allen Umgebungen zu gewährleisten.

Zu den wichtigsten Integrationen gehören:

- **HR-Systeme:**Synchronisieren Sie Identitätsdaten mit Beschäftigungsunterlagen, um das Onboarding und Offboarding zu automatisieren.
- **Cloud-Plattformen:**Ausweitung der Governance auf Cloud-Anwendungen und Infrastructure-as-a-Service (IaaS)-Umgebungen.
- **Security Information and Event Management (SIEM)-Systeme:**Bereitstellung von Identitätsüberwachung und Bedrohungserkennung in Echtzeit.

Durch die richtige Integration erhalten Unternehmen einen zentralen Einblick in identitätsbezogene Aktivitäten, wodurch Sicherheitslücken reduziert und die Compliance verbessert werden.

Durchführung regelmäßiger Zugriffsüberprüfungen und Compliance-Audits

Um ein starkes IGA-Framework aufrechtzuerhalten, müssen Unternehmen regelmäßige Zugriffsprüfungen und Compliance-Audits durchführen. Regelmäßige Evaluierungen helfen, Sicherheitsrisiken zu identifizieren, unbefugten Zugriff aufzudecken und sicherzustellen, dass Benutzer nur über die für ihre Aufgaben relevanten Berechtigungen verfügen.

An Zugriffsüberprüfungen sollten wichtige Stakeholder, darunter Manager und IT-Administratoren, beteiligt sein, um die Benutzerzugriffsrechte zu überprüfen. Automatisierte Workflows optimieren den Überprüfungsprozess und reduzieren den Zeit- und Arbeitsaufwand für manuelle Prüfungen.

Darüber hinaus erstellen Compliance-Reporting-Tools detaillierte Prüfprotokolle, die die Einhaltung gesetzlicher Anforderungen belegen. Diese Berichte helfen Unternehmen, sich auf externe Audits vorzubereiten und mögliche Strafen bei Verstößen zu vermeiden.

Verbesserung der Sicherheit mit Identitätsanalyse und KI

Fortschritte in der künstlichen Intelligenz (KI) und der Identitätsanalyse verändern IGA-Frameworks. KI-gesteuerte Lösungen analysieren das Benutzerverhalten, erkennen Anomalien und empfehlen auf Grundlage von Risikobewertungen Zugriffsänderungen.

Identitätsanalysen liefern Einblicke in Zugriffstrends und helfen Unternehmen, Rollendefinitionen zu optimieren und übermäßige Berechtigungen zu eliminieren. Durch die Integration von Algorithmen für maschinelles Lernen können IGA-Lösungen Muster erkennen, die auf potenzielle Sicherheitsbedrohungen wie unbefugte Zugriffsversuche oder den Missbrauch von Berechtigungen hinweisen.

Berücksichtigung der Benutzererfahrung und des Änderungsmanagements

Ein erfolgreiches IGA-Framework muss Sicherheit und Benutzerfreundlichkeit in Einklang bringen. Mitarbeiter benötigen schnellen Zugriff auf Anwendungen und Daten, während IT-Teams strenge Zugriffskontrollen durchsetzen müssen. Um diesen Anforderungen gerecht zu werden, sollten Unternehmen benutzerfreundliche Self-Service-Portale für Zugriffsanfragen und Passwortzurücksetzungen implementieren.

Auch bei der Einführung eines IGA-Frameworks ist das Änderungsmanagement unerlässlich. Mitarbeiter, Manager und IT-Mitarbeiter müssen die Bedeutung von Identity Governance und ihre Rolle bei der Aufrechterhaltung der Sicherheit verstehen. Schulungsprogramme und Sensibilisierungsinitiativen tragen zur reibungslosen Einführung und Einhaltung der Identitätsrichtlinien bei.

Anpassung an sich entwickelnde Geschäftsanforderungen

Identity Governance ist kein statischer Prozess. Mit dem Wachstum von Unternehmen und der Weiterentwicklung der Technologie müssen sich IGA-Frameworks an neue Sicherheitsherausforderungen und Geschäftsanforderungen anpassen. Die Umstellung auf Cloud Computing, Remote-Arbeit und Zero-Trust-Sicherheitsmodelle erfordert eine kontinuierliche Weiterentwicklung der Identity-Governance-Strategien.

Unternehmen sollten die Wirksamkeit ihres IGA-Frameworks regelmäßig überprüfen, Governance-Richtlinien aktualisieren und bei Bedarf neue Sicherheitskontrollen implementieren. Durch proaktives Handeln können Unternehmen eine starke Identitäts-Governance aufrechterhalten und gleichzeitig Innovation und digitale Transformation fördern.

Erreichen eines skalierbaren und belastbaren IGA-Frameworks

Ein gut strukturiertes IGA-Framework bietet eine skalierbare und robuste Grundlage für das Identitätsmanagement. Durch die Definition von Governance-Richtlinien, die Automatisierung von Identitätsprozessen, die Integration von Sicherheitstools und die Nutzung KI-gestützter Analysen können Unternehmen die Sicherheit erhöhen, die Compliance verbessern und das Zugriffsmanagement optimieren.

Da Unternehmen in einer zunehmend komplexen IT-Landschaft agieren, gewährleistet der Aufbau eines robusten IGA-Frameworks, dass Identitäten sicher, Governance durchsetzbar und Geschäftsabläufe effizient bleiben.

Rollenbasierte Zugriffskontrolle (RBAC) und ihre Bedeutung

Die rollenbasierte Zugriffskontrolle (RBAC) ist ein weit verbreitetes Framework zur Verwaltung von Benutzerberechtigungen in Unternehmen. Sie soll sicherstellen, dass Benutzer entsprechend ihrer Rolle den entsprechenden Zugriff erhalten, wodurch Sicherheitsrisiken reduziert und die Betriebseffizienz verbessert wird. Mit der Erweiterung ihrer IT-Umgebungen werden strukturierte und skalierbare Zugriffskontrollmechanismen immer wichtiger. RBAC bietet eine systematische Möglichkeit zur Zuweisung und Verwaltung von Zugriffsrechten und stellt sicher, dass nur autorisierte Personen auf vertrauliche Systeme und Daten zugreifen können.

Grundlegendes zur rollenbasierten Zugriffskontrolle

RBAC basiert auf dem Prinzip, dass der Zugriff auf Ressourcen durch die Rolle eines Benutzers innerhalb der Organisation bestimmt wird. Anstatt Berechtigungen individuell zuzuweisen, gruppiert RBAC Benutzer nach Aufgabenbereichen und weist ihnen entsprechende Zugriffsrechte zu. Dieser Ansatz vereinfacht das Identitätsmanagement, reduziert den Verwaltungsaufwand und erhöht die Sicherheit.

In einem RBAC-System sind Rollen entsprechend den Geschäftsfunktionen vordefiniert. Beispielsweise kann eine Organisation Rollen wie „Personalmanager", „Finanzanalyst" oder „IT-Administrator" haben. Jede Rolle ist mit spezifischen Berechtigungen verknüpft, die festlegen, welche Aktionen Benutzer in Anwendungen, Datenbanken oder Netzwerksystemen ausführen können. Bei Einstellung eines neuen Mitarbeiters wird ihm eine Rolle zugewiesen, die ihm automatisch den erforderlichen Zugriff gewährt. Bei einem Positionswechsel werden seine Zugriffsrechte entsprechend den neuen Verantwortlichkeiten aktualisiert.

Die Bedeutung von RBAC in modernen Unternehmen

RBAC spielt eine entscheidende Rolle bei der Sicherung von Unternehmenssystemen, indem es das Prinzip der geringsten

Privilegien durchsetzt. Benutzer erhalten nur die Berechtigungen, die sie für ihre Aufgaben benötigen. Dies reduziert das Risiko von unbefugtem Zugriff und Insider-Bedrohungen. Ohne ein strukturiertes Zugriffskontrollmodell können Mitarbeiter im Laufe der Zeit übermäßig viele Berechtigungen ansammeln, was das Risiko von Sicherheitsverletzungen erhöht.

Durch die Implementierung von RBAC können Unternehmen ihre Zugriffskontrollprozesse optimieren und die Einhaltung gesetzlicher Vorschriften verbessern. Viele Branchen, darunter das Gesundheitswesen, das Finanzwesen und der öffentliche Sektor, unterliegen strengen Datenschutzgesetzen. Vorschriften wie die Datenschutz-Grundverordnung (DSGVO), der Health Insurance Portability and Accountability Act (HIPAA) und der Sarbanes-Oxley Act (SOX) schreiben Unternehmen strenge Zugriffskontrollen vor. RBAC unterstützt Unternehmen bei der Erfüllung dieser Anforderungen, indem es einen klaren und überprüfbaren Rahmen für die Zugriffskontrolle bietet.

Schlüsselkomponenten von RBAC

RBAC besteht aus mehreren Kernkomponenten, die definieren, wie Zugriffsberechtigungen zugewiesen und durchgesetzt werden:

- **Rollen:**Eine Sammlung von Zugriffsberechtigungen, die einer bestimmten Tätigkeit zugeordnet sind. Benutzern werden Rollen und keine individuellen Berechtigungen zugewiesen.
- **Berechtigungen:**Die spezifischen Aktionen, die eine Rolle innerhalb eines Systems ausführen kann, z. B. Lesen, Schreiben, Bearbeiten oder Löschen von Daten.
- **Benutzer:**Einzelpersonen, denen Rollen auf Grundlage ihrer Verantwortlichkeiten innerhalb der Organisation zugewiesen werden.
- **Rollenhierarchien:**Eine Struktur, die Beziehungen zwischen Rollen definiert und es Rollen höherer Ebenen ermöglicht, Berechtigungen von Rollen niedrigerer Ebenen zu erben.
- **Funktionstrennung (SoD):**Ein Sicherheitsprinzip, das verhindert, dass einem Benutzer widersprüchliche Zuständigkeiten zugewiesen werden. Beispielsweise sollte ein

Benutzer, der Finanztransaktionen genehmigt, nicht auch die Möglichkeit haben, diese zu erstellen.

Vorteile der RBAC-Implementierung

RBAC bietet zahlreiche Vorteile für mehr Sicherheit, Effizienz und Compliance. Einer der wichtigsten Vorteile ist der reduzierte Verwaltungsaufwand. Anstatt einzelne Benutzerberechtigungen zu verwalten, definieren IT-Administratoren Rollen und weisen Benutzern diese zu. Dies vereinfacht die Benutzerbereitstellung und - aufhebung, insbesondere in großen Organisationen mit hoher Mitarbeiterfluktuation.

Ein weiterer wichtiger Vorteil ist die erhöhte Sicherheit. Durch die Beschränkung des Zugriffs auf das für jede Rolle Notwendige verringert RBAC das Risiko versehentlicher oder vorsätzlicher Datenschutzverletzungen. Es trägt außerdem zum Schutz vor Insider-Bedrohungen bei, indem es Mitarbeitern den Zugriff auf Systeme verwehrt, die nichts mit ihren Aufgaben zu tun haben.

RBAC unterstützt zudem die Einhaltung gesetzlicher Vorschriften, indem es Zugriffsrichtlinien durchsetzt, die den gesetzlichen Anforderungen entsprechen. Prüfer können Zugriffskontrollrichtlinien problemlos überprüfen, Änderungen verfolgen und Berichte erstellen, die die Einhaltung von Branchenstandards belegen.

Herausforderungen bei der Implementierung von RBAC

Trotz ihrer Vorteile kann die RBAC-Implementierung komplex sein, insbesondere für große Organisationen mit dynamischen Zugriffsanforderungen. Eine häufige Herausforderung ist die Rollenexplosion, bei der eine übermäßige Anzahl von Rollen erstellt wird, um unterschiedlichen Zugriffsanforderungen gerecht zu werden. Dies kann zu administrativen Schwierigkeiten und einer erhöhten Komplexität bei der Verwaltung von Zugriffsrechten führen.

Um eine explosionsartige Zunahme der Rollen zu verhindern, sollten Unternehmen einen Rollenentwicklungsansatz verfolgen und Rollen sorgfältig anhand von Geschäftsprozessen und Zugriffsanforderungen entwickeln. Eine gründliche Rollenanalyse hilft dabei, klare und kontrollierbare Rollen zu definieren, die mit der Organisationsstruktur übereinstimmen.

Eine weitere Herausforderung ist die Rollenpflege. Mit der Weiterentwicklung von Geschäftsprozessen müssen Rollen und Berechtigungen aktualisiert werden, um Änderungen in den Aufgabenbereichen Rechnung zu tragen. Regelmäßige Zugriffsüberprüfungen und Audits tragen dazu bei, dass die RBAC-Richtlinien wirksam und aktuell bleiben.

Best Practices für die RBAC-Implementierung

Eine erfolgreiche RBAC-Implementierung erfordert sorgfältige Planung und kontinuierliches Management. Unternehmen sollten zunächst eine Analyse der Geschäftsanforderungen durchführen, um die wichtigsten Rollen und die jeweils erforderlichen Berechtigungen zu identifizieren. Durch die Einbindung von Stakeholdern aus verschiedenen Abteilungen wird sichergestellt, dass die Rollendefinitionen den betrieblichen Anforderungen entsprechen.

Sobald Rollen definiert sind, stellt die Implementierung des Least-Privilege-Prinzips sicher, dass Benutzer nur die für ihre Aufgaben erforderlichen Mindestberechtigungen erhalten. Regelmäßige Überprüfung und Anpassung der Rollen verhindert die Ausweitung von Berechtigungen und minimiert Sicherheitsrisiken.

Die Automatisierung von RBAC-Prozessen kann die Effizienz und Genauigkeit weiter verbessern. Durch die Integration von RBAC in Identity Governance and Administration (IGA)-Lösungen können Unternehmen die Benutzerbereitstellung automatisieren, Zugriffsrichtlinien durchsetzen und Zugriffsüberprüfungen mit minimalem manuellen Aufwand durchführen.

Die Zukunft von RBAC

Da sich die Bedrohungen für die Cybersicherheit ständig weiterentwickeln, passt sich RBAC an neue Herausforderungen und technologische Fortschritte an. Dynamische Zugriffskontrollmodelle wie Attribute-Based Access Control (ABAC) und Risk-Based Access

Control ergänzen traditionelles RBAC durch die Einführung granularerer und adaptiverer Zugriffsrichtlinien.

Unternehmen integrieren zudem künstliche Intelligenz (KI) und maschinelles Lernen in die Identitätsverwaltung, um Zugriffsmuster zu analysieren und Anomalien zu erkennen. KI-gestützte Identitätsanalysen können dazu beitragen, Rollendefinitionen zu verfeinern, übermäßige Berechtigungen zu identifizieren und Anpassungen der RBAC-Richtlinien zu empfehlen.

RBAC ist weiterhin eine grundlegende Komponente des Identitäts- und Zugriffsmanagements und bietet einen strukturierten und skalierbaren Ansatz für die Zugriffskontrolle. Durch die effektive Implementierung von RBAC können Unternehmen die Sicherheit erhöhen, die Compliance verbessern und das Identitätsmanagement in ihren IT-Umgebungen optimieren.

Grundlegendes zur richtlinienbasierten Zugriffskontrolle (PBAC)

Policy-Based Access Control (PBAC) ist ein fortschrittliches Zugriffskontrollmodell, das es Unternehmen ermöglicht, Sicherheitsrichtlinien dynamisch basierend auf kontextbezogenen Attributen durchzusetzen. Im Gegensatz zu herkömmlichen Zugriffskontrollmethoden, die auf vordefinierten Rollen oder hierarchischen Berechtigungen basieren, gewährt PBAC den Zugriff basierend auf Richtlinien, die Attribute wie Benutzeridentität, Gerätetyp, Standort, Risikostufe und Zugriffszeitpunkt bewerten. Dieser Ansatz bietet mehr Flexibilität und Sicherheit und ist ideal für moderne Unternehmen in komplexen IT-Umgebungen.

Die Entwicklung der Zugangskontrolle

Herkömmliche Zugriffskontrollmodelle wie die rollenbasierte Zugriffskontrolle (RBAC) und die diskretionäre Zugriffskontrolle (DAC) stoßen in dynamischen und großflächigen Umgebungen an ihre Grenzen. RBAC beispielsweise vergibt Berechtigungen rollenbasiert, ist aber nicht flexibel genug, wenn Benutzer temporären oder bedingten Zugriff benötigen. PBAC hingegen verfolgt einen adaptiveren Ansatz, indem es vor der Zugriffsvergabe mehrere Faktoren berücksichtigt und so sicherstellt, dass die Sicherheitsrichtlinien den Echtzeitbedingungen entsprechen.

Organisationen, die ausschließlich auf statische Rollen setzen, stehen oft vor Herausforderungen wie einer Rollenexplosion, bei der zu viele Rollen existieren, um unterschiedliche Zugriffsebenen zu berücksichtigen. PBAC lindert dieses Problem, indem es Richtlinien ermöglicht, den Zugriff dynamisch zu regeln. Dies reduziert den Verwaltungsaufwand und verbessert die Sicherheitskonformität.

So funktioniert PBAC

PBAC wertet Zugriffsanfragen anhand von Administratorrichtlinien aus. Diese Richtlinien verwenden eine Reihe von Attributen, um zu bestimmen, ob der Zugriff gewährt oder verweigert werden soll. Zu den Kernkomponenten von PBAC gehören:

- **Themen:**Die Entitäten, die Zugriff anfordern, z. B. Benutzer, Anwendungen oder Geräte.
- **Ressourcen:**Die Systeme, Anwendungen oder Daten, auf die das Subjekt zugreifen möchte.
- **Aktionen:**Die Vorgänge, die das Subjekt ausführen möchte, z. B. Lesen, Schreiben oder Ändern.
- **Kontextuelle Attribute:**Zusätzliche Faktoren, die Zugriffsentscheidungen beeinflussen, wie Standort, Zeitpunkt der Anfrage, Sicherheitslage des Geräts oder Authentifizierungsstärke.

Beispielsweise kann ein Mitarbeiter, der im Büro arbeitet, uneingeschränkten Zugriff auf eine Datenbank haben, während derselbe Mitarbeiter, der von einem nicht vertrauenswürdigen Gerät außerhalb des Unternehmensnetzwerks auf die Datenbank zugreifen möchte, möglicherweise keinen Zugriff darauf erhält oder sich mithilfe einer Multi-Faktor-Authentifizierung (MFA) authentifizieren muss.

Vorteile von PBAC

PBAC bietet gegenüber herkömmlichen Zugriffskontrollmodellen mehrere Vorteile und ist daher die bevorzugte Wahl für Organisationen, die ein hohes Maß an Sicherheit, Flexibilität und Einhaltung gesetzlicher Vorschriften benötigen.

Verbesserte Sicherheit

Durch die Auswertung mehrerer Attribute vor der Zugriffsgewährung reduziert PBAC Sicherheitsrisiken, die mit statischen Rollenzuweisungen verbunden sind. Selbst wenn die Rolle eines Benutzers Zugriff erlaubt, können zusätzliche Kontextprüfungen den Zugriff einschränken, wenn die Bedingungen auf eine potenzielle Sicherheitsbedrohung hinweisen.

Granulare Zugriffskontrolle

PBAC ermöglicht eine feingranulare Zugriffskontrolle, indem Administratoren Richtlinien definieren können, die eine Vielzahl von Attributen berücksichtigen. Dadurch wird sichergestellt, dass Benutzer nur die für ihre Aufgaben erforderlichen Mindestzugriffsrechte erhalten, was das Risiko eines Privilegienmissbrauchs reduziert.

Dynamische und adaptive Richtlinien

Eine der wichtigsten Stärken von PBAC ist seine Anpassungsfähigkeit. Im Gegensatz zu RBAC, das manuelle Aktualisierungen erfordert, um Änderungen zu berücksichtigen, passen PBAC-Richtlinien den Zugriff automatisch an Echtzeitbedingungen an. Diese Dynamik ist besonders nützlich in Cloud-Umgebungen und Zero-Trust-Sicherheitsmodellen, wo Zugriffsentscheidungen an sich ändernde Risikostufen angepasst werden müssen.

Einhaltung gesetzlicher Vorschriften

Viele Branchen, darunter das Gesundheitswesen, der Finanzsektor und der öffentliche Sektor, müssen strenge Vorschriften hinsichtlich Datenzugriff und -sicherheit einhalten. PBAC unterstützt Unternehmen bei der Durchsetzung von Compliance-Richtlinien, indem es sicherstellt, dass nur autorisierte Benutzer unter bestimmten Bedingungen auf vertrauliche Daten zugreifen können. Dies reduziert das Risiko von Compliance-Verstößen und vereinfacht Auditprozesse.

Implementierung von PBAC in einer Organisation

Um PBAC erfolgreich zu implementieren, müssen Organisationen einem strukturierten Ansatz folgen, der die Richtliniendefinition, die Integration in vorhandene Identitätssysteme und eine kontinuierliche Überwachung umfasst.

Definieren von Richtlinien

Unternehmen sollten zunächst die wichtigsten Anforderungen an die Zugriffskontrolle identifizieren und Richtlinien definieren, die mit den Sicherheits- und Geschäftszielen übereinstimmen. Richtlinien sollten nach logischen Bedingungen strukturiert sein, beispielsweise:

- „Erlauben Sie den Zugriff auf Finanzberichte, wenn der Benutzer in der Finanzabteilung ist und von einem vom Unternehmen verwalteten Gerät aus zugreift."
- „Erfordern Sie eine zusätzliche Authentifizierung, wenn der Benutzer versucht, auf vertrauliche Daten aus einem externen Netzwerk zuzugreifen."

Klare Richtliniendefinitionen stellen sicher, dass PBAC effektiv ist und den bewährten Sicherheitspraktiken entspricht.

Integration mit Identitäts- und Sicherheitssystemen

PBAC erfordert die Integration mit Identitätsanbietern, SIEM-Systemen (Security Information and Event Management) und Cloud Access Security Brokern (CASBs). Diese Integrationen bieten den notwendigen Kontext für fundierte Entscheidungen zur Zugriffskontrolle.

Organisationen sollten sicherstellen, dass PBAC-Richtlinien nahtlos mit vorhandenen Single Sign-On (SSO), Multi-Factor Authentication (MFA) und Privileged Access Management (PAM)-Lösungen zusammenarbeiten, um ein umfassendes Sicherheitsframework zu erstellen.

Kontinuierliche Überwachung und Optimierung

Zugriffskontrollrichtlinien sollten kontinuierlich überwacht und basierend auf Sicherheitstrends und Geschäftsanforderungen optimiert werden. Unternehmen können Identitätsanalysen und künstliche Intelligenz nutzen, um Anomalien zu erkennen, die Wirksamkeit von Richtlinien zu verbessern und die Bedrohungserkennung zu optimieren. Regelmäßige Zugriffsüberprüfungen und Richtlinienaudits tragen dazu bei, dass PBAC den Sicherheitsanforderungen des Unternehmens entspricht.

Herausforderungen der PBAC-Einführung

Obwohl PBAC erhebliche Vorteile bietet, bringt seine Einführung auch Herausforderungen mit sich, die Unternehmen bewältigen müssen, um einen reibungslosen Übergang zu gewährleisten.

Komplexes Richtlinienmanagement

Die Definition und Verwaltung von PBAC-Richtlinien erfordert ein tiefes Verständnis der Geschäftsprozesse, Sicherheitsrisiken und Kontextfaktoren. Unternehmen haben oft Schwierigkeiten, Richtlinien zu entwickeln, die Sicherheit und Benutzerfreundlichkeit in Einklang bringen. Dies erfordert sorgfältige Planung und schrittweise Verfeinerung.

Integrationskomplexität

PBAC nutzt mehrere Datenquellen zur Auswertung von Zugriffsanfragen. Die Integration von PBAC in Legacy-Systeme, Cloud-Anwendungen und Sicherheitstools kann komplex sein und erfordert erhebliche Investitionen in Technologie und Fachwissen.

Überlegungen zur Leistung

Da PBAC vor der Zugriffsgewährung mehrere Attribute auswertet, kann die Verarbeitungszeit verlängert werden. Unternehmen müssen ihre PBAC-Implementierung optimieren, um sicherzustellen, dass Zugriffsentscheidungen effizient getroffen werden, ohne die Benutzererfahrung zu beeinträchtigen.

Die Zukunft von PBAC

Da Unternehmen Zero-Trust-Sicherheitsmodelle und Cloud-basierte Architekturen einführen, wird PBAC die Zukunft der Zugriffskontrolle entscheidend mitgestalten. Fortschritte in den Bereichen künstliche Intelligenz und maschinelles Lernen werden die PBAC-Funktionen verbessern, indem sie automatisierte Richtlinienanpassungen basierend auf sich entwickelnden Sicherheitsbedrohungen ermöglichen.

Unternehmen, die ihre Zugriffskontrollmechanismen stärken möchten, sollten PBAC als strategische Investition betrachten. Durch einen richtlinienbasierten Ansatz für die Identitätsverwaltung erreichen Unternehmen ein höheres Maß an Sicherheit, Compliance und betrieblicher Flexibilität.

Identitätslebenszyklusverwaltung

Identity Lifecycle Management (ILM) ist ein entscheidender Aspekt moderner Cybersicherheit und Identitätsverwaltung. Es gewährleistet die strukturierte und sichere Erstellung, Verwaltung und Außerbetriebnahme von Benutzeridentitäten. Mit dem Wachstum von Unternehmen und der beschleunigten digitalen Transformation wird die Verwaltung von Benutzeridentitäten über verschiedene Anwendungen, Plattformen und Umgebungen hinweg zunehmend komplexer. Eine gut definierte ILM-Strategie erhöht die Sicherheit, verbessert die Betriebseffizienz und gewährleistet die Einhaltung gesetzlicher Vorschriften.

Grundlegendes zur Identitätslebenszyklusverwaltung

ILM umfasst den gesamten Prozess der Verwaltung digitaler Identitäten vom Eintritt eines Benutzers in eine Organisation bis zu seinem Ausscheiden. Es umfasst die Benutzerbereitstellung, Rollenzuweisungen, Zugriffsänderungen und die eventuelle Deprovisionierung. Effektives ILM stellt sicher, dass Benutzer zum richtigen Zeitpunkt die richtige Zugriffsebene haben und verhindert gleichzeitig Sicherheitsrisiken wie unbefugten Zugriff, Privilegienausweitung und verwaiste Konten.

Durch die Automatisierung von Identitätslebenszyklusprozessen können Unternehmen den manuellen Aufwand reduzieren, Fehler minimieren und Sicherheitsrichtlinien konsequent durchsetzen. Dieser Ansatz unterstützt Unternehmen zudem bei der Einhaltung von Branchenvorschriften wie DSGVO, HIPAA und SOX, die strenge Zugriffskontrollen und Auditanforderungen vorschreiben.

Wichtige Phasen des Identity Lifecycle Managements

ILM besteht aus mehreren kritischen Phasen, die definieren, wie Benutzeridentitäten innerhalb einer Organisation verwaltet werden:

1. Benutzer-Onboarding und Bereitstellung

Der Identitätslebenszyklus beginnt, wenn ein neuer Benutzer – ob Mitarbeiter, Auftragnehmer oder Partner – einer Organisation beitritt. In dieser Phase wird im System eine Identität erstellt und die entsprechenden Zugriffsrechte werden basierend auf der Position, Abteilung oder vordefinierten Richtlinien zugewiesen.

Automatisierte Bereitstellungstools optimieren diesen Prozess durch die Integration in HR-Systeme, um Neueinstellungen zu erkennen und Konten über mehrere Anwendungen hinweg zu erstellen. Die rollenbasierte Zugriffskontrolle (RBAC) stellt sicher, dass Benutzer nur die für ihre Aufgaben erforderlichen Berechtigungen erhalten, wodurch das Risiko übermäßiger Zugriffe reduziert wird.

2. Rollen- und Zugriffsverwaltung

Im Laufe der Aufgabenerfüllung können sich die Zugriffsanforderungen der Benutzer ändern. Mitarbeiter können befördert werden, die Abteilung wechseln oder zusätzliche Aufgaben übernehmen, die angepasste Zugriffsrechte erfordern. Ohne ordnungsgemäße Governance können Zugriffsänderungen zu einer schleichenden Ausweitung der Berechtigungen führen, bei der Benutzer im Laufe der Zeit übermäßige Berechtigungen ansammeln.

ILM gewährleistet die Durchsetzung rollen- und richtlinienbasierter Zugriffskontrollen und passt Benutzerberechtigungen automatisch anhand vordefinierter Regeln an. Unternehmen müssen regelmäßige Zugriffsüberprüfungen durchführen, um sicherzustellen, dass Benutzer nur die erforderlichen Berechtigungen besitzen.

3. Benutzer-Self-Service und Zugriffsanfragen

Moderne ILM-Frameworks verfügen über Self-Service-Funktionen, die es Benutzern ermöglichen, über automatisierte Genehmigungsworkflows Zugriff auf Anwendungen und Ressourcen anzufordern. Dies reduziert die Belastung der IT-Teams und stellt gleichzeitig sicher, dass Zugriffsanfragen ordnungsgemäß validiert werden.

Durch die Self-Service-Zugriffsverwaltung wird das Benutzererlebnis verbessert, indem die Wartezeiten für Genehmigungen verkürzt werden und gleichzeitig die Compliance durch mehrstufige Genehmigungsprozesse und Prüfpfade gewährleistet wird.

4. Überwachung und Auditierung

Die kontinuierliche Überwachung von Benutzeraktivitäten und Zugriffsmustern ist für die Aufrechterhaltung der Sicherheit unerlässlich. ILM-Lösungen lassen sich in SIEM-Systeme (Security Information and Event Management) integrieren, um Anomalien wie unbefugte Anmeldeversuche oder ungewöhnliches Zugriffsverhalten zu erkennen.

Regelmäßige Audits gewährleisten die Einhaltung interner Richtlinien und externer Vorschriften. Audit-Protokolle protokollieren identitätsbezogene Ereignisse und bieten Einblick in Zugriffsänderungen, fehlgeschlagene Authentifizierungsversuche und Richtlinienverstöße.

5. Benutzer-Offboarding und De-Provisionierung

Wenn ein Mitarbeiter das Unternehmen verlässt oder das Engagement eines Auftragnehmers endet, muss der Zugriff auf Unternehmenssysteme sofort widerrufen werden. Wird der Zugriff nicht rechtzeitig entzogen, kann dies zu Sicherheitslücken führen, da ehemalige Mitarbeiter möglicherweise Anmeldeinformationen behalten, die unbefugten Zugriff ermöglichen.

Durch die automatische Deprovisionierung werden alle Konten eines ausscheidenden Benutzers deaktiviert. Dies reduziert das Risiko verwaister Konten. Darüber hinaus sollten Unternehmen Austrittsüberprüfungen durchführen, um sicherzustellen, dass keine Zugriffsrechte über die Dauer der Benutzerzugehörigkeit hinaus bestehen bleiben.

Vorteile eines effektiven Identity Lifecycle Managements

Eine gut implementierte ILM-Strategie bietet mehrere Vorteile, die die Sicherheit, Effizienz und Compliance verbessern:

- **Verbesserte Sicherheit:**Stellt sicher, dass Benutzer nur auf die Ressourcen zugreifen können, die sie benötigen, und verringert so das Risiko eines unbefugten Zugriffs und interner Bedrohungen.
- **Einhaltung gesetzlicher Vorschriften:**Hilft Unternehmen, gesetzliche und branchenspezifische Vorschriften einzuhalten, indem strenge Zugriffskontrollen durchgesetzt und Prüfpfade gepflegt werden.
- **Betriebseffizienz:**Reduziert den manuellen Arbeitsaufwand für IT-Administratoren durch Automatisierung der Identitätsbereitstellung, Zugriffsänderungen und Bereitstellungsaufhebung.

- **Verbesserte Benutzererfahrung:**Bietet Mitarbeitern rechtzeitigen Zugriff auf die erforderlichen Ressourcen, verbessert so die Produktivität und reduziert Frustration.

Herausforderungen bei der Implementierung von ILM

Trotz seiner Vorteile bringt ILM Herausforderungen mit sich, die Unternehmen bewältigen müssen, um eine erfolgreiche Implementierung sicherzustellen:

- **Integrationskomplexität:**Das Verbinden von ILM-Systemen mit mehreren Anwendungen, Cloud-Plattformen und Legacy-Systemen kann schwierig sein.
- **Probleme mit der Rollenverwaltung:**Das Definieren und Verwalten von Rollenhierarchien kann zu einer Rollenexplosion führen, bei der zu viele Rollen zu administrativen Ineffizienzen führen.
- **Compliance-Belastung:**Organisationen, die in mehreren Rechtsräumen tätig sind, müssen unterschiedliche regulatorische Anforderungen erfüllen und gleichzeitig einheitliche Identitätsrichtlinien einhalten.

Um diese Herausforderungen zu bewältigen, müssen Unternehmen in skalierbare ILM-Lösungen investieren, routinemäßige Identitätsaufgaben automatisieren und ihre Identity-Governance-Frameworks regelmäßig überprüfen.

Die Zukunft des Identity Lifecycle Managements

Angesichts der zunehmenden Bedrohungen für die Cybersicherheit nutzt ILM zunehmend künstliche Intelligenz (KI) und maschinelles Lernen (ML), um die Sicherheit zu verbessern. KI-gestützte Identitätsanalysen helfen, Anomalien zu erkennen, Zugriffsanforderungen vorherzusagen und risikobasierte Entscheidungen zu automatisieren.

Der Aufstieg von Zero-Trust-Sicherheitsmodellen beeinflusst auch ILM. Sie erfordern eine kontinuierliche Überprüfung der Benutzeridentitäten, anstatt sich ausschließlich auf die anfängliche Authentifizierung zu verlassen. Zukünftige ILM-Lösungen werden sich auf adaptive Authentifizierung, Echtzeit-Risikoanalyse und verstärkte Automatisierung konzentrieren, um den Anforderungen dynamischer Unternehmensumgebungen gerecht zu werden.

Unternehmen, die in robuste ILM-Strategien investieren, sind besser gerüstet, um digitale Identitäten sicher zu verwalten, die Einhaltung gesetzlicher Vorschriften zu gewährleisten und die Betriebseffizienz in einer zunehmend komplexen IT-Landschaft zu verbessern.

Automatisieren der Benutzerbereitstellung und -aufhebung

Die Bereitstellung und Deaktivierung von Benutzerkonten ist ein wesentlicher Aspekt der Identitätsverwaltung. Sie stellt sicher, dass Benutzer beim Eintritt in ein Unternehmen den richtigen Zugriff auf Unternehmensressourcen erhalten und diesen bei Austritt umgehend wieder entzogen bekommen. Manuelle Prozesse zur Verwaltung von Benutzerkonten sind ineffizient, fehleranfällig und können Sicherheitsrisiken für Unternehmen bergen. Die Automatisierung der Bereitstellung und Deaktivierung optimiert das Zugriffsmanagement, erhöht die Sicherheit und gewährleistet die Einhaltung gesetzlicher Vorschriften.

Die Bedeutung der Automatisierung der Benutzerbereitstellung

Benutzerbereitstellung bezeichnet den Prozess der Erstellung und Verwaltung digitaler Identitäten innerhalb einer Organisation. Dabei wird der Zugriff auf Systeme, Anwendungen und Daten basierend auf der Rolle, Abteilung oder Funktion eines Benutzers gewährt. Die herkömmliche manuelle Bereitstellung führt häufig zu Verzögerungen, Fehlkonfigurationen und Inkonsistenzen bei der Zugriffszuweisung, was sich negativ auf Produktivität und Sicherheit auswirken kann.

Automatisierung beseitigt diese Herausforderungen, indem sie sicherstellt, dass neue Mitarbeiter, Auftragnehmer und Drittanbieter sofort nach der Einarbeitung den entsprechenden Zugriff erhalten. Durch die Integration in Personalverwaltungssysteme (HR) können automatisierte Bereitstellungslösungen Identitätsattribute synchronisieren und so sicherstellen, dass der Zugriff basierend auf vordefinierten Richtlinien gewährt wird.

Durch die Implementierung automatisierter Workflows können Unternehmen die Abhängigkeit von IT-Administratoren reduzieren und den Onboarding-Prozess beschleunigen. Mitarbeiter können sofort mit den erforderlichen Berechtigungen arbeiten. Das steigert die Effizienz und reduziert gleichzeitig das Risiko menschlicher Fehler bei der Zugriffsvergabe.

Verbesserte Sicherheit durch automatisierte Deprovisionierung

Während die Bereitstellung sicherstellt, dass Benutzer den richtigen Zugriff erhalten, ist die De-Provisionierung für die Sicherheit ebenso wichtig. Wird der Zugriff nicht umgehend entzogen, wenn Mitarbeiter das Unternehmen verlassen oder ihre Rolle wechseln, kann dies zu verwaisten Konten führen – aktiven Anmeldeinformationen, die weiterhin mit ehemaligen Mitarbeitern verknüpft sind. Diese Konten werden zu bevorzugten Zielen für Cyberkriminelle und Insider-Bedrohungen.

Die automatisierte Deprovisionierung eliminiert dieses Risiko, indem sie den Zugriff in Echtzeit entzieht, wenn ein Mitarbeiter das Unternehmen verlässt. Durch die Integration mit HR- und Verzeichnisdiensten stellt die automatisierte Deprovisionierung sicher, dass bei einer Kündigung die damit verbundenen Zugriffsrechte sofort systemweit entzogen werden.

Ein weiterer wichtiger Aspekt der Deprovisionierung ist der Entzug des Zugriffs für Benutzer, die innerhalb des Unternehmens ihre Rolle wechseln. Mitarbeiter, die von einer Abteilung in eine andere wechseln, benötigen möglicherweise andere Berechtigungen. Alte Zugriffsrechte sollten entfernt werden, um eine Ausweitung der Berechtigungen zu verhindern. Durch Automatisierung wird sichergestellt, dass Benutzer nur die für ihre neuen Rollen erforderlichen Zugriffsrechte behalten. Dies reduziert Sicherheitsrisiken und setzt das Prinzip der geringsten Privilegien durch.

Integration mit Identity Governance and Administration (IGA)-Systemen

Automatisiertes Provisioning und Deprovisioning sind am effektivsten, wenn sie in Identity Governance and Administration (IGA)-Lösungen integriert werden. Diese Plattformen ermöglichen ein zentralisiertes Identity Lifecycle Management, die Durchsetzung von Governance-Richtlinien und die Gewährleistung der Compliance.

IGA-Lösungen ermöglichen Unternehmen:

- Definieren Sie rollen- und richtlinienbasierte Zugriffskontrollen, um Zugriffszuweisungen zu automatisieren.
- Implementieren Sie Genehmigungsworkflows für Zugriffsanfragen mit hohem Risiko.
- Führen Sie regelmäßige Zugriffsüberprüfungen durch, um die Benutzerberechtigungen zu validieren.
- Führen Sie Prüfprotokolle der Bereitstellungs- und Debereitstellungsaktionen für die Compliance-Berichterstattung.

Mit einem IGA-Framework unterliegt die Automatisierung strengen Richtlinien, die konsistente und überprüfbare Identitätsverwaltungsprozesse gewährleisten.

Reduzierung des Verwaltungsaufwands und Verbesserung der Effizienz

Die manuelle Benutzerbereitstellung und -aufhebung erfordert von IT-Teams die Bearbeitung von Zugriffsanfragen, die Bearbeitung von Genehmigungen und die Verwaltung von Kontoaktualisierungen. Dies kostet wertvolle Zeit und Ressourcen. Die Automatisierung dieser Aufgaben reduziert den Verwaltungsaufwand erheblich und verbessert gleichzeitig die Genauigkeit.

Automatisierte Workflows ermöglichen beispielsweise neuen Mitarbeitern den abteilungsspezifischen Zugriff auf Standardanwendungen wie E-Mail, HR-Portale und Collaboration-Tools. Speziellere Zugriffe können über genehmigungsbasierte Workflows gewährt werden. So wird sichergestellt, dass Benutzer nur die für ihre Rolle erforderlichen Berechtigungen erhalten.

Durch den Verzicht auf manuelle Eingriffe können Unternehmen Verzögerungen bei der Zugriffsbereitstellung reduzieren, die Betriebseffizienz steigern und es IT-Teams ermöglichen, sich auf wichtigere Aufgaben wie Sicherheitsüberwachung und Bedrohungsreaktion zu konzentrieren.

Compliance- und Audit-Vorteile

Gesetzliche Vorschriften wie DSGVO, HIPAA und SOX erfordern eine strenge Kontrolle des Benutzerzugriffs auf vertrauliche Daten. Automatisierte Bereitstellung und Debereitstellung unterstützen Unternehmen bei der Einhaltung dieser Compliance-Anforderungen, indem sie einheitliche Zugriffsrichtlinien durchsetzen und Prüfprotokolle erstellen.

Durch Automatisierung können Unternehmen:

- Stellen Sie sicher, dass Benutzern nur die erforderlichen Berechtigungen erteilt werden, und verringern Sie so das Risiko eines unbefugten Zugriffs.
- Führen Sie detaillierte Protokolle über Zugriffsänderungen und stellen Sie Prüfern transparente Aufzeichnungen über Bereitstellungs- und Aufhebungsaktivitäten zur Verfügung.
- Führen Sie Zugriffsüberprüfungen effizienter durch, indem Sie automatisierte Zertifizierungskampagnen nutzen.

Durch den Nachweis der Einhaltung gesetzlicher Vorschriften können Unternehmen das Risiko von Strafen wegen Nichteinhaltung verringern und gleichzeitig ihre Sicherheit und Governance stärken.

Nutzung von KI und maschinellem Lernen in der Identitätsautomatisierung

Künstliche Intelligenz (KI) und maschinelles Lernen (ML) verändern die Art und Weise, wie Unternehmen die Benutzerbereitstellung und -aufhebung verwalten. KI-gestützte Identitätsanalysen können Anomalien in Zugriffsmustern erkennen, übermäßige Berechtigungen identifizieren und richtlinienbasierte Anpassungen zur Verbesserung der Sicherheit vorschlagen.

Machine-Learning-Modelle können historische Zugriffsanfragen analysieren und neuen Mitarbeitern basierend auf ähnlichen Benutzerprofilen geeignete Zugriffsebenen empfehlen. Diese intelligente Automatisierung reduziert den Bedarf an manueller Rollenzuweisung und verbessert die Genauigkeit von Bereitstellungsentscheidungen.

Darüber hinaus kann KI-gestützte Verhaltensanalyse verdächtige Aktivitäten erkennen, beispielsweise wenn ein inaktiver Benutzer plötzlich Zugriff auf kritische Systeme anfordert. Eine automatische Deprovisionierung kann dann basierend auf vordefinierten Risikoschwellenwerten ausgelöst werden, was die Sicherheit weiter erhöht.

Herausforderungen bei der Automatisierung der Benutzerbereitstellung und -aufhebung

Trotz ihrer Vorteile bringt die Implementierung automatisierter Bereitstellung und De-Provisionierung auch Herausforderungen mit sich. Unternehmen müssen sicherstellen, dass die Automatisierungsrichtlinien klar definiert sind, um eine Über- oder Unterbereitstellung von Zugriffen zu verhindern. Schlecht konfigurierte Automatisierungsregeln können dazu führen, dass Mitarbeiter übermäßige Berechtigungen erhalten oder von wichtigen Systemen ausgeschlossen werden.

Eine weitere Herausforderung besteht darin, die Automatisierung in Legacy-Anwendungen zu integrieren, die moderne Identitätsmanagementprotokolle nicht unterstützen. Einige ältere Systeme erfordern möglicherweise benutzerdefinierte Konnektoren oder manuelle Eingriffe, was die Effektivität der Automatisierung einschränkt.

Um diese Herausforderungen zu bewältigen, sollten Organisationen:

- Führen Sie vor der Implementierung der Automatisierung eine gründliche Überprüfung der Zugriffsrichtlinien durch.
- Testen Sie Automatisierungs-Workflows in kontrollierten Umgebungen vor der vollständigen Bereitstellung.
- Aktualisieren Sie Identitätsrichtlinien regelmäßig, um Änderungen in Geschäftsprozessen und Sicherheitsanforderungen Rechnung zu tragen.

Zukünftige Trends in der Identitätsautomatisierung

Die Zukunft der Benutzerbereitstellung und -aufhebung entwickelt sich mit Fortschritten in der Identitätssicherheit weiter. Zero-Trust-Sicherheitsmodelle legen den Schwerpunkt auf die kontinuierliche Überprüfung von Benutzeridentitäten, wodurch automatisierte Identitätsverwaltung noch wichtiger wird. Unternehmen setzen zunehmend auf Just-in-Time-Bereitstellung (JIT), bei der der Zugriff nur bei Bedarf gewährt und nach einer vordefinierten Zeitspanne automatisch widerrufen wird.

Da Unternehmen zunehmend auf eine passwortlose Authentifizierung umsteigen, wird die Identitätsautomatisierung eine zentrale Rolle bei der Verwaltung der Lebenszyklen von Anmeldeinformationen spielen und die Abhängigkeit von herkömmlichen passwortbasierten Authentifizierungsmethoden verringern.

Durch automatisiertes Provisioning und Deprovisioning können Unternehmen ihre Sicherheit erhöhen, die Effizienz steigern und die Einhaltung gesetzlicher Vorschriften sicherstellen. Mit der technologischen Weiterentwicklung wird die Identitätsautomatisierung immer ausgefeilter und ermöglicht die nächste Generation sicherer und effizienter Zugriffsmanagementlösungen.

Zentralisierung der Zugriffszertifizierung und -bescheinigung

Zugriffszertifizierung und -bescheinigung sind wesentliche Bestandteile der Identitätsverwaltung und -administration (IGA). Sie gewährleisten, dass Benutzer den erforderlichen Zugriff auf Systeme, Anwendungen und Daten haben. Ohne einen strukturierten Ansatz zur Überprüfung von Zugriffsrechten sind Unternehmen erhöhten Sicherheitsrisiken, der Nichteinhaltung gesetzlicher Vorschriften und betrieblichen Ineffizienzen ausgesetzt. Die Zentralisierung dieser Prozesse bietet mehr Kontrolle, Transparenz und Konsistenz. So können Unternehmen Sicherheitsrichtlinien effektiv durchsetzen und gleichzeitig den Verwaltungsaufwand reduzieren.

Herkömmliche Methoden der Zugriffszertifizierung beinhalten oft manuelle Prozesse, die zeitaufwändig und fehleranfällig sind. Manager müssen in der Regel den Benutzerzugriff für mehrere Systeme prüfen und genehmigen, was zu inkonsistenter Durchsetzung und Compliance-Lücken führt. Dezentrale Bescheinigungsprozesse können zu Kontrollmängeln führen, da verschiedene Abteilungen Richtlinien unterschiedlich interpretieren oder keine regelmäßigen Überprüfungen durchführen. Durch die Zentralisierung der Zugriffszertifizierung und -bescheinigung schaffen Unternehmen einen standardisierten, prüfbaren Rahmen, der sowohl die Sicherheit als auch die Verantwortlichkeit verbessert.

Ein zentralisierter Ansatz stellt sicher, dass alle Benutzerzugriffsprüfungen vordefinierten Richtlinien und Workflows folgen. Unternehmen können Kriterien für regelmäßige Zertifizierungskampagnen definieren und festlegen, welche Zugriffsrechte überprüft werden müssen, wie häufig Überprüfungen erfolgen sollen und wer für die Genehmigungen verantwortlich ist. Diese Kampagnen können automatisiert und in regelmäßigen Abständen ausgelöst werden, wodurch die Abhängigkeit von manueller Nachverfolgung und Nachverfolgung reduziert wird. Automatisierte Erinnerungen und Eskalationen sorgen für eine fristgerechte Fertigstellung und minimieren Verzögerungen und Compliance-Risiken.

Regulatorische Anforderungen spielen eine wichtige Rolle bei der Notwendigkeit einer zentralen Zugriffszertifizierung. Vorschriften wie die Datenschutz-Grundverordnung (DSGVO), der Sarbanes-Oxley Act (SOX), der Health Insurance Portability and Accountability Act (HIPAA) und der Payment Card Industry Data Security Standard (PCI DSS) schreiben strenge Zugriffskontrollen und regelmäßige Überprüfungen der Benutzerrechte vor. Ein fragmentierter Ansatz zur Zugriffsbescheinigung erschwert den Compliance-Nachweis, da Unternehmen Schwierigkeiten haben, konsistente Prüfprotokolle und Verifizierungsunterlagen bereitzustellen. Die Zentralisierung der Zugriffszertifizierung ermöglicht Unternehmen die Führung umfassender Berichte, den Compliance-Nachweis bei Audits und die Reduzierung des Risikos von Strafen.

Neben der Einhaltung von Vorschriften erhöht die Zentralisierung auch die Sicherheit, indem sie die Wahrscheinlichkeit unbefugten Zugriffs verringert. Mitarbeiter sammeln oft im Laufe der Zeit Zugriffsrechte an, insbesondere wenn sie ihre Rollen wechseln oder an mehreren Projekten arbeiten. Ohne regelmäßige Überprüfung können übermäßige Berechtigungen unbemerkt bleiben und das Risiko interner Bedrohungen oder externer Sicherheitsverletzungen erhöhen. Ein zentralisiertes System stellt sicher, dass Manager und Sicherheitsteams unnötige Zugriffe leicht erkennen und widerrufen können, wodurch das Prinzip der geringsten Privilegien im gesamten Unternehmen durchgesetzt wird.

Automatisierung spielt eine entscheidende Rolle bei der Zentralisierung der Zugriffszertifizierung und -bescheinigung. Moderne IGA-Lösungen lassen sich in Unternehmensanwendungen, Verzeichnisse und Cloud-Dienste integrieren, um Zugriffsdaten auf einer einzigen Plattform zu bündeln. Diese Lösungen bieten Dashboards und Analysen, die Echtzeit-Einblicke in Zugriffsmuster ermöglichen und Unternehmen helfen, Anomalien zu erkennen und Richtlinien effektiver durchzusetzen. Anstatt Tabellenkalkulationen oder fragmentierte Datensätze manuell zu prüfen, erhalten Entscheidungsträger Zugriff auf eine konsolidierte Ansicht der Benutzerberechtigungen, was den Zertifizierungsprozess effizienter und präziser macht.

Risikobasierte Zugriffsüberprüfungen verbessern die Effektivität zentralisierter Zertifizierungsprogramme zusätzlich. Anstatt alle Zugriffsüberprüfungen gleich zu behandeln, können Unternehmen risikoreiche Berechtigungen und kritische Systeme priorisieren. Erweiterte Analysefunktionen und künstliche Intelligenz (KI) ermöglichen es Unternehmen, die Wahrscheinlichkeit von Missbrauch oder Sicherheitsvorfällen anhand von Benutzerverhalten, Rollenänderungen und historischen Mustern zu bewerten. Dieser zielgerichtete Ansatz stellt sicher, dass die Ressourcen auf die Minimierung der größten Risiken konzentriert werden, anstatt unnötige oder redundante Überprüfungen durchzuführen.

Ein weiterer Vorteil der zentralisierten Zugriffszertifizierung ist die verbesserte Verantwortlichkeit. Ein klar definierter Zertifizierungsprozess stellt sicher, dass Manager und Systemverantwortliche die Verantwortung für die Genehmigung oder den Entzug des Zugriffs übernehmen. Dank klarer Prüfpfade können Unternehmen nachvollziehen, wer bestimmte Berechtigungen erteilt hat, wann Zertifizierungen durchgeführt wurden und ob Ausnahmen gemacht wurden. Diese Transparenz erhöht nicht nur die Sicherheit, sondern vereinfacht auch forensische Untersuchungen im Falle einer Sicherheitsverletzung.

Die Benutzerfreundlichkeit ist ein weiterer wichtiger Aspekt bei der Implementierung eines zentralen Zugangszertifizierungssystems. Überlastete Manager mit übermäßigen Zertifizierungsanfragen können zu einer „Abnick-Aktion" führen, bei der Genehmigungen ohne gründliche Prüfung erteilt werden. Um dies zu vermeiden, sollten Unternehmen optimierte Workflows implementieren, die Zugangsinformationen in einem intuitiven und verständlichen Format darstellen. Die Bereitstellung von Kontext, wie beispielsweise der geschäftlichen Begründung für den Zugriff und aktuellen Nutzungsmustern, ermöglicht es Prüfern, fundierte Entscheidungen ohne unnötige Komplexität zu treffen.

Die Integration in bestehende Identity-Governance-Frameworks stellt sicher, dass die Zentralisierung der Zugriffszertifizierung keine Betriebssilos schafft. Unternehmen müssen ihre Attestierungs-Workflows an ihre umfassenderen Identity-Management-Prozesse anpassen, darunter rollenbasierte Zugriffskontrolle (RBAC), richtlinienbasierte Zugriffskontrolle (PBAC) und privilegiertes Zugriffsmanagement (PAM). Durch die Integration der Zugriffszertifizierung in die allgemeine Identity-Governance-Strategie schaffen Unternehmen einen einheitlichen Ansatz für die Verwaltung von Benutzeridentitäten, reduzieren Sicherheitslücken und verbessern die Gesamteffizienz.

Die Zentralisierung der Zugangszertifizierung bietet zwar zahlreiche Vorteile, Unternehmen müssen sich aber auch Herausforderungen wie Veränderungswiderstand und die anfängliche Komplexität der Implementierung stellen. Mitarbeiter und Führungskräfte sind möglicherweise an dezentrale Prozesse gewöhnt und benötigen Schulungen zu neuen Zertifizierungsabläufen. Change-Management-Initiativen, einschließlich klarer Kommunikation und Benutzerschulungen, erleichtern den Übergang und fördern die Akzeptanz. Darüber hinaus ist die Auswahl der richtigen Technologielösung entscheidend für den Erfolg. Unternehmen sollten IGA-Plattformen anhand von Skalierbarkeit, Integrationsmöglichkeiten, Automatisierungsfunktionen und Berichtsfunktionen bewerten, um eine reibungslose Implementierung zu gewährleisten.

Mit der zunehmenden digitalen Transformation und der Einführung hybrider und Multi-Cloud-Umgebungen gewinnen Zugriffszertifizierungen und -nachweise zunehmend an Bedeutung. Die zentralisierte Zertifizierung bietet einen skalierbaren Rahmen, der sich an veränderte Geschäftsanforderungen anpasst und es Unternehmen ermöglicht, die Kontrolle über Zugriffsrechte über verschiedene Systeme und Plattformen hinweg zu behalten. Durch Automatisierung, Analysen und standardisierte Richtlinien erhöhen Unternehmen die Sicherheit, reduzieren Compliance-Risiken und verbessern die betriebliche Effizienz.

Privileged Access Management (PAM) und IGA

Privileged Access Management (PAM) und Identity Governance and Administration (IGA) sind zwei wichtige Komponenten moderner Identitätssicherheits-Frameworks. Da Unternehmen ihre IT-Infrastrukturen auf lokale und Cloud-Umgebungen ausweiten, ist die Verwaltung privilegierter Konten komplexer und sicherheitsrelevanter geworden. Privilegierte Konten, beispielsweise für Systemadministratoren, IT-Sicherheitspersonal und Datenbankmanager, bieten erweiterten Zugriff auf kritische Systeme und sensible Daten. Ohne entsprechende Kontrolle können diese Konten zum Ziel von Cyberbedrohungen werden, was zu Datenlecks, Verstößen gegen Vorschriften und Betriebsstörungen führen kann. Durch die Integration von PAM und IGA können Unternehmen ein umfassendes Sicherheitsmodell etablieren, das die ordnungsgemäße Verwaltung, Überwachung und Kontrolle privilegierter Zugriffe gewährleistet.

Privileged Access Management konzentriert sich auf die Sicherung und Verwaltung von Konten mit erweiterten Berechtigungen. Diese Konten haben typischerweise administrative Kontrolle über Server, Datenbanken, Netzwerkgeräte und Cloud-Plattformen und sind daher ein attraktives Ziel für Angreifer. Im Gegensatz zu Standardbenutzerkonten können privilegierte Konten Sicherheitskontrollen umgehen, Systemkonfigurationen ändern und auf vertrauliche Informationen zugreifen. Werden sie kompromittiert, stellen sie ein erhebliches Risiko für die Cybersicherheit des Unternehmens dar. PAM-Lösungen mindern diese Risiken durch strenge Kontrollen, darunter Sitzungsüberwachung, Passwort-Vaulting, Just-in-Time-Zugriffsbereitstellung und automatisierte Anmeldeinformationsrotation.

Identity Governance and Administration bietet eine umfassende Governance-Struktur für die Verwaltung digitaler Identitäten im gesamten Unternehmen. Während sich PAM speziell an privilegierte Benutzer richtet, stellt IGA sicher, dass allen Benutzern, einschließlich privilegierter und nicht privilegierter Konten, der entsprechende Zugriff gemäß den Unternehmensrichtlinien und gesetzlichen

Anforderungen zugewiesen wird. IGA automatisiert das Identity Lifecycle Management, Zugriffsüberprüfungen, Rollenzuweisungen und Compliance-Reporting. Durch die Integration von PAM in das IGA-Framework können Unternehmen einen einheitlichen Ansatz für die Verwaltung von Identitäten und die Durchsetzung von Sicherheitsrichtlinien für alle Kontotypen entwickeln.

Einer der wichtigsten Aspekte der PAM- und IGA-Integration ist die Durchsetzung des Least-Privilege-Prinzips. Dieses Prinzip stellt sicher, dass Benutzer, auch Administratoren, nur die für ihre Aufgaben erforderlichen Mindestberechtigungen erhalten. Anstatt privilegierten Konten dauerhaften Zugriff zu gewähren, ermöglicht PAM Just-in-Time-Zugriff, bei dem Benutzern nur bei Bedarf temporäre Berechtigungen gewährt werden. Dieser Ansatz reduziert die Angriffsfläche, indem er die Verfügbarkeit privilegierter Anmeldeinformationen einschränkt und es Angreifern erschwert, diese auszunutzen. IGA ergänzt dies durch die Durchsetzung der rollenbasierten Zugriffskontrolle (RBAC) und der richtlinienbasierten Zugriffskontrolle (PBAC). So wird sichergestellt, dass privilegierte Benutzer im Laufe der Zeit keine übermäßigen Berechtigungen ansammeln.

Auch Zugriffszertifizierungs- und -bescheinigungsprozesse spielen eine wichtige Rolle bei der Verwaltung privilegierter Zugriffe. IGA-Lösungen ermöglichen Unternehmen regelmäßige Zugriffsüberprüfungen und stellen sicher, dass privilegierte Konten nur autorisierten Benutzern zugewiesen werden. PAM-Lösungen verbessern diesen Prozess zusätzlich durch detaillierte Prüfprotokolle und Echtzeitüberwachung der privilegierten Sitzungsaktivitäten. Durch die Kombination dieser Funktionen können Sicherheitsteams Anomalien erkennen, unnötige Berechtigungen entziehen und die kontinuierliche Einhaltung branchenspezifischer Vorschriften sicherstellen.

Eine weitere wichtige Komponente der PAM- und IGA-Integration ist die Überwachung privilegierter Sitzungen. PAM-Lösungen zeichnen die Aktivitäten privilegierter Benutzer auf und analysieren sie, um potenzielle Sicherheitsrisiken zu identifizieren. Diese Sitzungen können in Echtzeit überprüft oder im Falle eines Vorfalls für forensische Analysen archiviert werden. Durch die Einspeisung von

Sitzungsdaten in IGA-Systeme können Unternehmen Zugriffsmuster mit Identity-Governance-Richtlinien korrelieren und so riskantes Verhalten erkennen und Korrekturmaßnahmen ergreifen. Automatisierte Warnmeldungen und Workflow-Trigger können so konfiguriert werden, dass sie nicht autorisierte Aktionen kennzeichnen und zusätzliche Überprüfungen erfordern, bevor privilegierte Benutzer risikoreiche Aktivitäten ausführen können.

Die Einhaltung gesetzlicher Vorschriften ist ein weiterer treibender Faktor für die Konvergenz von PAM und IGA. Viele Branchenvorschriften, darunter DSGVO, HIPAA, SOX und PCI DSS, schreiben eine strenge Kontrolle privilegierter Konten vor. Unternehmen müssen nachweisen, dass sie angemessene Sicherheitskontrollen implementiert haben, um sensible Daten zu schützen und unbefugten Zugriff zu verhindern. IGA-Lösungen bieten Compliance-Reporting-Funktionen und generieren Prüfprotokolle, die die Genehmigung, Überprüfung und Aufhebung privilegierter Zugriffe dokumentieren. PAM stärkt die Compliance-Bemühungen zusätzlich durch die Durchsetzung strenger Authentifizierungsmaßnahmen wie Multi-Faktor-Authentifizierung (MFA) und Passwortrotationsrichtlinien. So wird sichergestellt, dass privilegierte Anmeldeinformationen vor unbefugter Nutzung geschützt sind.

Die Cloud-Nutzung bringt neue Herausforderungen für das Privileged Access Management mit sich. Da Unternehmen ihre Workloads auf Cloud-Plattformen migrieren, müssen sich herkömmliche PAM-Lösungen an dynamische Multi-Cloud-Umgebungen anpassen. Cloud-Service-Anbieter bieten zwar integrierte Tools für das Identitäts- und Zugriffsmanagement (IAM), verfügen jedoch oft nicht über die für die Unternehmenssicherheit erforderliche Governance und zentrale Kontrolle. Durch die Integration von Cloud-basiertem PAM mit IGA können Unternehmen konsistente Richtlinien in lokalen und Cloud-Umgebungen durchsetzen und so sicherstellen, dass privilegierte Zugriffe standortunabhängig sicher verwaltet werden. Cloud-native PAM-Lösungen ermöglichen zudem temporäre Zugriffskontrollen, bei denen privilegierte Konten nur für die Dauer einer Aufgabe bestehen und nach Abschluss automatisch widerrufen werden.

Die Erkennung privilegierter Konten und die Risikobewertung sind für Unternehmen, die ihre Sicherheitslage verbessern möchten, unerlässlich. PAM-Lösungen scannen IT-Umgebungen kontinuierlich, um nicht verwaltete oder verwaiste privilegierte Konten zu identifizieren, die Sicherheitsrisiken bergen könnten. Diese Konten werden dann in das PAM-System integriert, wo Zugriffsrichtlinien durchgesetzt werden können. IGA optimiert diesen Prozess durch die Klassifizierung privilegierter Konten nach Risikostufen, sodass Unternehmen die Sanierungsmaßnahmen priorisieren können. Risikobasierte Bewertungsmechanismen helfen Sicherheitsteams, sich auf Konten mit hohem Risiko zu konzentrieren und bei Bedarf strengere Zugriffskontrollen anzuwenden.

Automatisierung spielt eine entscheidende Rolle bei der Stärkung von PAM- und IGA-Prozessen. Die manuelle Verwaltung privilegierter Konten und Governance-Richtlinien ist zeitaufwändig und anfällig für menschliche Fehler. Durch die Automatisierung von Workflows können Unternehmen den Verwaltungsaufwand reduzieren und gleichzeitig sicherstellen, dass Zugriffsanfragen, Genehmigungen und Widerrufe vordefinierten Sicherheitsrichtlinien entsprechen. Beispielsweise können PAM-Lösungen basierend auf IGA-Genehmigungsworkflows automatisch temporären privilegierten Zugriff gewähren, wodurch manuelle Eingriffe entfallen. Ebenso kann IGA die automatische Deprovisionierung privilegierter Konten auslösen, wenn Mitarbeiter das Unternehmen verlassen. So wird sichergestellt, dass ehemalige Mitarbeiter keinen unbefugten Zugriff behalten.

Angesichts der sich ständig weiterentwickelnden Cybersicherheitsbedrohungen müssen Unternehmen einen proaktiven Ansatz für Privileged Access Management und Identity Governance verfolgen. Die Konvergenz von PAM und IGA bietet ein robustes Sicherheitsframework, das die Transparenz verbessert, Compliance durchsetzt und die mit privilegierten Konten verbundenen Risiken minimiert. Durch die Integration dieser Lösungen können Unternehmen ein Zero-Trust-Sicherheitsmodell etablieren, bei dem der Zugriff auf kritische Systeme kontinuierlich überprüft und streng kontrolliert wird. Im Zuge der digitalen Transformation bleiben PAM und IGA wesentliche Bestandteile einer umfassenden Identitätssicherheitsstrategie.

Verwalten externer und Drittanbieter-Identitäten

Unternehmen sind heute auf ein riesiges Ökosystem externer Benutzer angewiesen, darunter Auftragnehmer, Geschäftspartner, Lieferanten, Verkäufer und Zeitarbeitskräfte. Diese externen Identitäten benötigen Zugriff auf Unternehmenssysteme, Daten und Anwendungen, um ihre Aufgaben effektiv erfüllen zu können. Im Gegensatz zu Vollzeitmitarbeitern unterliegen externe Benutzer jedoch anderen Sicherheits-, Compliance- und Governance-Anforderungen. Die Verwaltung ihres Zugriffs unter Wahrung von Sicherheit, Betriebseffizienz und Einhaltung gesetzlicher Vorschriften stellt eine besondere Herausforderung dar. Ohne ordnungsgemäße Identitätsverwaltung riskieren Unternehmen unbefugten Zugriff, Datenschutzverletzungen und die Nichteinhaltung von Branchenvorschriften.

Die Komplexität der Verwaltung von Drittanbieteridentitäten ergibt sich aus ihrem temporären oder dynamischen Charakter. Im Gegensatz zu Mitarbeitern, die einen strukturierten Onboarding- und Offboarding-Prozess durchlaufen, treten externe Benutzer Unternehmen oft über verschiedene Kanäle bei, mit unterschiedlichem Maß an Vertrauen und Aufsicht. Ein Auftragnehmer benötigt möglicherweise nur für wenige Wochen Zugriff, während ein Lieferant langfristigen Zugriff mit regelmäßigen Änderungen benötigt. Ohne einen formalisierten Ansatz zur Identitätsverwaltung fällt es Unternehmen schwer, sicherzustellen, dass der Zugriff angemessen bleibt und widerrufen wird, wenn er nicht mehr benötigt wird. Verwaiste Konten – aktive Anmeldeinformationen, die nach Vertragsende mit einem Drittanbieter bestehen bleiben – stellen ein erhebliches Sicherheitsrisiko dar, wenn sie nicht verwaltet werden.

Um diese Risiken zu minimieren, müssen Unternehmen klar definierte Richtlinien für die Aufnahme, Verwaltung und Deaktivierung externer Identitäten festlegen. Ein strukturierter Onboarding-Prozess stellt sicher, dass Drittnutzer entsprechend den Geschäftsanforderungen und nach dem Prinzip der geringsten Privilegien Zugriff erhalten. Die Automatisierung dieses Prozesses durch Lösungen für Identity Governance und -administration (IGA) reduziert den Verwaltungsaufwand und verhindert eine Übervergabe von Zugriffsrechten. Das Onboarding von Drittidentitäten sollte Überprüfungen, Genehmigungsworkflows und vordefinierte Zugriffsrichtlinien umfassen, die den Sicherheits- und Compliance-Anforderungen entsprechen.

Ein kritischer Aspekt bei der Verwaltung externer Identitäten ist die Durchsetzung strenger Authentifizierungs- und Zugriffskontrollen. Multi-Faktor-Authentifizierung (MFA) sollte für alle Drittanbieter obligatorisch sein, um das Risiko einer Beeinträchtigung der Anmeldeinformationen zu verringern. Kontextabhängige Zugriffskontrollen, wie z. B. Geolokalisierungsbeschränkungen und Gerätevertrauensstufen, erhöhen die Sicherheit zusätzlich, indem sie sicherstellen, dass der Drittanbieterzugriff den Unternehmensrichtlinien entspricht. Unternehmen müssen außerdem die Zugriffsrechte zwischen internen und externen Benutzern differenzieren, um zu verhindern, dass externe Identitäten übermäßige Privilegien erlangen oder auf sensible Systeme zugreifen.

Die Überwachung und Prüfung des Zugriffs Dritter ist für die Aufrechterhaltung der Sicherheit unerlässlich. Unternehmen müssen die Aktivitäten externer Benutzer kontinuierlich verfolgen und überprüfen, um Anomalien, unbefugte Zugriffsversuche oder potenzielle Sicherheitsbedrohungen zu erkennen. Regelmäßige Zugriffszertifizierungen stellen sicher, dass Identitäten Dritter nur die für ihre Rollen erforderlichen Berechtigungen behalten. Automatisierte Zugriffsüberprüfungen helfen Managern zu prüfen, ob Drittanbieter noch Zugriff benötigen, wodurch die Wahrscheinlichkeit von nicht mehr gültigen Berechtigungen verringert wird.

Die Integration von IGA-Lösungen und externen Identitätsanbietern erhöht die Sicherheit und optimiert das Zugriffsmanagement. Viele externe Benutzer authentifizieren sich über ihre eigenen Unternehmensidentitätssysteme und benötigen dafür föderierte Zugriffsmanagementlösungen wie Single Sign-On (SSO) und Security Assertion Markup Language (SAML). Durch die Integration externer Identitätsanbieter in das IGA-Framework eines Unternehmens können

Organisationen einheitliche Zugriffsrichtlinien durchsetzen, ohne unnötige Anmeldeinformationen speichern zu müssen.

Vertragsmanagement und rechtliche Vereinbarungen spielen eine entscheidende Rolle bei der Definition der Identitätsverwaltung von Drittanbietern. Unternehmen sollten Vereinbarungen formalisieren, die Sicherheitsverantwortlichkeiten, Zugriffsbeschränkungen und Compliance-Anforderungen festlegen. Diese Vereinbarungen stellen sicher, dass externe Partner die Sicherheitsrichtlinien verstehen und einhalten. Dadurch wird das Risiko der Datenfreigabe oder der Nichteinhaltung von Branchenvorschriften reduziert. Unternehmen sollten außerdem Ausstiegsverfahren für Drittanbieter definieren, um sicherzustellen, dass die Deprovisionierung bei Vertragsende oder Auflösung von Partnerschaften sofort erfolgt.

Mit zunehmender Cloud-Nutzung wird die Verwaltung von Drittanbieter-Identitäten immer komplexer. Viele externe Benutzer benötigen Zugriff auf Cloud-basierte Anwendungen, Software-as-a-Service (SaaS)-Plattformen und Hybridumgebungen. Ein zentralisiertes Identity-Governance-Modell stellt sicher, dass der Drittanbieter-Zugriff plattformübergreifend einheitlich verwaltet wird, wodurch die Sicherheitsfragmentierung reduziert wird. Cloud-basierte Identitätslösungen ermöglichen es Unternehmen, die Identity Governance über traditionelle Netzwerkgrenzen hinaus auszuweiten und den Zugriff in Multi-Cloud-Umgebungen zu sichern.

Privileged Access Management (PAM) ist eine weitere wichtige Komponente der Identity Governance von Drittanbietern. Einige externe Benutzer, wie IT-Anbieter oder Berater, benötigen möglicherweise Administratorzugriff auf sensible Systeme. Die Gewährung übermäßiger Berechtigungen ohne angemessene Kontrolle erhöht das Risiko von Sicherheitsverletzungen. Die Implementierung von Just-in-Time-Zugriff (JIT) und zeitgebundenen Berechtigungen stellt sicher, dass Drittanbieter nur bei Bedarf temporären Zugriff erhalten. Sitzungsaufzeichnung und -überwachung erhöhen die Sicherheit zusätzlich, indem sie privilegierte Aktivitäten verfolgen und verdächtiges Verhalten erkennen.

Sicherheitsvorfälle mit Drittidentitäten unterstreichen die Bedeutung eines robusten Identity-Governance-Frameworks. Viele schwerwiegende Verstöße sind auf kompromittierte Anbieteranmeldeinformationen oder schlecht verwaltete Drittzugriffe zurückzuführen. Unternehmen müssen ihre Risiken durch Drittzugriffe regelmäßig bewerten und proaktive Sicherheitsmaßnahmen ergreifen, um Bedrohungen zu minimieren. Sicherheitsbewertungen, Penetrationstests und Compliance-Audits tragen dazu bei, dass der Drittzugriff den sich entwickelnden Sicherheitsanforderungen entspricht.

Die effektive Verwaltung externer und Drittanbieter-Identitäten erfordert ein Gleichgewicht zwischen Sicherheit und betrieblicher Effizienz. Unternehmen müssen einen nahtlosen und sicheren Zugriff gewährleisten und gleichzeitig die Durchsetzbarkeit von Governance-Richtlinien sicherstellen. Durch Automatisierung, Zugriffsüberprüfungen und Mechanismen zur Richtliniendurchsetzung können Unternehmen Sicherheitsrisiken reduzieren und die Einhaltung von Branchenvorschriften gewährleisten. Eine umfassende Identity-Governance-Strategie stellt sicher, dass Drittanbieter-Identitäten mit dem gleichen Maß an Sicherheit und Kontrolle verwaltet werden wie interne Benutzer. So werden kritische Systeme und sensible Daten vor unbefugtem Zugriff geschützt.

Integration von IGA mit Cloud-Anwendungen

Da Unternehmen zunehmend in Cloud-Umgebungen migrieren, ist die Verwaltung von Identitäten über mehrere Plattformen hinweg komplexer geworden. Identity Governance und Administration (IGA) spielt eine entscheidende Rolle für den sicheren, effizienten und konformen Zugriff auf Cloud-Anwendungen. Im Gegensatz zu herkömmlichen lokalen Identitätsmanagementlösungen bringen Cloud-Anwendungen neue Herausforderungen mit sich, wie z. B. dezentrale Zugriffskontrollen, Mandantenfähigkeit und dynamische Bereitstellungsanforderungen. Um Sicherheit und Compliance zu gewährleisten und gleichzeitig die Geschäftsflexibilität zu unterstützen, müssen Unternehmen IGA effektiv in ihre Cloud-Ökosysteme integrieren.

Cloud-Anwendungen werden in unterschiedlichen Umgebungen eingesetzt, darunter Software-as-a-Service (SaaS), Platform-as-a-Service (PaaS) und Infrastructure-as-a-Service (IaaS). Jeder dieser Servicetypen erfordert unterschiedliche Strategien für das Identitätsmanagement. SaaS-Anwendungen wie Microsoft 365, Salesforce und ServiceNow erfordern Prozesse zur Benutzerbereitstellung und -aufhebung, die mit den Geschäftsrichtlinien übereinstimmen. PaaS- und IaaS-Umgebungen wie Amazon Web Services (AWS) und Microsoft Azure beinhalten privilegierte Zugriffskontrollen, rollenbasierte Zuweisungen und Sicherheitsrichtlinien zum Schutz kritischer Infrastrukturen. Die Integration von IGA stellt sicher, dass alle diese Dienste unter einem einheitlichen Identity-Governance-Framework laufen.

Eine der größten Herausforderungen bei der Integration von IGA in Cloud-Anwendungen ist die Verwaltung unterschiedlicher Identitätsspeicher. Im Gegensatz zu herkömmlichen Umgebungen, in denen ein zentrales Verzeichnis wie Active Directory den Zugriff regelt, verwalten Cloud-Dienste häufig eigene Identitätsspeicher. Diese Fragmentierung erhöht das Risiko inkonsistenter Zugriffskontrollen, verwaister Konten und Sicherheitslücken. Eine gut implementierte IGA-Lösung konsolidiert diese Identitätsspeicher, setzt einheitliche Richtlinien durch und zentralisiert das Benutzeridentitätsmanagement über alle Anwendungen hinweg.

Die Automatisierung der Benutzerbereitstellung und -aufhebung ist ein wesentlicher Vorteil der Integration von IGA in Cloud-Anwendungen. Wenn Mitarbeiter einem Unternehmen beitreten, benötigen sie sofortigen Zugriff auf Kollaborationstools, Produktivitätsanwendungen und Geschäftssysteme. Verzögerungen bei der Zugriffsgewährung können die Produktivität beeinträchtigen, während manuelle Prozesse das Fehlerrisiko bergen. IGA automatisiert diese Aufgaben, indem es Cloud-Anwendungen mit HR-Systemen und Identitätsanbietern verknüpft und so sicherstellt, dass Benutzer entsprechend ihrer Rollen die entsprechenden Berechtigungen erhalten. Ebenso erzwingt IGA bei Ausscheiden oder Rollenwechseln von Mitarbeitern eine sofortige Aufhebung der Bereitstellung und reduziert so das Risiko verbleibender, missbrauchter Zugriffsrechte.

Rollenbasierte Zugriffskontrolle (RBAC) und richtlinienbasierte Zugriffskontrolle (PBAC) gewinnen in Cloud-Umgebungen zunehmend an Bedeutung. Cloud-Anwendungen unterstützen häufig unterschiedliche Berechtigungsmodelle, was die Zugriffsverwaltung erschweren kann. RBAC vergibt Berechtigungen basierend auf vordefinierten Rollen und stellt sicher, dass Benutzer nur den für ihre Aufgaben erforderlichen Zugriff erhalten. PBAC erweitert dies um Kontextfaktoren wie Gerätetyp, Standort und Authentifizierungsstärke. Durch die Integration von IGA in Cloud-Anwendungen können Unternehmen plattformübergreifend konsistente Zugriffsrichtlinien durchsetzen, so die Ausweitung von Berechtigungen verhindern und Sicherheitsrisiken reduzieren.

Multi-Faktor-Authentifizierung (MFA) und adaptive Authentifizierung sind ebenfalls wichtige Komponenten der IGA-Integration mit Cloud-Diensten. Cloud-Anwendungen werden häufig von verschiedenen Standorten und Geräten aus aufgerufen, sodass herkömmliche Authentifizierungsmethoden nicht ausreichen. MFA erhöht die Sicherheit durch zusätzliche Verifizierungsschritte wie Biometrie oder Einmalkennwörter. Adaptive Authentifizierung verbessert die Sicherheit zusätzlich, indem sie das Nutzerverhalten analysiert und die Authentifizierungsanforderungen an das jeweilige Risikoniveau anpasst. IGA-Lösungen, die in Cloud-Anwendungen integriert sind, nutzen diese Mechanismen, um sicheren Zugriff und gleichzeitig ein nahtloses Benutzererlebnis zu gewährleisten.

Compliance- und regulatorische Anforderungen erfordern eine umfassende Identitätsverwaltung in Cloud-Umgebungen. Vorschriften wie DSGVO, HIPAA und SOX schreiben strenge Zugriffskontrollen und Prüfprotokolle zum Schutz sensibler Daten vor. Cloud-Anwendungen bringen jedoch aufgrund ihrer verteilten Natur Compliance-Herausforderungen mit sich. Die Integration von IGA bietet Unternehmen Transparenz darüber, wer wann auf welche Daten Zugriff hat und wie die Berechtigungen erteilt wurden. Diese umfassende Übersicht ermöglicht es Unternehmen, Compliance nachzuweisen und effizient auf Prüfanfragen zu reagieren.

Privileged Access Management (PAM) ist ein weiterer wichtiger Aspekt der IGA-Integration mit Cloud-Anwendungen. Cloud-Plattformen gewähren Administratoren, Entwicklern und IT-Mitarbeitern häufig erhöhte Berechtigungen, was bei unsachgemäßer Verwaltung potenzielle Sicherheitslücken schafft. Die Integration von IGA mit PAM-Lösungen stellt sicher, dass privilegierte Konten genau überwacht werden, der Zugriff nur bei Bedarf gewährt und nach Gebrauch sofort wieder entzogen wird. Dieser Just-in-Time-Ansatz (JIT) zur Berechtigungsverwaltung minimiert das Risiko von Anmeldedatenmissbrauch und Insider-Bedrohungen.

API-basierte Integrationen spielen eine wichtige Rolle bei der Verbindung von IGA-Lösungen mit Cloud-Anwendungen. Moderne Cloud-Dienste stellen Identitäts- und Zugriffsverwaltungsfunktionen über APIs bereit und ermöglichen so eine nahtlose Kommunikation zwischen IGA-Plattformen und SaaS-, PaaS- oder IaaS-Lösungen. Durch die Nutzung von APIs können Unternehmen die Identitätssynchronisierung automatisieren, Sicherheitsrichtlinien durchsetzen und Zugriffsprotokolle in Echtzeit abrufen. Diese Integrationsfunktion ermöglicht mehr Flexibilität und Reaktionsfähigkeit bei der Verwaltung von Cloud-Identitäten.

Mit zunehmender Cloud-Nutzung in Unternehmen werden Identitätsföderation und Single Sign-On (SSO) für eine effiziente Zugriffsverwaltung unverzichtbar. Durch die Föderation können sich Benutzer einmal authentifizieren und erhalten Zugriff auf mehrere Cloud-Anwendungen, ohne ihre Anmeldeinformationen erneut eingeben zu müssen. SSO vereinfacht die Authentifizierung bei gleichzeitiger Wahrung der Sicherheit, reduziert den Bedarf an mehreren Passwörtern und verringert die Wahrscheinlichkeit von Angriffen auf Basis von Anmeldeinformationen. In Kombination mit IGA optimieren diese Funktionen das Identitätsmanagement und verbessern sowohl die Sicherheit als auch das Benutzererlebnis.

Überwachung und Analyse verbessern die Integration von IGA in Cloud-Anwendungen zusätzlich. Identitätsanalysen nutzen maschinelles Lernen und Verhaltensanalysen, um Anomalien in Zugriffsmustern zu erkennen. Beispielsweise kann eine IGA-Lösung ungewöhnliche Anmeldeversuche aus dem Ausland melden oder übermäßige Rechteausweitungen innerhalb einer Cloud-Umgebung erkennen. Durch die Integration von Analysen in die Identitätsverwaltung können Unternehmen Sicherheitsbedrohungen proaktiv eindämmen und risikobasierte Zugriffskontrollen durchsetzen.

Hybride IT-Umgebungen erhöhen die Komplexität von IGA und Cloud-Integration. Viele Unternehmen nutzen eine Mischung aus lokalen und Cloud-Anwendungen, was einen hybriden Ansatz für die Identitätsverwaltung erfordert. IGA-Lösungen, die hybride Implementierungen unterstützen, ermöglichen die nahtlose Verwaltung sowohl lokaler als auch Cloud-Identitäten. Dies stellt sicher, dass die Zugriffsrichtlinien in allen Umgebungen konsistent bleiben, reduziert Sicherheitslücken und vereinfacht die Identitätsverwaltung.

Eine erfolgreiche Integration von IGA in Cloud-Anwendungen erfordert einen strategischen Ansatz. Unternehmen müssen ihre bestehende Identitätsinfrastruktur bewerten, klare Governance-Richtlinien definieren und IGA-Lösungen mit flexibler Cloud-Unterstützung auswählen. Investitionen in Automatisierung, Analytik und API-basierte Integrationen erhöhen Effizienz, Sicherheit und Compliance. Angesichts der zunehmenden Cloud-Nutzung bleibt Identity Governance ein Eckpfeiler der Unternehmenssicherheit und gewährleistet, dass der Zugriff kontrolliert, überwacht und für die sich entwickelnde digitale Landschaft optimiert wird.

Umgang mit Hybrid- und Multi-Cloud-Umgebungen

Mit der Einführung digitaler Transformationsstrategien setzt sich der Einsatz von Hybrid- und Multi-Cloud-Umgebungen immer stärker durch. Unternehmen verlassen sich nicht mehr ausschließlich auf lokale Infrastrukturen, sondern nutzen eine Kombination aus Private Clouds, Public Clouds und lokalen Systemen, um Leistung, Skalierbarkeit und Kosteneffizienz zu optimieren. Dieser Wandel bietet zwar erhebliche Vorteile, bringt aber auch komplexe Herausforderungen in Bezug auf Sicherheit, Identitätsmanagement und Einhaltung gesetzlicher Vorschriften mit sich. Die Gewährleistung einer konsistenten Identitätsverwaltung und Zugriffskontrolle über mehrere Umgebungen hinweg erfordert einen strategischen Ansatz, der mit den Sicherheitsrichtlinien und Geschäftszielen des Unternehmens übereinstimmt.

Hybride Umgebungen kombinieren lokale Rechenzentren mit Cloud-Diensten. So können Unternehmen ihre bestehende Infrastruktur erweitern und gleichzeitig von der Flexibilität des Cloud Computing profitieren. Multi-Cloud-Umgebungen hingegen nutzen mehrere Cloud-Anbieter wie AWS, Microsoft Azure und Google Cloud, um Vendor Lock-in zu vermeiden, Redundanz zu erhöhen und Workloads zu optimieren. Die Verwaltung von Identitäten über diese verschiedenen Plattformen hinweg erfordert ein einheitliches Governance-Framework, das den Benutzern den entsprechenden Zugriff gewährleistet und gleichzeitig die Sicherheitskontrollen aufrechterhält. Ohne eine ordnungsgemäße Governance riskieren Unternehmen Identitätsverlust, unbefugten Zugriff und Compliance-Verstöße.

Identity Governance and Administration (IGA)-Lösungen spielen eine entscheidende Rolle bei der Sicherung von Hybrid- und Multi-Cloud-Umgebungen durch die Zentralisierung des Identitätsmanagements. Ein gut implementiertes IGA-Framework bietet Einblick in alle Benutzeridentitäten und ermöglicht Unternehmen die Durchsetzung einheitlicher Zugriffsrichtlinien unabhängig vom Speicherort von Anwendungen und Daten. Durch die Integration von IGA mit Cloud-Identitätsanbietern können Unternehmen das Identity Lifecycle Management optimieren, die Bereitstellung und De-Provisionierung automatisieren und sicherstellen, dass Zugriffsrechte basierend auf Unternehmensrichtlinien und nicht auf individuellen Cloud-Plattformkonfigurationen zugewiesen werden.

Eine der größten Herausforderungen bei der Verwaltung hybrider und Multi-Cloud-Identitäten ist die Inkonsistenz der Zugriffskontrollmechanismen über verschiedene Plattformen hinweg. Cloud-Anbieter implementieren eigene Lösungen für Identitäts- und Zugriffsmanagement (IAM), was die Durchsetzung einheitlicher

Sicherheitsrichtlinien erschwert. AWS Identity and Access Management (IAM), Azure Active Directory (Azure AD) und Google Cloud Identity bieten leistungsstarke native Kontrollmechanismen, arbeiten jedoch oft isoliert und erfordern zusätzliche Tools für plattformübergreifende Sicherheit. Zentralisierte Identitätsverwaltung schließt diese Lücke durch die Integration mit diesen IAM-Lösungen. So können Unternehmen eine konsistente rollenbasierte Zugriffskontrolle (RBAC) und richtlinienbasierte Zugriffskontrolle (PBAC) für alle Cloud- und lokalen Ressourcen durchsetzen.

Sicherheitsrisiken steigen, wenn Unternehmen privilegierte Konten in Hybrid- und Multi-Cloud-Umgebungen nicht ordnungsgemäß verwalten. IT-Administratoren, Entwickler und Drittanbieter benötigen häufig erweiterte Zugriffsrechte, um Cloud-Dienste zu konfigurieren, Workloads zu verwalten und Probleme zu beheben. Ohne entsprechende Kontrollen können privilegierte Anmeldeinformationen zum Ziel von Cyberkriminellen werden oder intern missbraucht werden. In IGA-Frameworks integrierte Privileged Access Management (PAM)-Lösungen tragen dazu bei, diese Risiken zu minimieren, indem sie Just-in-Time-Zugriff, Sitzungsüberwachung und automatisierte Anmeldeinformationsrotation erzwingen. Durch die Begrenzung von Zeit und Umfang des privilegierten Zugriffs reduzieren Unternehmen die Angriffsfläche und erhalten gleichzeitig ihre betriebliche Flexibilität.

Die Einhaltung gesetzlicher Vorschriften erhöht die Komplexität des Hybrid- und Multi-Cloud-Identitätsmanagements zusätzlich. Vorschriften wie DSGVO, HIPAA und SOX erfordern strenge Kontrollen des Benutzerzugriffs und des Datenschutzes, unabhängig davon, ob Daten lokal oder in der Cloud gespeichert sind. Unternehmen müssen sicherstellen, dass Zugriffszertifizierung, Audit-Protokollierung und Sicherheitskontrollen plattformübergreifend konsistent bleiben. IGA-Lösungen bieten automatisierte Compliance-Berichte und unterstützen Unternehmen so dabei, die Einhaltung gesetzlicher Standards nachzuweisen und gleichzeitig den manuellen Aufwand zu minimieren.

Mit der Skalierung ihrer Hybrid- und Multi-Cloud-Implementierungen gewinnt das Identity Lifecycle Management zunehmend an Bedeutung. Mitarbeiter, Auftragnehmer und Partner benötigen Zugriff auf Cloud-Anwendungen und lokale Ressourcen, oft mit unterschiedlichen Zugriffsebenen, abhängig von ihrer Rolle. Ohne Automatisierung werden Provisioning und Deprovisioning mühsam und fehleranfällig, was zu überdimensionierten Konten und Sicherheitslücken führt. Die Automatisierung des Identity Lifecycle Managements über IGA-Plattformen stellt sicher, dass Benutzer beim Onboarding die entsprechenden Zugriffsrechte erhalten und ihre Berechtigungen bei Ausscheiden oder Rollenwechsel umgehend entzogen werden.

Best Practices für Cloud-Sicherheit betonen das Prinzip der geringsten Privilegien und stellen sicher, dass Benutzer und Anwendungen nur die Berechtigungen haben, die sie für ihre Aufgaben benötigen. Die Anwendung des Prinzips der geringsten Privilegien in Hybrid- und Multi-Cloud-Umgebungen erfordert kontinuierliche Überwachung und Echtzeitanpassung der Zugriffsrechte. KI-gestützte Identitätsanalysen erhöhen die Sicherheit, indem sie ungewöhnliche Zugriffsmuster erkennen, übermäßige Berechtigungen identifizieren und Korrekturmaßnahmen empfehlen. Durch den Einsatz von KI für die Identitätsverwaltung können Unternehmen Sicherheitsrisiken proaktiv begegnen und die Compliance gewährleisten, ohne sich ausschließlich auf manuelle Zugriffsprüfungen verlassen zu müssen.

Zero-Trust-Sicherheitsmodelle haben sich als Mittel zur Absicherung von Hybrid- und Multi-Cloud-Umgebungen etabliert. Im Gegensatz zu herkömmlichen perimeterbasierten Sicherheitsansätzen geht Zero Trust davon aus, dass Bedrohungen sowohl innerhalb als auch außerhalb des Netzwerks bestehen. Dies erfordert eine kontinuierliche Überprüfung der Benutzeridentitäten und der Gerätesicherheit. Die Implementierung von Zero Trust in einer Hybrid- oder Multi-Cloud-Architektur erfordert die Durchsetzung von Multi-Faktor-Authentifizierung (MFA), Mikrosegmentierung und risikobasierter Zugriffskontrolle. IGA-Plattformen unterstützen Zero Trust durch die zentrale Richtliniendurchsetzung und stellen sicher, dass Benutzer sich vor dem Zugriff auf sensible Ressourcen authentifizieren und ihre Berechtigungen validieren müssen.

Die Zusammenarbeit zwischen IT-, Sicherheits- und Compliance-Teams ist für die erfolgreiche Verwaltung von Hybrid- und Multi-Cloud-Identitäten unerlässlich. IT-Teams müssen ihre Identity-

Governance-Strategien mit den Entscheidungen zur Cloud-Architektur abstimmen, während Sicherheitsteams kontinuierlich Risiken überwachen und Zugriffsrichtlinien durchsetzen müssen. Compliance-Teams spielen eine entscheidende Rolle dabei, sicherzustellen, dass Identity-Governance-Frameworks den gesetzlichen Anforderungen und Branchenstandards entsprechen. Ein koordinierter Ansatz gewährleistet die Sicherheit, Compliance und Effizienz von Hybrid- und Multi-Cloud-Umgebungen.

Unternehmen, die Hybrid- und Multi-Cloud-Architekturen einführen, benötigen eine zukunftsorientierte Identity-Governance-Strategie, die Automatisierung, KI-gestützte Sicherheit und Zero-Trust-Prinzipien integriert. Mit zunehmender Cloud-Nutzung sind Unternehmen, die in ein zentralisiertes und skalierbares Identity-Governance-Framework investieren, besser aufgestellt, um Risiken zu managen, die Zugriffskontrolle zu optimieren und die Einhaltung gesetzlicher Vorschriften in ihren sich entwickelnden IT-Landschaften sicherzustellen.

Erreichen von Compliance durch IGA

Die Einhaltung gesetzlicher Vorschriften ist ein wichtiger Faktor für Unternehmen, die Identity Governance und Administration (IGA) implementieren. Unternehmen aller Branchen müssen verschiedene Vorschriften einhalten, die strenge Kontrollen für Benutzerzugriff, Datenschutz und Sicherheitsrichtlinien vorschreiben. Compliance bedeutet nicht nur die Einhaltung gesetzlicher Anforderungen, sondern auch die Gewährleistung der Betriebsintegrität, den Schutz sensibler Daten und die Wahrung des Kundenvertrauens. Ohne ein strukturiertes Identity-Governance-Framework riskieren Unternehmen Sicherheitsverletzungen, Geldstrafen und Reputationsschäden.

IGA unterstützt Unternehmen bei der Durchsetzung von Compliance durch die Automatisierung von Identitäts- und Zugriffsverwaltungsprozessen und stellt sicher, dass der Zugriff auf

Systeme und Daten durch Richtlinien geregelt wird, die den gesetzlichen Standards entsprechen. Viele Vorschriften, darunter die Datenschutz-Grundverordnung (DSGVO), der Sarbanes-Oxley Act (SOX), der Health Insurance Portability and Accountability Act (HIPAA) und der Payment Card Industry Data Security Standard (PCI DSS), stellen strenge Anforderungen an die Verwaltung von Identitäten, die Gewährung von Zugriffen und die Minderung von Sicherheitsrisiken. Ein gut implementiertes IGA-Framework bietet die notwendige Übersicht, um Compliance durchzusetzen, Zugriffe zu überwachen und revisionssichere Berichte zu erstellen.

Einer der wichtigsten Aspekte der Compliance ist die Sicherstellung, dass der Zugriff geschäftsgerecht gewährt und regelmäßig auf seine Angemessenheit überprüft wird. Übermäßige Berechtigungen oder unkontrollierter Zugriff auf sensible Daten können zu Compliance-Verstößen und Sicherheitsvorfällen führen. IGA-Lösungen ermöglichen Unternehmen die Durchsetzung rollenbasierter Zugriffskontrolle (RBAC) und richtlinienbasierter Zugriffskontrolle (PBAC). So wird sichergestellt, dass Benutzer nur die für ihre Aufgaben erforderlichen Berechtigungen erhalten. Durch die Definition von Rollen und die Automatisierung der Zugriffsvergabe reduziert IGA das Risiko von Privilege Creep und unbefugtem Zugriff.

Zugriffszertifizierungen und -bescheinigungen sind für die Einhaltung von Compliance-Vorschriften unerlässlich. Vorschriften schreiben Organisationen häufig regelmäßige Zugriffsüberprüfungen vor, um sicherzustellen, dass Benutzer die ihnen erteilten Berechtigungen weiterhin benötigen. Ohne einen strukturierten Ansatz können diese Überprüfungen zeitaufwändig und fehleranfällig sein. IGA automatisiert Zugriffszertifizierungen durch regelmäßige Überprüfungskampagnen, sodass Manager und Compliance-Beauftragte den Benutzerzugriff effizient überprüfen können. Dieser Prozess stellt sicher, dass verwaiste Konten und übermäßige Berechtigungen identifiziert und behoben werden, bevor sie zu Sicherheitsrisiken werden.

Auditierbarkeit ist eine weitere wichtige Compliance-Anforderung, die IGA erfüllt. Unternehmen müssen detaillierte Aufzeichnungen über Benutzerzugriffe, Authentifizierungsversuche und Rechteerweiterungen führen, um die Einhaltung gesetzlicher

Vorschriften nachzuweisen. IGA-Lösungen bieten zentralisierte Protokollierungs- und Berichtsfunktionen und stellen sicher, dass alle identitätsbezogenen Aktivitäten dokumentiert und für Audits leicht zugänglich sind. Echtzeitüberwachung und -analyse verbessern die Compliance zusätzlich, indem sie Anomalien identifizieren, unbefugte Zugriffsversuche erkennen und bei verdächtigem Verhalten Warnungen auslösen.

Richtlinien zur Funktionstrennung (SoD) spielen eine entscheidende Rolle bei der Einhaltung von Compliance-Vorschriften, insbesondere im Finanz-, Gesundheits- und öffentlichen Sektor. SoD stellt sicher, dass keine einzelne Person übermäßige Kontrolle über kritische Geschäftsprozesse hat, wodurch das Risiko von Betrug und Fehlern reduziert wird. IGA setzt SoD durch, indem es widersprüchliche Zugriffsrechte definiert und verhindert, dass Benutzer Berechtigungen erhalten, die gegen Compliance-Richtlinien verstoßen. Automatisierte SoD-Prüfungen stellen sicher, dass Zugriffsanfragen vor der Genehmigung ordnungsgemäß validiert werden, wodurch Compliance-Risiken minimiert werden.

Die Integration von Privileged Access Management (PAM) ist ein weiterer wichtiger Bestandteil von IGA-Compliance-Strategien. Vorschriften verlangen von Unternehmen oft strenge Kontrollen für privilegierte Konten, die erweiterten Zugriff auf kritische Systeme und sensible Daten haben. PAM-Lösungen arbeiten mit IGA zusammen, um sicherzustellen, dass privilegierter Zugriff nur bei Bedarf gewährt, in Echtzeit überwacht und nach Abschluss der Aufgabe widerrufen wird. Durch die Integration von PAM in IGA stärken Unternehmen die Compliance, indem sie das Prinzip der geringsten Privilegien durchsetzen und das Risiko von Privilegienmissbrauch reduzieren.

Datenschutzbestimmungen wie die DSGVO und der California Consumer Privacy Act (CCPA) schreiben strenge Richtlinien für die Erhebung, Verarbeitung und Speicherung personenbezogener Daten durch Organisationen vor. IGA gewährleistet die Einhaltung dieser Vorschriften durch die Durchsetzung von Zugriffsrichtlinien, die den unbefugten Zugriff auf vertrauliche Informationen verhindern. Identitätsanalysen und Zugriffsüberwachung helfen Unternehmen, potenzielle Datenschutzverletzungen zu erkennen und zu minimieren, bevor sie zu Compliance-Verstößen führen.

Die zunehmende Nutzung von Cloud-Anwendungen und Remote-Arbeitsumgebungen bringt neue Compliance-Herausforderungen mit sich. Unternehmen müssen sicherstellen, dass die Identitätsverwaltung über traditionelle lokale Systeme hinaus auch Cloud-Plattformen, SaaS-Anwendungen und hybride Umgebungen umfasst. IGA-Lösungen lassen sich mit Cloud-Identitätsanbietern integrieren, um konsistente Zugriffsrichtlinien auf allen Plattformen durchzusetzen und sicherzustellen, dass Cloud-basierte Ressourcen mit dem gleichen Maß an Sicherheit und Compliance verwaltet werden wie lokale Systeme.

Regulatorische Rahmenbedingungen entwickeln sich ständig weiter und erfordern von Unternehmen einen proaktiven Compliance-Ansatz. Ein statischer Ansatz für Identity Governance reicht nicht aus, da neue Bedrohungen und regulatorische Änderungen eine kontinuierliche Anpassung erfordern. Unternehmen müssen Automatisierung, künstliche Intelligenz und maschinelles Lernen nutzen, um ihre Compliance-Bemühungen zu verbessern. KI-gestützte Identitätsanalysen können ungewöhnliche Zugriffsmuster erkennen, Zugriffsanpassungen empfehlen und Risikobewertungen automatisieren. So stellen sie sicher, dass Unternehmen die sich entwickelnden Sicherheits- und Regulierungsanforderungen einhalten.

Compliance ist nicht alleinige IT-Verantwortung, sondern erfordert die Zusammenarbeit zwischen Geschäftsbereichen, Rechtsabteilungen und Risikomanagementabteilungen. IGA erleichtert diese Zusammenarbeit durch zentrale Transparenz der Identitäts- und Zugriffsverwaltungsprozesse. So können Unternehmen ihre Sicherheitsrichtlinien an die gesetzlichen Anforderungen anpassen. Durch die Förderung einer Compliance-orientierten Kultur können Unternehmen Risiken reduzieren, die betriebliche Effizienz steigern und das Vertrauen von Kunden, Partnern und Aufsichtsbehörden stärken.

Die Kosten der Nichteinhaltung von Vorschriften können erheblich sein: Unternehmen, die keine ordnungsgemäße Identitätsverwaltung implementieren, müssen mit finanziellen Strafen, rechtlichen Konsequenzen und Reputationsschäden rechnen. IGA bietet die notwendigen Tools, um Zugriffskontrollen durchzusetzen, regelmäßige Audits durchzuführen und die Einhaltung von Compliance-Anforderungen bei minimaler Beeinträchtigung des Geschäftsbetriebs sicherzustellen. Unternehmen, die Identitätsverwaltung als Teil ihrer Compliance-Strategie priorisieren, sind besser gerüstet, um regulatorische Herausforderungen zu meistern, Sicherheitsrisiken zu minimieren und eine stabile Sicherheitslage aufzubauen.

Auditing und Reporting in IGA

Auditing und Reporting sind grundlegende Bestandteile der Identity Governance und Administration (IGA). Sie gewährleisten, dass Unternehmen die Kontrolle über Benutzerzugriffe behalten, gesetzliche Anforderungen einhalten und Sicherheitsrisiken in Echtzeit erkennen. Mit dem Wachstum von Unternehmen und zunehmender Komplexität ihrer IT-Umgebungen wird die Fähigkeit, identitätsbezogene Aktivitäten zu verfolgen, zu analysieren und darüber zu berichten, immer wichtiger. Ein gut implementiertes Auditing- und Reporting-Framework erhöht nicht nur die Sicherheit, sondern sorgt auch für Transparenz und Verantwortlichkeit im Identitätsmanagement.

Unternehmen agieren in einem Umfeld, in dem Cyberbedrohungen, Insiderrisiken und Compliance-Verstöße erhebliche Herausforderungen darstellen. Ohne einen strukturierten Audit-Ansatz fällt es Unternehmen schwer, unbefugten Zugriff, Privilegienerweiterungen oder Richtlinienverstöße zu erkennen, bevor sie zu Sicherheitsverletzungen führen. Audits im Rahmen von IGA ermöglichen es Unternehmen zu überwachen, wer Zugriff auf welche Systeme hat, wann der Zugriff gewährt wurde, wie dieser genutzt wird und ob er den etablierten Richtlinien entspricht. Durch die kontinuierliche Verfolgung von Zugriffsmustern und -änderungen können Sicherheitsteams Anomalien identifizieren, übermäßige Berechtigungen entziehen und die Einhaltung von Vorschriften durchsetzen.

Die Einhaltung gesetzlicher Vorschriften ist einer der Hauptgründe für zuverlässige Audits und Berichte innerhalb der IGA. Unternehmen in Branchen wie dem Gesundheitswesen, dem Finanzwesen und dem öffentlichen Dienst müssen Vorschriften wie DSGVO, HIPAA, SOX und PCI DSS einhalten, die strenge Zugriffskontrollmaßnahmen und detaillierte Prüfprotokolle vorschreiben. Die Nichteinhaltung dieser Compliance-Anforderungen kann zu rechtlichen Sanktionen, finanziellen Verlusten und Reputationsschäden führen. IGA-Lösungen unterstützen Unternehmen bei der Erstellung auditfähiger Berichte, die die Einhaltung von Sicherheitsrichtlinien belegen und sicherstellen, dass Zugriffsverwaltungsprozesse gut dokumentiert und überprüfbar sind.

Ein zentraler Aspekt der IGA-Auditierung ist die Zugriffszertifizierung. Dabei werden die Benutzerberechtigungen regelmäßig überprüft. Manager und Systemverantwortliche müssen sicherstellen, dass Mitarbeiter, Auftragnehmer und externe Nutzer über die entsprechenden Zugriffsrechte verfügen, die ihren Aufgaben und Verantwortlichkeiten entsprechen. Regelmäßige Zugriffsüberprüfungen verringern das Risiko einer schleichenden Ausweitung der Berechtigungen, bei der Benutzer im Laufe der Zeit übermäßig viele Berechtigungen anhäufen. Automatisierte Zertifizierungskampagnen optimieren diesen Prozess, indem sie Prüfer benachrichtigen, Genehmigungen oder Widerrufe einholen und Prüfprotokolle erstellen, die Compliance-Maßnahmen dokumentieren.

Privileged Access Management (PAM) ist ein weiterer kritischer Bereich, in dem Auditing eine entscheidende Rolle spielt. Privilegierte Konten, beispielsweise von Systemadministratoren und IT-Sicherheitspersonal, haben erweiterten Zugriff auf kritische Systeme und Daten. Werden diese Konten nicht ordnungsgemäß verwaltet, können sie ein erhebliches Sicherheitsrisiko darstellen. IGA-Lösungen lassen sich in PAM-Tools integrieren, um privilegierte Sitzungen zu überwachen, die Befehlsausführung zu verfolgen und Berichte zu erstellen, die jede Aktion privilegierter Benutzer detailliert beschreiben. Diese umfassende Kontrolle stellt sicher, dass der Administratorzugriff aus Sicherheits- und Compliance-Gründen gerechtfertigt, überwacht und geprüft wird.

Echtzeitüberwachung und Anomalieerkennung erhöhen die Effektivität von IGA-Audits, indem sie verdächtige Aktivitäten sofort identifizieren. Herkömmliche Auditmethoden basieren oft auf geplanten Überprüfungen, die in schnelllebigen Umgebungen möglicherweise nicht ausreichen, um Bedrohungen zu erkennen. Fortschrittliche IGA-Plattformen nutzen künstliche Intelligenz und maschinelles Lernen, um Verhaltensmuster zu analysieren, ungewöhnliche Zugriffsanfragen zu erkennen und potenzielle Sicherheitsrisiken aufzuzeigen. Greift beispielsweise ein Benutzer außerhalb der normalen Arbeitszeiten von einem unbekannten Ort aus plötzlich auf eine sensible Datenbank zu, kann das System eine Warnung auslösen und eine sofortige Sicherheitsüberprüfung veranlassen.

Umfassende Berichtsfunktionen sind unerlässlich, um Auditdaten in umsetzbare Erkenntnisse umzuwandeln. IGA-Lösungen bieten Dashboards und anpassbare Berichte, mit denen Sicherheitsteams, Compliance-Beauftragte und Führungskräfte identitätsbezogene Aktivitäten visualisieren können. Diese Berichte können Kennzahlen wie fehlgeschlagene Anmeldeversuche, übermäßige Berechtigungszuweisungen, Trends bei Zugriffsanfragen und Richtlinienverstöße enthalten. Ein zentrales Berichtssystem ermöglicht es Unternehmen, schnell Compliance-Berichte zu erstellen, Sicherheitsvorfälle zu verfolgen und fundierte Entscheidungen zur Verbesserung der Identitätsverwaltung zu treffen.

Audit-Protokolle müssen zudem für längere Zeiträume aufbewahrt werden, um forensische Untersuchungen und Compliance-Audits zu unterstützen. Viele gesetzliche Rahmenbedingungen schreiben Unternehmen vor, identitätsbezogene Protokolle monate- oder sogar jahrelang aufzubewahren. Sichere Protokollspeicherung in Verbindung mit manipulationssicheren Mechanismen stellt sicher, dass historische Zugriffsdaten für Auditzwecke verfügbar bleiben. Unternehmen sollten Best Practices für das Protokollmanagement implementieren, darunter Verschlüsselung, Zugriffskontrollen und Redundanz, um Datenverlust oder -manipulation zu verhindern.

Die Integration mit SIEM-Systemen (Security Information and Event Management) verbessert die Audit- und Berichtsfunktion in IGA zusätzlich. SIEM-Lösungen erfassen und analysieren

Sicherheitsereignisse im gesamten Unternehmen und korrelieren identitätsbezogene Daten mit anderen Sicherheitsvorfällen. Durch die Integration von IGA-Audit-Protokollen in SIEM-Plattformen erhalten Unternehmen einen ganzheitlichen Überblick über Sicherheitsrisiken und können so Insider-Bedrohungen erkennen, Betrug verhindern und effektiver auf Vorfälle reagieren.

Auch die Sensibilisierung und Schulung der Benutzer spielt eine wichtige Rolle, um die Wirksamkeit von Audit- und Berichtsprozessen sicherzustellen. Mitarbeiter, Manager und IT-Administratoren müssen die Bedeutung präziser Zugriffsprotokolle und der Einhaltung von Zertifizierungskampagnen verstehen. Unternehmen sollten klare Richtlinien für die Teilnahme an Audits, bewährte Sicherheitspraktiken und die Meldung verdächtiger Aktivitäten festlegen. Eine Kultur der Verantwortlichkeit stärkt die Bemühungen zur Identitätsverwaltung und verringert die Wahrscheinlichkeit von Sicherheitslücken.

Mit der zunehmenden Nutzung der Cloud müssen Auditing und Reporting in IGA an Hybrid- und Multi-Cloud-Umgebungen angepasst werden. Unternehmen, die SaaS-, PaaS- und IaaS-Lösungen nutzen, müssen sicherstellen, dass die Identitätsverwaltung über traditionelle lokale Systeme hinausgeht. Cloud-native IGA-Lösungen bieten Echtzeit-Einblicke in Zugriffsaktivitäten über mehrere Plattformen hinweg und unterstützen Unternehmen bei der Durchsetzung einheitlicher Sicherheitsrichtlinien, unabhängig vom Speicherort von Anwendungen und Daten.

Auditing und Reporting dienen nicht nur der Compliance; sie sind unerlässlich für die Aufrechterhaltung einer starken Sicherheitslage. Durch kontinuierliche Zugriffsüberwachung, die Durchsetzung von Governance-Richtlinien und die Nutzung datenbasierter Erkenntnisse können Unternehmen Sicherheitsrisiken reduzieren, die Betriebseffizienz steigern und die Einhaltung gesetzlicher Vorschriften nachweisen. Ein proaktiver Audit-Ansatz innerhalb der IGA stellt sicher, dass Identity Governance ein dynamischer und integraler Bestandteil der Cybersicherheitsstrategie eines Unternehmens bleibt.

Auditing und Reporting in IGA

Auditing und Reporting sind wesentliche Bestandteile der Identity Governance und Administration (IGA). Sie ermöglichen Unternehmen die Verfolgung, Überwachung und Analyse identitätsbezogener Aktivitäten in ihren IT-Umgebungen. Mit dem Wachstum von Unternehmen und der Einführung von Cloud-, Hybrid- und Multi-Cloud-Architekturen wird die Kontrolle über Benutzerzugriff und Sicherheitsrichtlinien zunehmend komplexer. Ein robustes Auditing- und Reporting-Framework stellt sicher, dass Unternehmen Compliance durchsetzen, Sicherheitsrisiken erkennen und effektiv auf identitätsbezogene Bedrohungen reagieren können.

Einer der Hauptzwecke der Überwachung im Rahmen der IGA besteht darin, den Überblick über den Benutzerzugriff auf Unternehmensressourcen zu behalten. Unternehmen müssen nachverfolgen können, wer Zugriff auf welche Systeme hat, wann der Zugriff gewährt wurde und ob der Zugriff auch im Laufe der Zeit zulässig bleibt. Ohne einen zentralen Überwachungsmechanismus riskieren Unternehmen Sicherheitsverletzungen durch Privilegienkriechen, verwaiste Konten oder unbefugten Zugriff. Durch die kontinuierliche Protokollierung identitätsbezogener Aktivitäten können Unternehmen Sicherheitsbedrohungen proaktiv begegnen und so das Risiko von Datenlecks und Insider-Angriffen verringern.

Die Einhaltung gesetzlicher Vorschriften erfordert detaillierte Prüfprotokolle und Berichtsfunktionen. Verschiedene Gesetze und Branchenstandards wie die Datenschutz-Grundverordnung (DSGVO), der Sarbanes-Oxley Act (SOX), der Health Insurance Portability and Accountability Act (HIPAA) und der Payment Card Industry Data Security Standard (PCI DSS) schreiben strenge Zugriffskontrollen und die Dokumentation identitätsbezogener Aktionen vor. Unternehmen müssen die Einhaltung dieser Vorschriften durch Prüfprotokolle nachweisen, die Authentifizierungsversuche, Zugriffsanfragen, Genehmigungen, Rechteerweiterungen und Kontoänderungen dokumentieren.

Die Zugriffszertifizierung ist eine Schlüsselfunktion der IGA und unterstützt Auditing-Bemühungen. Unternehmen müssen regelmäßige Überprüfungen durchführen, um sicherzustellen, dass

Benutzer nur die für ihre Aufgaben erforderlichen Zugriffsrechte haben. Manager und Sicherheitsteams sind dafür verantwortlich, die Gültigkeit der zugewiesenen Berechtigungen zu bestätigen und sicherzustellen, dass keine übermäßigen oder unnötigen Zugriffe bestehen bleiben. Automatisierte Kampagnen zur Zugriffszertifizierung unterstützen Unternehmen bei der Durchsetzung von Governance-Richtlinien und gewährleisten gleichzeitig eine prüffähige Dokumentation der Genehmigungsentscheidungen. Diese Überprüfungen spielen eine entscheidende Rolle bei der Identifizierung und Behebung von Sicherheitsrisiken, bevor diese zu Compliance-Verstößen oder Sicherheitsvorfällen führen.

Die Integration von Privileged Access Management (PAM) in IGA stärkt die Audit-Bemühungen durch die Verfolgung risikoreicher Aktivitäten von Benutzern mit erweiterten Berechtigungen. Privilegierte Konten, beispielsweise von Systemadministratoren und IT-Sicherheitsteams, stellen ein erhebliches Sicherheitsrisiko dar, wenn sie nicht ordnungsgemäß verwaltet werden. Durch die Überwachung privilegierter Sitzungen, die Aufzeichnung von Befehlsausführungen und die Durchsetzung von Just-in-Time-Zugriffskontrollen können Unternehmen die mit privilegierten Konten verbundenen Risiken reduzieren. Detaillierte Audit-Protokolle stellen sicher, dass alle privilegierten Aktionen erfasst werden, und helfen Unternehmen, unbefugte Änderungen oder verdächtiges Verhalten zu identifizieren.

Echtzeitüberwachung und Anomalieerkennung verbessern die IGA-Auditfunktionen zusätzlich, indem sie ungewöhnliche Zugriffsmuster und potenzielle Sicherheitsbedrohungen identifizieren. Herkömmliche Audits basieren auf regelmäßigen Überprüfungen, die möglicherweise nicht ausreichen, um Insider-Bedrohungen oder auf Anmeldeinformationen basierende Angriffe zu erkennen. Moderne IGA-Lösungen nutzen künstliche Intelligenz (KI) und maschinelles Lernen, um Verhaltensmuster zu analysieren, Anomalien zu kennzeichnen und Warnmeldungen für Sicherheitsteams zu generieren. Versucht ein Benutzer, von einem unbekannten Gerät auf vertrauliche Daten zuzugreifen oder sich von einem ungewöhnlichen geografischen Standort aus anzumelden, können automatisierte Warnmeldungen eine sofortige Untersuchung veranlassen.

Effektive Berichtsfunktionen verwandeln Audit-Rohdaten in umsetzbare Erkenntnisse für Sicherheitsteams, Compliance-Beauftragte und IT-Administratoren. IGA-Lösungen bieten Dashboards, die Zugriffstrends, Compliance-Status und Sicherheitsrisiken visualisieren. Anpassbare Berichte ermöglichen es Unternehmen, die Berichterstattung an gesetzliche Anforderungen, interne Sicherheitsrichtlinien und Audit-Anforderungen anzupassen. Berichte können wichtige Kennzahlen wie Abschlussquoten von Zugriffsprüfungen, fehlgeschlagene Anmeldeversuche, übermäßige Berechtigungszuweisungen und privilegierte Sitzungsaktivitäten enthalten.

Die langfristige Führung eines Prüfprotokolls ist für forensische Untersuchungen und Compliance-Audits unerlässlich. Viele Vorschriften schreiben Unternehmen vor, identitätsbezogene Protokolle über einen längeren Zeitraum aufzubewahren, um sicherzustellen, dass Sicherheitsteams bei Untersuchungen über historische Zugriffsaufzeichnungen verfügen. Die sichere Speicherung von Prüfprotokollen, gepaart mit Zugriffskontrollen und Verschlüsselung, verhindert Manipulationen und unbefugte Änderungen. Die Implementierung von Protokollaufbewahrungsrichtlinien gewährleistet die Einhaltung von Compliance-Verpflichtungen bei gleichzeitig überschaubaren Speicherkosten.

Die Integration mit SIEM-Lösungen (Security Information and Event Management) verbessert die IGA-Überwachung durch die Korrelation von Identitätsereignissen mit anderen Sicherheitsvorfällen. SIEM-Plattformen aggregieren und analysieren Sicherheitsdaten aus verschiedenen Quellen und unterstützen Unternehmen dabei, komplexe Bedrohungen wie identitätsbasierte Angriffe zu erkennen. Durch die Integration von IGA-Überwachungsprotokollen in SIEM-Lösungen erhalten Unternehmen einen ganzheitlichen Überblick über Sicherheitsrisiken und können effizienter auf Vorfälle reagieren.

Das Bewusstsein und die Schulung der Benutzer spielen eine wichtige Rolle für die Wirksamkeit von Audit- und Berichtsprozessen. Mitarbeiter, Manager und IT-Administratoren müssen die Bedeutung präziser Zugriffsaufzeichnungen und deren Rolle bei der Einhaltung der Sicherheitsvorschriften verstehen. Unternehmen sollten klare

Richtlinien für die Teilnahme an Audits, die Verantwortlichkeiten bei Zugriffsüberprüfungen und Best Practices für die Meldung verdächtiger Aktivitäten festlegen. Eine Kultur der Verantwortlichkeit stärkt die Bemühungen zur Identitätsverwaltung und verringert die Wahrscheinlichkeit von Sicherheitslücken.

Da Unternehmen zunehmend auf Cloud-Dienste setzen, müssen sich Auditing und Reporting in IGA weiterentwickeln, um den neuen Herausforderungen bei der Verwaltung von Identitäten in verteilten Umgebungen gerecht zu werden. Cloud-native IGA-Lösungen bieten Echtzeit-Einblicke in den Benutzerzugriff über mehrere Plattformen hinweg und unterstützen Unternehmen bei der konsequenten Durchsetzung von Sicherheitsrichtlinien. Die Einführung von Zero-Trust-Sicherheitsprinzipien, die kontinuierliche Verifizierung und den Ansatz geringstmöglicher Zugriffsrechte betonen, verstärkt den Bedarf an Echtzeit-Auditing und adaptiven Reporting-Mechanismen zusätzlich.

Eine klar definierte Audit- und Reporting-Strategie in IGA ermöglicht es Unternehmen, Sicherheit zu gewährleisten, Compliance sicherzustellen und Identity-Governance-Prozesse zu optimieren. Durch Automatisierung, KI-gestützte Analysen und zentrale Zugriffskontrollen können Unternehmen Identitätsrisiken proaktiv managen und gleichzeitig die betriebliche Effizienz steigern. Ein starker Fokus auf Auditing und Reporting hilft Unternehmen, ein robustes Sicherheitsframework zu schaffen, das sich an sich entwickelnde regulatorische Anforderungen und neue Cyber-Bedrohungen anpassen kann.

Schutz sensibler Daten mit IGA

Sensible Daten gehören zu den wertvollsten Vermögenswerten eines Unternehmens, sind aber auch besonders gefährdet. Angesichts zunehmender Cyber-Bedrohungen, regulatorischer Anforderungen und der Komplexität moderner IT-Umgebungen müssen Unternehmen ihre Datensicherheit proaktiv angehen. Identity

Governance und Administration (IGA) spielen eine entscheidende Rolle beim Schutz sensibler Daten, indem sie sicherstellen, dass der Zugriff nur autorisierten Benutzern gewährt, kontinuierlich überwacht und bei Nichtgebrauch widerrufen wird. Ein starkes IGA-Framework erhöht die Sicherheit, reduziert Risiken und unterstützt Unternehmen bei der Einhaltung von Compliance-Verpflichtungen bei gleichzeitiger Aufrechterhaltung der Betriebseffizienz.

Datenschutzverletzungen und Insider-Bedrohungen bleiben ein großes Problem für Unternehmen, Behörden und Institutionen, die vertrauliche Informationen verarbeiten. Unbefugter Zugriff auf sensible Daten kann zu finanziellen Verlusten, Reputationsschäden und rechtlichen Konsequenzen führen. IGA-Lösungen begegnen diesen Risiken durch strenge Zugriffskontrollen und stellen sicher, dass Benutzer nur die für ihre Aufgaben erforderlichen Berechtigungen erhalten. Rollenbasierte Zugriffssteuerung (RBAC) und richtlinienbasierte Zugriffssteuerung (PBAC) verhindern übermäßige Privilegien und verringern so die Wahrscheinlichkeit einer Datenfreigabe. Durch die Implementierung von Least-Privilege-Prinzipien können Unternehmen sicherstellen, dass Benutzer nur die für ihre Aufgaben erforderlichen Mindestzugriffsrechte haben, wodurch potenzielle Angriffsflächen minimiert werden.

Die rasante Verbreitung von Cloud-Diensten und Remote-Arbeitsumgebungen erschwert den Datenschutz zusätzlich. Mitarbeiter, Auftragnehmer und Drittanbieter greifen von verschiedenen Standorten und Geräten aus auf Unternehmensressourcen zu, was das Risiko eines unbefugten Datenzugriffs erhöht. IGA-Lösungen unterstützen Unternehmen bei der Zentralisierung des Identitätsmanagements über Cloud-Anwendungen, lokale Systeme und hybride Umgebungen hinweg. Durch die Integration mit Identitätsanbietern und die Durchsetzung einheitlicher Zugriffsrichtlinien können Unternehmen unabhängig vom Speicherort der Daten eine einheitliche Sicherheitslage gewährleisten. Dies verhindert unbefugten Zugriff und stellt sicher, dass vertrauliche Informationen plattformübergreifend geschützt sind.

Automatisiertes Provisioning und Deprovisioning sind für den Schutz sensibler Daten unerlässlich. Wenn Mitarbeiter einem Unternehmen beitreten, benötigen sie Zugriff auf Systeme, Datenbanken und

Anwendungen mit vertraulichen Informationen. Manuelle Zugriffsverwaltungsprozesse sind ineffizient und anfällig für menschliche Fehler, was zu potenziellen Sicherheitslücken führt. IGA automatisiert den Onboarding-Prozess und stellt sicher, dass neue Benutzer basierend auf vordefinierten Richtlinien den entsprechenden Zugriff erhalten. Ebenso stellt das automatisierte Deprovisioning sicher, dass der Zugriff auf sensible Daten sofort entzogen wird, wenn Mitarbeiter das Unternehmen verlassen oder ihre Rolle wechseln. Dies reduziert das Risiko, dass Berechtigungen bestehen bleiben und von böswilligen Akteuren ausgenutzt werden könnten.

Zugriffszertifizierungen und regelmäßige Überprüfungen spielen eine wichtige Rolle beim Schutz sensibler Daten. Im Laufe der Zeit können Benutzer aufgrund von Rollenwechseln, projektbasiertem Zugriff oder Notfallzugriffsanfragen übermäßige Berechtigungen ansammeln. Ohne regelmäßige Kontrolle können diese Berechtigungen unbemerkt bleiben und das Risiko einer unbefugten Datenfreigabe erhöhen. IGA ermöglicht Unternehmen automatisierte Zugriffsüberprüfungen, sodass Manager und Sicherheitsteams prüfen müssen, ob Benutzer weiterhin Zugriff auf sensible Systeme benötigen. Durch die kontinuierliche Überprüfung und Anpassung von Berechtigungen können Unternehmen eine Ausweitung der Berechtigungen verhindern und die Einhaltung interner Sicherheitsrichtlinien und gesetzlicher Anforderungen sicherstellen.

Die Integration von Privileged Access Management (PAM) verbessert den Datenschutz zusätzlich durch die Sicherung risikoreicher Konten. Privilegierte Benutzer wie Systemadministratoren und IT-Sicherheitspersonal haben häufig Zugriff auf kritische Systeme und sensible Datenbanken. Werden diese Konten kompromittiert, können Angreifer uneingeschränkten Zugriff auf vertrauliche Daten erhalten. IGA arbeitet mit PAM-Lösungen zusammen, um strenge Kontrollen privilegierter Konten durchzusetzen und Just-in-Time-Zugriff, Sitzungsüberwachung und automatisierte Anmeldeinformationsrotation zu implementieren. Dadurch wird sichergestellt, dass privilegierte Benutzer nur bei Bedarf auf sensible Daten zugreifen können und ihre Aktivitäten zu Prüfzwecken protokolliert werden.

Die Einhaltung von Datenschutzbestimmungen ist ein weiterer wichtiger Faktor für die Implementierung von IGA. Verschiedene Gesetze, darunter die Datenschutz-Grundverordnung (DSGVO), der Health Insurance Portability and Accountability Act (HIPAA) und der California Consumer Privacy Act (CCPA), schreiben strenge Zugriffskontrollen und Datenschutzmaßnahmen vor. Unternehmen müssen nachweisen, dass sie wirksame Sicherheitsrichtlinien zum Schutz persönlicher und finanzieller Daten implementiert haben. IGA-Lösungen bieten Prüfpfade, Zugriffsberichte und Compliance-Dashboards, die Unternehmen dabei unterstützen, gesetzliche Anforderungen zu erfüllen und effizient auf Prüfanfragen zu reagieren. Durch die detaillierte Aufzeichnung von Zugriffsprotokollen, Identitätsänderungen und Zertifizierungskampagnen können Unternehmen ihr Engagement für Datensicherheit und Compliance nachweisen.

Strategien zur Verhinderung von Datenverlust (DLP) können mit IGA durch die Durchsetzung von Sicherheitsrichtlinien auf Identitätsebene gestärkt werden. Herkömmliche DLP-Lösungen konzentrieren sich auf die Überwachung und Blockierung unbefugter Datenübertragungen. Ohne Identitätsverwaltung bieten sie jedoch möglicherweise keine vollständige Transparenz darüber, wer Zugriff auf vertrauliche Dateien hat. IGA verbessert DLP, indem es sicherstellt, dass die Zugriffsrechte mit den Unternehmensrichtlinien übereinstimmen und so unbefugte Datenfreigabe oder versehentliche Offenlegung verhindert. Die Kombination von IGA und DLP ermöglicht Unternehmen die Entwicklung einer mehrschichtigen Verteidigungsstrategie, die vertrauliche Daten sowohl vor externen Bedrohungen als auch vor Insiderrisiken schützt.

Künstliche Intelligenz und maschinelles Lernen transformieren IGA, indem sie proaktive Bedrohungserkennung ermöglichen. Fortschrittliche Identitätsanalysen analysieren Zugriffsmuster, Nutzerverhalten und Risikoindikatoren, um potenzielle Sicherheitsbedrohungen zu erkennen, bevor sie eskalieren. Greift ein Mitarbeiter plötzlich außerhalb der normalen Arbeitszeiten auf eine große Menge sensibler Daten zu, können KI-gestützte IGA-Lösungen die Aktivität als verdächtig kennzeichnen und Sicherheitsmaßnahmen auslösen, beispielsweise eine zusätzliche Authentifizierung oder den vorübergehenden Entzug des Zugriffs. Diese intelligenten Funktionen helfen Unternehmen, ihre Sicherheitslage zu stärken, indem sie in Echtzeit auf Risiken reagieren.

Sensibilisierung und Schulung der Benutzer bleiben wichtige Bestandteile des Datenschutzes. Selbst mit fortschrittlichen Sicherheitstechnologien bleibt menschliches Versagen eine der Hauptursachen für Datenschutzverletzungen. Mitarbeiter müssen die Bedeutung von sicherem Zugriffsmanagement, Passworthygiene und dem Erkennen von Phishing-Versuchen verstehen. IGA unterstützt Initiativen zur Sensibilisierung für Sicherheit durch die Durchsetzung strenger Authentifizierungsrichtlinien, die Anforderung regelmäßiger Passwortänderungen und die Bereitstellung von Self-Service-Portalen zur sicheren Verwaltung der Anmeldeinformationen. Die Schulung der Mitarbeiter über bewährte Verfahren zur Datensicherheit stellt sicher, dass die Bemühungen zur Identitätsverwaltung auf allen Ebenen des Unternehmens verstärkt werden.

Angesichts der sich ständig weiterentwickelnden Cyberbedrohungen erfordert der Schutz sensibler Daten einen umfassenden und adaptiven Ansatz. IGA bietet die notwendigen Tools, um Benutzerzugriffe zu verwalten, Sicherheitsrichtlinien durchzusetzen und die Compliance in einer zunehmend komplexen digitalen Landschaft sicherzustellen. Durch die Implementierung eines robusten IGA-Frameworks können Unternehmen Sicherheitsrisiken reduzieren, unbefugte Datenfreigabe verhindern und sicherstellen, dass sensible Informationen jederzeit geschützt bleiben.

Governance und Risikomanagement

Governance und Risikomanagement spielen in modernen Unternehmen eine zentrale Rolle. Sie stellen sicher, dass Organisationen im Rahmen definierter Richtlinien agieren, regulatorische Anforderungen erfüllen und potenzielle Bedrohungen minimieren. Mit der Ausweitung ihrer digitalen Präsenz steigt die Komplexität des Risikomanagements im Zusammenhang mit Identitätsgovernance, Cybersicherheit und Compliance. Ein gut strukturierter Governance- und Risikomanagementrahmen hilft Unternehmen, ihre operative Widerstandsfähigkeit aufrechtzuerhalten und gleichzeitig die sich entwickelnden Sicherheitsherausforderungen zu bewältigen.

Effektive Governance bietet einen strukturierten Ansatz für die Entscheidungsfindung und stimmt Geschäftsziele mit Sicherheitsrichtlinien und der Einhaltung gesetzlicher Vorschriften ab. Unternehmen müssen klare Governance-Modelle definieren, die die Verantwortlichkeiten für Identitäts- und Zugriffsmanagement (IAM), Cybersicherheit und Datenschutz festlegen. Diese Modelle definieren die Rollen und Verantwortlichkeiten von Führungskräften, IT-Administratoren, Compliance-Beauftragten und anderen am Risikomanagement beteiligten Stakeholdern. Ohne eine starke Governance-Struktur riskieren Unternehmen Ineffizienzen, Sicherheitsverletzungen und die Nichteinhaltung von Branchenvorschriften.

Risikomanagement umfasst die Identifizierung, Bewertung und Minderung von Risiken, die den Betrieb, den Ruf oder die finanzielle Stabilität eines Unternehmens beeinträchtigen könnten. Im Kontext der Identitätsverwaltung entstehen Risiken häufig durch unbefugten Zugriff, falsches Privilegienmanagement, Insider-Bedrohungen und nicht konformes Benutzerverhalten. Unternehmen müssen regelmäßig Risikobewertungen durchführen, um potenzielle Schwachstellen in ihren Identitäts- und Zugriffsverwaltungsprozessen zu identifizieren. Durch die Analyse von Zugriffsmustern, die Überprüfung von Benutzerprivilegien und die Implementierung automatisierter Risikobewertungsmechanismen können Unternehmen Sicherheitsbedrohungen proaktiv begegnen, bevor sie eskalieren.

Die Einhaltung gesetzlicher Vorschriften ist ein wichtiger Faktor für Governance und Risikomanagement. Regierungen und Branchenregulierungsbehörden stellen strenge Anforderungen an Unternehmen, um den Schutz sensibler Daten, die finanzielle Integrität und die Privatsphäre der Verbraucher zu gewährleisten. Vorschriften wie die Datenschutz-Grundverordnung (DSGVO), der Sarbanes-Oxley Act (SOX), der Health Insurance Portability and Accountability Act (HIPAA) und der Payment Card Industry Data

Security Standard (PCI DSS) schreiben strenge Governance-Kontrollen vor. Unternehmen, die diese Vorschriften nicht einhalten, müssen mit Geldstrafen, rechtlichen Konsequenzen und Reputationsschäden rechnen. Die Implementierung eines Governance-Frameworks, das den regulatorischen Standards entspricht, hilft Unternehmen, Compliance-Verstöße zu vermeiden und gleichzeitig die allgemeine Sicherheit zu erhöhen.

Identity Governance and Administration (IGA) spielt eine entscheidende Rolle in Governance und Risikomanagement, indem sie Transparenz in Benutzeridentitäten, Zugriffsrechte und Richtliniendurchsetzung bietet. IGA-Lösungen ermöglichen Unternehmen die Automatisierung der Zugriffszertifizierung, die Durchsetzung rollen- und richtlinienbasierter Zugriffskontrollen und die Erstellung von Auditberichten zum Compliance-Nachweis. Durch die Zentralisierung der Identity Governance können Unternehmen konsistente Richtlinien etablieren, die Sicherheitsrisiken reduzieren und gleichzeitig sicherstellen, dass die Zugriffsberechtigungen den Geschäftsanforderungen entsprechen.

Privileged Access Management (PAM) ist ein weiterer wesentlicher Bestandteil des Risikomanagements. Privilegierte Konten verfügen über erweiterte Berechtigungen, die es Benutzern ermöglichen, kritische Systeme zu ändern, auf vertrauliche Daten zuzugreifen und Sicherheitseinstellungen zu konfigurieren. Werden diese Konten nicht ordnungsgemäß verwaltet, werden sie zu bevorzugten Zielen für Cyberangriffe und Insider-Bedrohungen. PAM-Lösungen gewährleisten eine strenge Kontrolle privilegierter Benutzer und stellen sicher, dass Zugriff nur bei Bedarf gewährt und privilegierte Sitzungen auf verdächtige Aktivitäten überwacht werden. Die Integration von PAM in IGA stärkt das Risikomanagement, indem sie die Wahrscheinlichkeit unbefugter Rechteausweitungen reduziert.

Kontinuierliches Monitoring und Risikoanalysen verbessern die Governance, indem sie Echtzeit-Einblicke in identitätsbezogene Bedrohungen liefern. Fortschrittliche IGA-Plattformen nutzen künstliche Intelligenz (KI) und maschinelles Lernen, um das Nutzerverhalten zu analysieren, Anomalien zu erkennen und potenzielle Sicherheitsrisiken aufzuzeigen. Ein KI-gesteuertes System kann beispielsweise einen Nutzer identifizieren, der außerhalb der normalen Arbeitszeiten auf vertrauliche Daten zugreift, oder ein Konto mit übermäßigen Berechtigungen erkennen, das von etablierten rollenbasierten Zugriffskontrollen abweicht. Diese Erkenntnisse ermöglichen es Sicherheitsteams, proaktiv zu reagieren und so die Wahrscheinlichkeit von Sicherheitsverletzungen zu reduzieren.

Governance-Frameworks müssen auch das Risikomanagement von Drittanbietern berücksichtigen. Viele Unternehmen sind auf externe Auftragnehmer, Lieferanten und Partner angewiesen, die Zugriff auf Unternehmensressourcen benötigen. Die Verwaltung von Drittanbieteridentitäten stellt besondere Herausforderungen dar, da diese Benutzer möglicherweise nicht dieselben Sicherheitsrichtlinien befolgen wie interne Mitarbeiter. Die Implementierung von Identity-Governance-Richtlinien für Drittanbieter stellt sicher, dass der Zugriff basierend auf den Geschäftsanforderungen gewährt, kontinuierlich überprüft und widerrufen wird, wenn er nicht mehr benötigt wird. Unternehmen müssen außerdem Multi-Faktor-Authentifizierung (MFA) und kontextsensitive Zugriffskontrollen durchsetzen, um die mit externen Identitäten verbundenen Risiken zu minimieren.

Krisenmanagement und Incident Response sind integraler Bestandteil einer Governance- und Risikomanagementstrategie. Trotz umfassender Präventionsmaßnahmen können Sicherheitsvorfälle auftreten, die einen klar definierten Reaktionsplan erfordern. Incident-Response-Teams sollten darauf vorbereitet sein, identitätsbezogene Verstöße zu untersuchen, kompromittierte Anmeldeinformationen zu widerrufen und die Auswirkungen von Sicherheitsvorfällen zu mildern. Ein robuster Governance-Rahmen umfasst klare Eskalationsverfahren, Kommunikationspläne und Überprüfungen nach Vorfällen, um die Sicherheitsresilienz zu stärken.

Die Cloud-Nutzung bringt zusätzliche Komplexitäten in den Bereichen Governance und Risikomanagement mit sich. Unternehmen, die in Hybrid- und Multi-Cloud-Umgebungen arbeiten, müssen sicherstellen, dass die Identitätsverwaltung plattformübergreifend ist. Cloud-Service-Anbieter bieten zwar native Tools für Identitäts- und Zugriffsverwaltung (IAM), diesen Lösungen fehlt jedoch oft die zentrale Transparenz, die für eine unternehmensweite Governance erforderlich ist. Durch die Integration von Cloud-IAM mit IGA können Unternehmen einheitliche Richtlinien durchsetzen, den Cloud-basierten Zugriff überwachen und Sicherheitsrisiken im Zusammenhang mit Cloud-Workloads minimieren.

Governance und Risikomanagement sind fortlaufende Prozesse, die kontinuierlich verbessert werden müssen. Unternehmen müssen Sicherheitsrichtlinien regelmäßig überprüfen, Zugriffskontrollen aktualisieren und Compliance-Audits durchführen, um sich an veränderte regulatorische Rahmenbedingungen und neue Bedrohungen anzupassen. Cybersicherheitsbedrohungen entwickeln sich rasant, daher ist es für Unternehmen unerlässlich, ihre Risikomanagementstrategien flexibel zu halten. Durch die Förderung einer Kultur des Sicherheitsbewusstseins und der Verantwortlichkeit können Unternehmen ihre Governance-Rahmenbedingungen stärken und Schwachstellen reduzieren.

Starke Governance- und Risikomanagementpraktiken ermöglichen es Unternehmen, Sicherheit und geschäftliche Flexibilität in Einklang zu bringen. Durch die Implementierung strukturierter Identitäts-Governance, automatisierte Risikobewertungen und die Einhaltung gesetzlicher Vorschriften können Unternehmen Bedrohungen minimieren und gleichzeitig ihre betriebliche Effizienz aufrechterhalten. Ein proaktiver Governance-Ansatz stellt sicher, dass Unternehmen angesichts sich entwickelnder Sicherheitsherausforderungen und regulatorischer Anforderungen widerstandsfähig bleiben.

Identitätsabgleich und Konfliktlösung

Mit dem Wachstum von Unternehmen und der zunehmenden Komplexität ihrer IT-Umgebungen stellt die Verwaltung digitaler Identitäten über mehrere Systeme, Anwendungen und Verzeichnisse hinweg eine große Herausforderung dar. Identitätsabgleich und Konfliktlösung sind wichtige Bestandteile der Identity Governance und Administration (IGA) und gewährleisten die Genauigkeit, Konsistenz und ordnungsgemäße Verwaltung von Identitätsdaten. Ohne einen strukturierten Abgleichsansatz riskieren Unternehmen

Sicherheitslücken, Compliance-Verstöße und betriebliche Ineffizienzen aufgrund widersprüchlicher Identitätsdatensätze, doppelter Konten und falsch zugeordneter Zugriffsrechte.

Identitätsabgleich bezeichnet den Prozess der Aggregation, Normalisierung und Synchronisierung von Identitätsdaten aus verschiedenen Quellen, um eine einheitliche und genaue Darstellung der Benutzeridentitäten zu erstellen. In großen Unternehmen sind Identitätsdaten häufig auf verschiedene Identitätsspeicher verteilt, darunter lokale Verzeichnisse, Cloud-Anwendungen, Personalverwaltungssysteme und Plattformen von Drittanbietern. Diskrepanzen entstehen, wenn diese Systeme inkonsistente oder veraltete Identitätsattribute speichern. Dies führt zu Fehlern bei der Zugriffskontrolle und potenziellen Sicherheitsrisiken. Ein effektiver Abgleich stellt sicher, dass Identitätsdaten systemübergreifend aktuell und einheitlich bleiben. Dadurch wird die Wahrscheinlichkeit von unbefugtem Zugriff oder einer Rechteausweitung verringert.

Der Abgleichprozess beginnt mit der Datenaggregation. Dabei werden Identitätsattribute aus verschiedenen Quellen gesammelt und analysiert. Dabei werden Benutzerdatensätze, Berechtigungen, Gruppenmitgliedschaften und Rollenzuweisungen aus unterschiedlichen Systemen extrahiert. Die aggregierten Daten werden anschließend verglichen, um Abweichungen wie fehlende Attribute, veraltete Stellenbeschreibungen oder doppelte Konten zu identifizieren. Fortschrittliche Tools zum Identitätsabgleich nutzen maschinelles Lernen und künstliche Intelligenz, um Anomalien zu erkennen und Inkonsistenzen, die behoben werden müssen, automatisch zu kennzeichnen.

Konflikte in Identitätsdaten entstehen, wenn systemübergreifend nicht übereinstimmende oder widersprüchliche Datensätze vorhanden sind. Diese Konflikte können auf manuelle Eingabefehler, veraltete Informationen, unvollständige Synchronisierungsprozesse oder abteilungsübergreifende unterschiedliche Identitätsmanagementrichtlinien zurückzuführen sein. Ein häufiges Beispiel ist, wenn die Rollenänderung eines Mitarbeiters zwar im HR-System aktualisiert, aber nicht in den Zugriffskontrolllisten berücksichtigt wird, was zu übermäßigen Berechtigungen führt. Konflikte können auch entstehen, wenn ein Benutzer mehrere Konten auf verschiedenen Plattformen mit unterschiedlichen Berechtigungsstufen besitzt, was zu potenziellen Sicherheitslücken führt. Die Lösung dieser Konflikte ist unerlässlich, um die Einhaltung der Least-Privilege-Prinzipien und eine ordnungsgemäße Zugriffsverwaltung zu gewährleisten.

Um Identitätskonflikte zu lösen, müssen Organisationen vordefinierte Lösungsregeln festlegen, die den Umgang mit Abweichungen regeln. Automatisierte Konfliktlösungsmechanismen wenden logikbasierte Regeln an, um Inkonsistenzen ohne manuelle Eingriffe zu beheben. Wenn beispielsweise zwei Systeme unterschiedliche E-Mail-Adressen für denselben Benutzer enthalten, kann eine Abgleichs-Engine die maßgebliche Quelle, beispielsweise das HR-System, priorisieren und andere Datensätze entsprechend aktualisieren. Ist eine automatische Lösung nicht möglich, leiten Eskalations-Workflows Konflikte zur manuellen Überprüfung und Genehmigung an zuständige Administratoren oder Manager weiter.

Einer der Hauptvorteile des Identitätsabgleichs ist die verbesserte Sicherheit. Bei inkonsistenten Identitätsdaten können unbefugte Benutzer auch nach ihrem Ausscheiden aus dem Unternehmen oder einem Rollenwechsel weiterhin Zugriff auf kritische Systeme haben. Der Abgleich von Identitätsdatensätzen gewährleistet eine zeitnahe Deprovisionierung und reduziert so das Risiko von Insider-Bedrohungen und Kontomissbrauch. Unternehmen können Abgleichsberichte außerdem nutzen, um Identitätsänderungen zu prüfen, Richtlinienverstöße zu erkennen und die Einhaltung gesetzlicher Vorschriften wie DSGVO, HIPAA und SOX sicherzustellen.

Frameworks für rollenbasierte Zugriffskontrolle (RBAC) und richtlinienbasierte Zugriffskontrolle (PBAC) verbessern den Identitätsabgleich zusätzlich, indem sie konsistente Zugriffsrichtlinien durchsetzen. Wenn Identitätsdatensätze mit vordefinierten Rollen abgeglichen werden, können Unternehmen Governance-Regeln anwenden, um Berechtigungen basierend auf Rollenänderungen automatisch zu aktualisieren. Dadurch entfallen manuelle Eingriffe, das Zugriffsmanagement wird optimiert und das Risiko einer schleichenden Rechteausweitung reduziert. Darüber hinaus ermöglicht der Echtzeitabgleich Unternehmen die Just-in-Time-

Zugriffsbereitstellung: Sie gewähren temporären Zugriff nur bei Bedarf und entziehen ihn, sobald die Aufgabe abgeschlossen ist.

Hybrid- und Multi-Cloud-Umgebungen erhöhen die Komplexität des Identitätsabgleichs. Cloudbasierte Anwendungen verfügen oft über eigene Identitätsspeicher und Authentifizierungsmechanismen, was die Wahrung der Konsistenz zwischen lokalen und Cloud-Plattformen erschwert. Föderierte Identitätsmanagementlösungen in Kombination mit IGA-Frameworks bieten einen einheitlichen Ansatz für den Identitätsabgleich durch die Synchronisierung von Cloud- und lokalen Identitätsdaten. API-basierte Integrationen ermöglichen Echtzeit-Updates über mehrere Plattformen hinweg und stellen sicher, dass Identitätsattribute unabhängig vom Speicherort der Anwendungen und Daten synchronisiert bleiben.

Auch das Privileged Access Management (PAM) profitiert vom Identitätsabgleich, da dadurch sichergestellt wird, dass privilegierte Konten ordnungsgemäß verfolgt und verwaltet werden. Privilegierte Benutzer, wie IT-Administratoren und Sicherheitspersonal, verfügen häufig über erweiterte Berechtigungen in mehreren Systemen. Ohne ordnungsgemäßen Abgleich können ruhende oder verwaiste privilegierte Konten zu Sicherheitsrisiken werden. Durch den kontinuierlichen Abgleich privilegierter Zugriffsdaten können Unternehmen strengere Kontrollen über Administratorkonten durchsetzen und so das Risiko von Anmeldeinformationsmissbrauch und Insider-Bedrohungen verringern.

Der Identitätsabgleich spielt eine entscheidende Rolle bei Fusionen und Übernahmen (M&A), bei denen Unternehmen Identitätsdatensätze aus verschiedenen IT-Infrastrukturen konsolidieren müssen. Ohne einen strukturierten Abgleichsprozess kann es zu Störungen, Zugriffsinkonsistenzen oder unbefugtem Zugriff auf sensible Systeme kommen. Durch die Normalisierung der Identitätsdaten zwischen den fusionierenden Unternehmen können Unternehmen einen reibungslosen Übergang gewährleisten und gleichzeitig Sicherheit und Compliance gewährleisten.

Die Datenqualität ist ein weiterer wichtiger Faktor für einen erfolgreichen Identitätsabgleich. Unternehmen müssen Datenverwaltungsrichtlinien etablieren, die

Identitätsattributstandards, Namenskonventionen und maßgebliche Quellen definieren. Schlechte Datenqualität, wie z. B. inkonsistente Benutzer-IDs, falsche Abteilungszuordnungen oder doppelte Datensätze, kann zu fehlgeschlagenen Abgleichsbemühungen führen. Die Implementierung von Datenvalidierungsregeln, regelmäßiger Datenbereinigung und kontinuierlicher Überwachung verbessert die Genauigkeit und Zuverlässigkeit von Identitätsdaten im gesamten Unternehmen.

Unternehmen müssen bei der Implementierung von Identitätsabgleichsprozessen auch die Benutzererfahrung berücksichtigen. Sicherheit und Compliance haben oberste Priorität, ebenso wichtig ist es jedoch, unnötige Zugriffsverzögerungen oder - unterbrechungen zu vermeiden. Ein gut implementiertes Abgleichs-Framework ermöglicht Mitarbeitern einen nahtlosen Rollenwechsel, reibungslosen Zugriff auf neue Anwendungen und zeitnahe Aktualisierungen ihrer Identitätsattribute. Self-Service-Identitätsmanagement-Portale verbessern die Benutzererfahrung zusätzlich, indem sie es Mitarbeitern ermöglichen, ihren Zugriff zu überprüfen, Aktualisierungen anzufordern und Unstimmigkeiten ohne umfangreiche IT-Beteiligung zu beheben.

Angesichts zunehmender Cyberbedrohungen und regulatorischen Drucks bleiben Identitätsabgleich und Konfliktlösung wichtige Bestandteile der Sicherheitsstrategie eines Unternehmens. Durch die Implementierung automatisierter Abgleichmechanismen, die Durchsetzung standardisierter Identity-Governance-Richtlinien und die Nutzung KI-gestützter Analysen können Unternehmen ihre Sicherheit gewährleisten und gleichzeitig ihre betriebliche Effizienz steigern. Ein proaktiver Ansatz zum Identitätsabgleich reduziert nicht nur Sicherheitsrisiken, sondern stellt auch sicher, dass Identity-Governance-Prozesse mit den Geschäftszielen und Compliance-Anforderungen übereinstimmen.

Integration von KI und maschinellem Lernen in IGA

Die rasante digitale Transformation hat die Komplexität von Identity Governance und Administration (IGA) deutlich erhöht. Da Unternehmen ihre IT-Umgebungen auf Cloud-, lokale und hybride Infrastrukturen ausweiten, ist die Verwaltung von Benutzeridentitäten, Zugriffsrechten und Sicherheitsrichtlinien anspruchsvoller geworden. Herkömmliche IGA-Lösungen basieren auf statischen Regeln und manuellen Prozessen, die ineffizient, fehleranfällig und langsam auf sich entwickelnde Sicherheitsbedrohungen reagieren können. Künstliche Intelligenz (KI) und maschinelles Lernen (ML) transformieren IGA durch intelligente Automatisierung, adaptive Entscheidungsfindung und proaktive Risikominderung. Diese Technologien erhöhen die Sicherheit, verbessern die Betriebseffizienz und bieten tiefere Einblicke in identitätsbezogene Risiken.

KI-gestützte Identitätsverwaltung ermöglicht es Unternehmen, über die statische rollenbasierte Zugriffskontrolle (RBAC) und die richtlinienbasierte Zugriffskontrolle (PBAC) hinauszugehen. Anstatt sich ausschließlich auf vordefinierte Regeln zu verlassen, analysiert KI kontinuierlich Identitätsdaten, Verhaltensmuster und Zugriffsanfragen, um Zugriffsrechte dynamisch anzupassen. Dieser Ansatz reduziert das Risiko von Überbereitstellung, Privilegienausweitung und unberechtigtem Zugriff. Durch den Einsatz von Machine-Learning-Algorithmen können IGA-Systeme Anomalien erkennen, potenzielle Sicherheitsrisiken vorhersagen und Korrekturmaßnahmen vorschlagen. Das macht das Identitätsmanagement anpassungsfähiger und effizienter.

Eine der wichtigsten Anwendungen von KI in IGA ist die intelligente Zugriffsanalyse. Herkömmliche Zugriffsprüfungen und Zertifizierungsprozesse sind oft zeitaufwändig und anfällig für menschliches Versehen. KI verbessert diese Prozesse, indem sie ungewöhnliche Zugriffsmuster erkennt, Hochrisikokonten kennzeichnet und Zugriffsprüfungen basierend auf Echtzeit-Risikobewertungen priorisiert. Anstatt dass Sicherheitsteams jede Zugriffsanfrage manuell prüfen müssen, optimiert KI den Prozess, indem sie Anomalien aufzeigt und automatisierte Empfehlungen bereitstellt. Dies reduziert den Arbeitsaufwand für Administratoren und verbessert gleichzeitig Sicherheit und Compliance.

Machine-Learning-Modelle verbessern zudem die Genauigkeit des Identity Lifecycle Managements. Die automatisierte Bereitstellung und Deaktivierung von Benutzerkonten profitiert von KI-gestützten Erkenntnissen, die anhand historischer Daten und Peergroup-Analysen geeignete Zugriffsebenen bestimmen. Tritt beispielsweise ein neuer Mitarbeiter in ein Unternehmen ein, kann KI ähnliche Aufgabenbereiche, frühere Zugriffsanfragen und Nutzungsmuster analysieren, um optimale Berechtigungen zu empfehlen. Wechselt ein Mitarbeiter in eine neue Rolle, können ML-Algorithmen die Zugriffsrechte automatisch an die neuen Verantwortlichkeiten anpassen und so sicherstellen, dass unnötige Berechtigungen rechtzeitig widerrufen werden.

Verhaltensanalysen sind ein weiterer leistungsstarker Anwendungsfall für KI in IGA. Herkömmliche Sicherheitsrichtlinien basieren auf vordefinierten Zugriffskontrollregeln, die Insider-Bedrohungen oder kompromittierte Konten nicht immer erkennen. KI-gestützte Verhaltensanalysen überwachen kontinuierlich die Benutzeraktivitäten und vergleichen sie mit dem Basisverhalten. Zeigt ein Benutzer ungewöhnliches Verhalten – beispielsweise den Zugriff auf sensible Systeme zu ungewöhnlichen Zeiten, das Herunterladen großer Datenmengen oder den Versuch, auf nicht autorisierte Anwendungen zuzugreifen – kann das System Warnungen generieren, eine verstärkte Authentifizierung auslösen oder den Zugriff vorübergehend sperren, bis die Aktivität verifiziert ist.

KI-gestützte Risikobewertung verbessert die Identitätsverwaltung zusätzlich, indem sie das mit jedem Benutzer und jeder Zugriffsanfrage verbundene Risiko dynamisch bewertet. Machine-Learning-Modelle analysieren verschiedene Risikofaktoren, darunter Benutzerstandort, Gerätetyp, Authentifizierungsverlauf und Zugriffsverhalten, um eine Risikobewertung zu erstellen. Aktivitäten mit hohem Risiko können zusätzliche Authentifizierungsschritte erfordern, während Benutzern mit geringem Risiko nahtlos Zugriff gewährt werden kann. Dieser adaptive Sicherheitsansatz reduziert die Reibung für legitime Benutzer und bietet zusätzliche Schutzebenen für Hochrisikoszenarien.

Die Integration von KI und ML in IGA verbessert zudem Compliance- und Audit-Prozesse. Gesetzliche Vorschriften schreiben strenge Kontrollen des Benutzerzugriffs und des Datenschutzes vor und verpflichten Unternehmen, regelmäßige Audits durchzuführen und Compliance-Berichte zu erstellen. KI automatisiert die Compliance-Überwachung, indem sie identitätsbezogene Aktivitäten kontinuierlich verfolgt und potenzielle Richtlinienverstöße identifiziert. Anstatt sich auf regelmäßige manuelle Audits zu verlassen, bieten KI-gesteuerte IGA-Lösungen Compliance-Einblicke in Echtzeit, reduzieren das Risiko von Compliance-Verstößen und optimieren die Audit-Vorbereitung.

Ein weiterer entscheidender Vorteil von KI in der Identitätsverwaltung (Identity Governance) ist die Fähigkeit, identitätsbasierte Bedrohungen in Echtzeit zu erkennen und einzudämmen. Herkömmliche Sicherheitstools haben oft Schwierigkeiten, mit komplexen Cyberangriffen Schritt zu halten, die kompromittierte Anmeldeinformationen oder Insider-Bedrohungen ausnutzen. KI-gestützte Bedrohungsinformationen verbessern die Identitätsverwaltung, indem sie Identitätsdaten mit Bedrohungsdaten, Sicherheitsereignissen und externen Risikoindikatoren korrelieren. Erkennt KI Anzeichen für eine Kompromittierung von Anmeldeinformationen – beispielsweise das Auftauchen der Anmeldeinformationen eines Mitarbeiters im Darknet – kann sie automatisch Sicherheitsmaßnahmen auslösen, beispielsweise eine Passwortzurücksetzung oder die Durchsetzung einer Multi-Faktor-Authentifizierung (MFA).

Self-Service-Identitätsmanagement ist ein weiterer Bereich, in dem KI das Benutzererlebnis verbessert und gleichzeitig die Sicherheit gewährleistet. Herkömmliche Zugriffsanforderungsprozesse beinhalten oft lange Genehmigungsketten, was zu Verzögerungen und Ineffizienzen führt. KI-gestützte Chatbots und virtuelle Assistenten vereinfachen das Identitätsmanagement, indem sie es Mitarbeitern ermöglichen, Zugriff anzufordern, Passwörter zurückzusetzen oder den Compliance-Status durch natürliche Sprachinteraktionen zu überprüfen. Diese KI-gesteuerten Schnittstellen reduzieren den Arbeitsaufwand des IT-Helpdesks und verbessern gleichzeitig die Benutzerproduktivität und -sicherheit.

Die Anwendung von maschinellem Lernen im Rollen-Mining und in der Rollenoptimierung verändert die Art und Weise, wie Unternehmen Benutzerrollen definieren und verwalten. Anstatt Rollendefinitionen manuell zu erstellen und zu pflegen, analysieren ML-Algorithmen Zugriffsmuster und Organisationsstrukturen, um optimierte Rollenhierarchien vorzuschlagen. Dies eliminiert redundante Rollen, reduziert überflüssige Berechtigungen und vereinfacht die Zugriffsverwaltung. Durch kontinuierliches Lernen aus dem Zugriffsverhalten stellt ML sicher, dass Rollen stets an die sich entwickelnden Geschäftsanforderungen angepasst sind und verbessert so Sicherheit und betriebliche Effizienz.

Trotz der zahlreichen Vorteile von KI in der Identitätsverwaltung müssen sich Unternehmen Herausforderungen wie Datenschutz, ethischen Aspekten und dem Risiko algorithmischer Verzerrungen stellen. KI-Modelle basieren auf riesigen Mengen an Identitätsdaten, die sicher verarbeitet werden müssen, um Offenlegung oder Missbrauch zu verhindern. Transparenz bei KI-Entscheidungen ist zudem entscheidend, um faire und unvoreingenommene Identitätsverwaltungsrichtlinien sicherzustellen. Unternehmen sollten Governance-Frameworks implementieren, um KI-gesteuerte Entscheidungen zu überwachen, die Modellgenauigkeit zu validieren und potenzielle Risiken im Zusammenhang mit automatisiertem Identitätsmanagement zu minimieren.

Der Einsatz von KI und maschinellem Lernen in IGA markiert einen Wandel hin zu einem proaktiveren, intelligenteren und adaptiveren Ansatz für die Identitätsverwaltung. Angesichts der sich ständig weiterentwickelnden Cyberbedrohungen bieten KI-basierte IGA-Lösungen Unternehmen die Flexibilität, Risiken zu erkennen, Richtlinien dynamisch durchzusetzen und das Benutzererlebnis zu verbessern, ohne die Sicherheit zu beeinträchtigen. Durch die Integration von KI in ihre Identitätsverwaltungsstrategien können Unternehmen ihre Effizienz steigern, die Compliance stärken und ein robustes Sicherheitsframework aufbauen, das sich an die Komplexität moderner IT-Umgebungen anpasst.

Verwalten von APIs und Dienstkonten

Da Unternehmen zunehmend auf Automatisierung, Cloud-Dienste und vernetzte Anwendungen setzen, ist die Verwaltung von APIs und Servicekonten zu einem wichtigen Aspekt der Identitätsverwaltung und -administration (IGA) geworden. APIs bilden das Rückgrat moderner Anwendungen und ermöglichen eine nahtlose Integration zwischen Systemen, während Servicekonten automatisierte Prozesse und Systeminteraktionen erleichtern. Ohne ordnungsgemäße Governance können diese Konten Sicherheitslücken, Compliance-Risiken und betriebliche Ineffizienzen mit sich bringen. Ein strukturierter Ansatz zur Verwaltung von APIs und Servicekonten gewährleistet sicheren Zugriff, minimiert Bedrohungen und gewährleistet die Einhaltung branchenspezifischer Vorschriften.

APIs ermöglichen Anwendungen die Kommunikation und den Datenaustausch und wickeln häufig sensible Transaktionen wie Authentifizierung, Benutzerbereitstellung und Finanztransaktionen ab. Da APIs Funktionen für externe und interne Systeme zugänglich machen, kann unsachgemäße Verwaltung zu Datenlecks, unbefugtem Zugriff und Serviceunterbrechungen führen. Unternehmen müssen starke Authentifizierungsmechanismen wie API-Schlüssel, OAuth-Token und zertifikatsbasierte Authentifizierung implementieren, um den API-Zugriff zu sichern. Darüber hinaus stellt die Definition rollen- und richtlinienbasierter Zugriffskontrollen für APIs sicher, dass nur autorisierte Anwendungen und Benutzer mit bestimmten Endpunkten interagieren können.

Dienstkonten sind nicht-menschliche Identitäten, die von Anwendungen, Skripten und Diensten zur Ausführung automatisierter Aufgaben verwendet werden. Diese Konten verfügen häufig über erweiterte Berechtigungen, die ihnen den Zugriff auf Datenbanken, die Änderung von Systemkonfigurationen oder die Interaktion mit Cloud-Ressourcen ermöglichen. Ohne ordnungsgemäße Governance können Dienstkonten zu Sicherheitsrisiken werden, insbesondere wenn sie überdimensioniert, falsch konfiguriert oder nicht verwaltet werden. Durch die Implementierung eines strikten Lebenszyklusmanagements für Dienstkonten wird sichergestellt, dass diese mit minimalen Berechtigungen erstellt, regelmäßig überprüft und bei Nichtgebrauch wieder gelöscht werden.

Eine der größten Herausforderungen bei der Verwaltung von Servicekonten ist die Transparenz. Viele Organisationen haben Schwierigkeiten, den Überblick darüber zu behalten, wo Servicekonten vorhanden sind, welche Berechtigungen sie besitzen und ob sie den Sicherheitsrichtlinien entsprechen. Die Zentralisierung der Servicekontoverwaltung in einem IGA-Framework bietet vollständige Transparenz und ermöglicht es Administratoren, Richtlinien durchzusetzen, Anomalien zu erkennen und unnötigen Zugriff zu entziehen. Automatisierte Erkennungstools helfen dabei, nicht verwaltete Servicekonten zu identifizieren und sicherzustellen, dass keine verwaisten Konten in der Umgebung verbleiben.

Privileged Access Management (PAM) spielt eine entscheidende Rolle bei der Sicherung von Dienstkonten. Da diese Konten oft über umfassende Zugriffsrechte verfügen, werden sie zu attraktiven Zielen für Angreifer, die Systemschwachstellen ausnutzen wollen. Die Implementierung von Just-in-Time-Zugriff (JIT) und rotierenden Anmeldeinformationen für Dienstkonten verringert das Risiko unbefugten Zugriffs. PAM-Lösungen können zudem die Sitzungsüberwachung und -protokollierung für risikoreiche Dienstkonten erzwingen und so sicherstellen, dass verdächtige Aktivitäten in Echtzeit erkannt und behoben werden.

Die API-Sicherheit muss durch kontinuierliche Überwachung und Auditierung verstärkt werden. Unternehmen sollten Protokolle über API-Anfragen führen, fehlgeschlagene Authentifizierungsversuche verfolgen und Zugriffsmuster auf Anomalien überwachen. SIEM-Lösungen (Security Information and Event Management) lassen sich in IGA-Plattformen integrieren, um API-Aktivitäten mit anderen identitätsbezogenen Ereignissen zu korrelieren und so einen ganzheitlichen Überblick über Sicherheitsrisiken zu ermöglichen. Durch die Analyse von API-Zugriffstrends können Unternehmen unbefugte Nutzung erkennen, Drosselungslimits durchsetzen und risikobasierte Authentifizierungsmaßnahmen anwenden.

Compliance-Anforderungen erhöhen die Komplexität der API- und Service-Account-Verwaltung zusätzlich. Vorschriften wie DSGVO, HIPAA und PCI DSS schreiben strenge Zugriffskontrollen und Prüfprotokolle für Systeme vor, die sensible Daten verarbeiten. Unternehmen müssen API-Berechtigungen dokumentieren, das

Prinzip der geringsten Berechtigungen für Service-Accounts durchsetzen und Berichte zum Compliance-Nachweis erstellen. Regelmäßige Zugriffsüberprüfungen stellen sicher, dass APIs und Service-Accounts nur über die für den Geschäftsbetrieb erforderlichen Berechtigungen verfügen.

Die Umstellung auf Cloud-native Umgebungen und containerisierte Anwendungen bringt zusätzliche Herausforderungen bei der Verwaltung von APIs und Servicekonten mit sich. Cloud-Plattformen bieten dynamische und kurzlebige Workloads, die flexible Identity-Governance-Strategien erfordern. Unternehmen müssen föderierte Identitätslösungen implementieren, die konsistente Zugriffskontrollen für lokale und Cloud-Anwendungen ermöglichen. Darüber hinaus erfordert die Verwaltung der API-Sicherheit in Multi-Cloud-Umgebungen standardisierte Richtlinien, die mit den Sicherheitsrahmen des Unternehmens übereinstimmen.

Zero-Trust-Prinzipien bieten einen robusten Rahmen für die Sicherung von APIs und Servicekonten. Anstatt Vertrauen basierend auf dem Netzwerkstandort vorauszusetzen, erzwingt Zero Trust die kontinuierliche Überprüfung von API-Aufrufen und Servicekontoaktivitäten. Die Implementierung der Multi-Faktor-Authentifizierung (MFA) für den API-Zugriff, die Anwendung attributbasierter Zugriffskontrollen und die Segmentierung des API-Verkehrs reduzieren das Risiko unbefugter Interaktionen. Durch die Anwendung von Zero Trust auf die Identitätsverwaltung stärken Unternehmen ihre Sicherheitslage und ermöglichen gleichzeitig eine sichere Automatisierung.

KI-gestützte Identitätsanalysen verbessern die API- und Service-Account-Governance, indem sie Abweichungen vom normalen Verhalten identifizieren. Machine-Learning-Modelle können Anomalien wie ungewöhnliche Service-Account-Anmeldungen, übermäßige API-Anforderungsraten oder Rechteausweitungen erkennen. Diese Erkenntnisse ermöglichen es Sicherheitsteams, proaktiv zu reagieren, Richtlinien anzupassen oder bei Bedarf zusätzliche Authentifizierungen anzufordern. Automatisierte Abhilfe-Workflows erhöhen die Sicherheit zusätzlich, indem sie bei erkannten Bedrohungen übermäßige Berechtigungen entziehen oder kompromittierte Anmeldeinformationen rotieren.

Da Unternehmen ihre digitalen Ökosysteme kontinuierlich ausbauen, bleibt die Verwaltung von APIs und Servicekonten ein grundlegender Aspekt der Identitätsverwaltung. Eine klar definierte Strategie mit starker Authentifizierung, zentraler Transparenz, automatisiertem Lebenszyklusmanagement und kontinuierlicher Überwachung gewährleistet die Sicherheit und Konformität dieser Konten. Durch die Integration von IGA-Prinzipien in moderne Sicherheitsrahmen können Unternehmen Risiken minimieren und gleichzeitig ihre betriebliche Effizienz in einer zunehmend vernetzten Welt aufrechterhalten.

Aufbau eines nachhaltigen Governance-Modells

Ein nachhaltiges Governance-Modell ist für Unternehmen unerlässlich, um langfristige Sicherheit, Compliance und betriebliche Effizienz zu gewährleisten. Identity Governance and Administration (IGA) spielt eine Schlüsselrolle bei der Festlegung strukturierter Richtlinien, der Durchsetzung von Zugriffskontrollen und der Verwaltung von Benutzeridentitäten in komplexen IT-Umgebungen. Ohne einen klar definierten Governance-Rahmen sind Unternehmen mit Sicherheitsrisiken, regulatorischen Herausforderungen und Ineffizienzen konfrontiert, die zu höheren Kosten und Reputationsschäden führen können. Ein nachhaltiges Governance-Modell bildet die Grundlage für ein konsistentes Identitätsmanagement, reduziert Risiken und trägt gleichzeitig zu den Geschäftszielen bei.

Die Grundlage eines nachhaltigen Governance-Modells ist die Definition klarer Rollen, Verantwortlichkeiten und Richtlinien für das Identitäts- und Zugriffsmanagement. Unternehmen müssen Governance-Strukturen etablieren, die festlegen, wer die Autorität über identitätsbezogene Entscheidungen hat, wie Zugriff gewährt und entzogen wird und welche Sicherheitsrichtlinien durchgesetzt werden müssen. Dies erfordert die Zusammenarbeit zwischen IT, Sicherheit,

Compliance und den Geschäftsbereichen, um sicherzustellen, dass die Governance-Richtlinien mit den gesetzlichen Anforderungen und betrieblichen Erfordernissen übereinstimmen. Ein dezentraler Governance-Ansatz führt häufig zu Inkonsistenzen, während ein zentralisiertes Modell für Einheitlichkeit und Verantwortlichkeit im gesamten Unternehmen sorgt.

Automatisierung ist ein entscheidender Bestandteil nachhaltiger Identity Governance. Manuelle Prozesse für Provisioning, Deprovisioning und Zugriffszertifizierung sind ineffizient, anfällig für menschliche Fehler und schwer skalierbar. Die Implementierung automatisierter Workflows für das Identity Lifecycle Management stellt sicher, dass Benutzer den entsprechenden Zugriff basierend auf Geschäftsregeln erhalten und minimiert gleichzeitig den Verwaltungsaufwand. Automatisierung verbessert zudem die Compliance durch die konsequente Durchsetzung von Richtlinien und reduziert so die Wahrscheinlichkeit von Richtlinienverstößen und Sicherheitslücken. Durch die Integration von Automatisierung in IGA-Plattformen steigern Unternehmen die Effizienz und gewährleisten gleichzeitig strenge Governance-Kontrollen.

Ein risikobasierter Governance-Ansatz stärkt die Nachhaltigkeit, indem er Hochrisikobereiche priorisiert und Ressourcen auf die Eindämmung von Bedrohungen konzentriert. Nicht alle Zugriffsanfragen und identitätsbezogenen Aktivitäten bergen das gleiche Risiko, daher müssen Unternehmen ihre Governance-Modelle entsprechend anpassen. Risikobewertungsmechanismen analysieren Faktoren wie Benutzerverhalten, Zugriffsverlauf und Berechtigungsstufen, um die potenziellen Auswirkungen identitätsbezogener Risiken zu ermitteln. Durch risikobasierte Zugriffsüberprüfungen und die Durchsetzung von Richtlinien können Unternehmen Sicherheitsressourcen effektiver einsetzen und unbefugten Zugriff verhindern, bevor er zur Bedrohung wird.

Die Einhaltung gesetzlicher Vorschriften ist ein weiterer wichtiger Faktor für nachhaltige Governance. Unternehmen müssen sich in einem komplexen Umfeld aus Datenschutzgesetzen, Branchenvorschriften und internen Richtlinien zurechtfinden. Vorschriften wie DSGVO, HIPAA und SOX erfordern strenge Kontrollen für Benutzerzugriff, Identitätsmanagement und

Datensicherheit. Ein nachhaltiges Governance-Modell stellt sicher, dass die Compliance in die Identitätsmanagementprozesse integriert ist und reduziert so den Aufwand für manuelle Prüfungen und Durchsetzung. Kontinuierliches Monitoring, automatisierte Compliance-Berichte und Prüfpfade bieten Unternehmen die notwendigen Werkzeuge, um die Einhaltung gesetzlicher Anforderungen nachzuweisen und gleichzeitig das Risiko von Strafen zu minimieren.

Skalierbarkeit ist ein wesentlicher Faktor für den Aufbau eines Governance-Modells, das auch bei Unternehmenswachstum effektiv bleibt. Unternehmen expandieren durch Fusionen, Übernahmen und digitale Transformationsinitiativen, was zu einer zunehmenden Identitätskomplexität führt. Ein Governance-Modell, das für ein kleines Unternehmen funktioniert, ist möglicherweise für ein großes Unternehmen mit Tausenden von Benutzern und Cloud-basierten Anwendungen unzureichend. Die Entwicklung von Governance-Frameworks mit Blick auf Skalierbarkeit stellt sicher, dass Identitäts- und Zugriffsrichtlinien ohne Betriebsunterbrechung an neue Geschäftsanforderungen angepasst werden können. Cloud-native IGA-Lösungen und Identitätsföderation ermöglichen es Unternehmen, Governance-Kontrollen auf Hybrid- und Multi-Cloud-Umgebungen auszuweiten und so die Konsistenz über alle Plattformen hinweg sicherzustellen.

Die Benutzerfreundlichkeit ist ein oft übersehener Aspekt nachhaltiger Governance. Sicherheit und Compliance haben zwar oberste Priorität, doch Governance-Modelle müssen auch einen reibungslosen Zugriff auf Unternehmensressourcen ermöglichen. Mitarbeiter, Auftragnehmer und externe Partner benötigen zeitnahen Zugriff auf Anwendungen und Daten, ohne unnötige Reibungsverluste. Self-Service-Zugriffsverwaltungsportale, rollenbasierte Zugriffskontrolle (RBAC) und Just-in-Time-Zugriffsbereitstellung verbessern die Benutzerfreundlichkeit und gewährleisten gleichzeitig die Sicherheit. Ein ausgewogenes Verhältnis zwischen Sicherheitsanforderungen und Benutzerfreundlichkeit gewährleistet die Einhaltung von Governance-Richtlinien, ohne die Produktivität zu beeinträchtigen.

Privileged Access Management (PAM) ist ein wichtiger Bestandteil von Governance-Modellen für risikoreiche Identitäten. Privilegierte

Konten bieten erweiterten Zugriff auf kritische Systeme und müssen streng kontrolliert werden, um Missbrauch oder Ausnutzung zu verhindern. Die Integration von PAM in IGA stärkt die Governance durch die Durchsetzung von Least-Privilege-Prinzipien, die Überwachung privilegierter Sitzungen und die Sicherstellung, dass privilegierter Zugriff nur bei Bedarf gewährt wird. Durch die Verwaltung privilegierter Identitäten mit der gleichen Strenge wie bei Standardbenutzerkonten reduzieren Unternehmen das Risiko von Insider-Bedrohungen und unbefugten Systemänderungen.

Nachhaltigkeit in der Governance hängt auch von kontinuierlicher Verbesserung und Anpassung an neue Bedrohungen ab. Cybersicherheitsrisiken entwickeln sich rasant, sodass Unternehmen Governance-Richtlinien, Zugriffskontrollen und Überwachungsfunktionen regelmäßig aktualisieren müssen. Identitätsanalysen und künstliche Intelligenz (KI) verbessern die Governance, indem sie Echtzeit-Einblicke in Identitätsrisiken liefern, Anomalien erkennen und Richtlinienanpassungen empfehlen. Durch den Einsatz KI-gestützter Automatisierung können Unternehmen Governance-Frameworks proaktiv an sich entwickelnde Sicherheitsherausforderungen anpassen und gleichzeitig ihre operative Belastbarkeit aufrechterhalten.

Governance-Frameworks müssen auch die Identitäten von Drittanbietern berücksichtigen, darunter Anbieter, Lieferanten und externe Auftragnehmer. Drittanbieter benötigen häufig Zugriff auf Unternehmenssysteme, stellen aber aufgrund fehlender direkter Kontrolle zusätzliche Sicherheitsrisiken dar. Ein nachhaltiges Governance-Modell setzt strenge Richtlinien für das Zugriffsmanagement von Drittanbietern durch und stellt sicher, dass externe Benutzer dieselben Sicherheitsstandards einhalten wie interne Mitarbeiter. Multi-Faktor-Authentifizierung (MFA), risikobasierte Zugriffsrichtlinien und regelmäßige Zugriffsüberprüfungen tragen dazu bei, die mit Drittanbieteridentitäten verbundenen Risiken zu minimieren und gleichzeitig die betriebliche Effizienz aufrechtzuerhalten.

Nachhaltige Governance-Modelle basieren auf einer Kultur der Verantwortlichkeit und des Bewusstseins. Mitarbeiter und Führungskräfte müssen die Bedeutung von Identity Governance und ihre Rolle für die Sicherheit verstehen. Schulungen zum Sicherheitsbewusstsein, die Durchsetzung von Richtlinien und eine klare Kommunikation der Governance-Erwartungen tragen dazu bei, dass Governance-Richtlinien konsequent eingehalten werden. Unternehmen, die Sicherheit an erste Stelle setzen, verringern die Wahrscheinlichkeit von Richtlinienverstößen und stärken gleichzeitig ihre allgemeine Governance-Position.

Ein gut strukturiertes Governance-Modell bietet langfristige Vorteile, darunter reduzierte Sicherheitsrisiken, optimierte Compliance und verbesserte Betriebseffizienz. Durch die Integration von Automatisierung, risikobasierten Richtlinien und kontinuierlicher Überwachung können Unternehmen ein Governance-Framework etablieren, das sich an veränderte Geschäftsanforderungen und neue Sicherheitsherausforderungen anpasst. Nachhaltige Governance ist kein einmaliges Projekt, sondern ein kontinuierlicher Prozess, der strategische Planung, Zusammenarbeit und Investitionen in moderne Identity-Governance-Lösungen erfordert. Unternehmen, die Nachhaltigkeit in der Governance priorisieren, positionieren sich für langfristigen Erfolg bei der Verwaltung digitaler Identitäten und der Sicherung von Unternehmensressourcen.

Best Practices für die IGA-Implementierung

Die Implementierung von Identity Governance and Administration (IGA) ist für Unternehmen unerlässlich, die digitale Identitäten verwalten, Sicherheitsrichtlinien durchsetzen und die Einhaltung gesetzlicher Vorschriften gewährleisten möchten. Angesichts zunehmend komplexer IT-Umgebungen in Unternehmen trägt eine gut geplante IGA-Strategie dazu bei, das Identitätsmanagement zu optimieren, Sicherheitsrisiken zu reduzieren und die betriebliche Effizienz zu verbessern. Eine erfolgreiche Implementierung erfordert einen strukturierten Ansatz, der Automatisierung, Richtliniendurchsetzung und kontinuierliche Überwachung integriert, um eine effektive Identity Governance sicherzustellen.

Ein Schlüsselfaktor bei der IGA-Implementierung ist die Definition eines klaren Governance-Rahmens, der mit den Geschäftszielen übereinstimmt. Unternehmen müssen Identitätsmanagement-Richtlinien festlegen, die festlegen, wer unter welchen Bedingungen und für welchen Zeitraum auf welche Ressourcen zugreifen kann. Governance-Rahmen sollten Rollendefinitionen, Workflows für die Zugriffsgenehmigung und Compliance-Anforderungen umfassen. Ein klar definierter Rahmen gewährleistet abteilungsübergreifende Konsistenz und reduziert gleichzeitig das Risiko übermäßiger Berechtigungen und unbefugten Zugriffs.

Automatisierung spielt eine entscheidende Rolle bei der Verbesserung der Effizienz und der Reduzierung menschlicher Fehler in der Identitätsverwaltung. Manuelle Identitäts- und Zugriffsverwaltungsprozesse sind zeitaufwändig und anfällig für Fehlkonfigurationen, die zu Sicherheitsverletzungen führen können. Die Automatisierung der Benutzerbereitstellung, Zugriffszertifizierung und Deprovisionierung stellt sicher, dass Mitarbeiter bei Eintritt ins Unternehmen die entsprechenden Zugriffsrechte erhalten und bei Austritt sofort wieder entzogen werden. Automatisierte Workflows tragen zudem zur Durchsetzung des Prinzips der geringsten Privilegien bei, indem sie den Benutzerzugriff auf das für ihre Rolle erforderliche Maß beschränken.

Ein rollenbasiertes Zugriffskontrollmodell (RBAC) ist ein grundlegender Bestandteil einer effektiven IGA-Strategie. Unternehmen sollten Standardrollen basierend auf den Aufgabenbereichen definieren und Berechtigungen entsprechend zuweisen. Durch die Gruppierung von Zugriffsrechten in Rollen können Administratoren das Identitätsmanagement vereinfachen und die Wahrscheinlichkeit einer schleichenden Rechteausweitung verringern. Zusätzlich zu RBAC sollten Unternehmen die Implementierung einer richtlinienbasierten Zugriffskontrolle (PBAC) in Betracht ziehen, um kontextbezogene Zugriffsregeln basierend auf Faktoren wie Standort, Gerätetyp und Risikostufe durchzusetzen.

Regelmäßige Zugriffsüberprüfungen und Zertifizierungskampagnen sind entscheidend für eine starke Identitätsverwaltung. Mit der Zeit können Mitarbeiter unnötige Zugriffsrechte anhäufen, was das Risiko von Insider-Bedrohungen oder Compliance-Verstößen erhöht. Regelmäßige Zugriffsüberprüfungen ermöglichen es Managern, Benutzerberechtigungen zu validieren und veraltete oder übermäßige Zugriffsrechte zu entfernen. IGA-Lösungen ermöglichen automatisierte Workflows zur Zugriffszertifizierung. Dies vereinfacht die Durchführung von Überprüfungen und die Erstellung von Auditberichten, die die Einhaltung gesetzlicher Anforderungen nachweisen.

Privileged Access Management (PAM) sollte in IGA integriert werden, um risikoreiche Konten zu schützen. Privilegierte Benutzer, wie IT-Administratoren und Führungskräfte, haben oft umfassenden Zugriff auf kritische Systeme und vertrauliche Daten. Ohne angemessene Governance können privilegierte Konten zu einer erheblichen Sicherheitslücke werden. Die Implementierung von Just-in-Time-Zugriff (JIT) für privilegierte Benutzer, Sitzungsüberwachung und automatisierter Anmeldeinformationsrotation erhöht die Sicherheit und stellt sicher, dass privilegierter Zugriff nur bei Bedarf gewährt wird.

Die Benutzerfreundlichkeit ist ein wichtiger Aspekt bei der IGA-Implementierung. Identity Governance sollte keine unnötigen Reibungsverluste für Mitarbeiter, Auftragnehmer und Geschäftspartner verursachen. Self-Service-Portale für Zugriffsanfragen, Passwortrücksetzungen und Kontoverwaltung steigern die Effizienz, indem sie den Arbeitsaufwand für IT-Administratoren reduzieren und Benutzern gleichzeitig die sichere Verwaltung ihrer eigenen Identitäten ermöglichen. Ein gut konzipiertes IGA-System schafft ein Gleichgewicht zwischen Sicherheit und Benutzerfreundlichkeit und stellt sicher, dass Benutzer ohne Verzögerungen auf die benötigten Ressourcen zugreifen können.

Die Cloud-Nutzung stellt neue Herausforderungen für die Identitätsverwaltung dar und erfordert, dass Unternehmen ihre IGA-Richtlinien über lokale Systeme hinaus erweitern. Cloudbasierte Anwendungen, SaaS-Plattformen und Multi-Cloud-Umgebungen erfordern konsistente Identitätsverwaltungsrichtlinien, um Sicherheitslücken zu vermeiden. IGA-Lösungen müssen mit Cloud-Identitätsanbietern integriert werden, um sicherzustellen, dass der Cloud-Zugriff denselben Sicherheitskontrollen unterliegt wie lokale Anwendungen. Unternehmen sollten zudem föderiertes Identitätsmanagement und Single Sign-On (SSO) nutzen, um die Authentifizierung über mehrere Plattformen hinweg zu vereinfachen.

Die Einhaltung branchenspezifischer Vorschriften ist eine treibende Kraft hinter der IGA-Implementierung. Datenschutzgesetze wie DSGVO, HIPAA und SOX stellen strenge Anforderungen an die Identitätsverwaltung und verpflichten Unternehmen, Zugriffskontrollen durchzusetzen, Audits durchzuführen und Compliance-Berichte zu erstellen. IGA-Lösungen bieten automatisiertes Compliance-Tracking und stellen sicher, dass Unternehmen gesetzliche Anforderungen ohne manuelle Kontrolle erfüllen können. Durch die Führung detaillierter Audit-Protokolle und die Implementierung von Zugriffsüberprüfungsprozessen können Unternehmen Compliance-Risiken reduzieren und gleichzeitig ihre Sicherheitslage verbessern.

Künstliche Intelligenz und maschinelles Lernen transformieren die Identitätsverwaltung (Identity Governance, IGA) durch prädiktive Analysen und risikobasierte Entscheidungsfindung. KI-gestützte Identitätsanalysen erkennen Anomalien im Nutzerverhalten, kennzeichnen verdächtige Zugriffsmuster und empfehlen Korrekturmaßnahmen. Algorithmen für maschinelles Lernen können Trends bei Zugriffsanfragen erkennen, Rollendefinitionen optimieren und die Sicherheit durch dynamische Anpassung von Berechtigungen basierend auf Echtzeit-Risikobewertungen erhöhen. Die Nutzung KI-gestützter Erkenntnisse stärkt die Identitätsverwaltung und reduziert gleichzeitig den Verwaltungsaufwand für Sicherheitsteams.

Unternehmen müssen bei der Implementierung von IGA auch den Zugriff Dritter berücksichtigen. Lieferanten, Auftragnehmer und Geschäftspartner benötigen oft temporären Zugriff auf Unternehmenssysteme, ihre Identitäten müssen jedoch mit der gleichen Sorgfalt verwaltet werden wie die interner Benutzer. Die Implementierung starker Authentifizierungsmechanismen wie Multi-Faktor-Authentifizierung (MFA) und die Durchsetzung zeitlich begrenzter Zugriffskontrollen stellen sicher, dass Drittanbieter nach Beendigung ihres Auftrags keine unnötigen Berechtigungen behalten. Regelmäßige Überprüfungen des externen Benutzerzugriffs reduzieren die mit Drittanbieterkonten verbundenen Sicherheitsrisiken zusätzlich.

Zero-Trust-Sicherheitsprinzipien sollten in IGA-Strategien integriert werden, um die Identitätsverwaltung zu verbessern. Herkömmliche perimeterbasierte Sicherheitsmodelle reichen nicht mehr aus, um moderne IT-Umgebungen zu schützen, in denen Benutzer von verschiedenen Standorten und Geräten aus auf Anwendungen zugreifen. Ein Zero-Trust-Ansatz erzwingt eine kontinuierliche Identitätsprüfung und erfordert, dass sich Benutzer vor dem Zugriff auf vertrauliche Ressourcen an mehreren Kontrollpunkten authentifizieren. Die Implementierung von Zero Trust in IGA stellt sicher, dass Zugriffsentscheidungen auf Echtzeit-Risikoanalysen und nicht auf statischen Rollenzuweisungen basieren.

Eine erfolgreiche IGA-Implementierung erfordert kontinuierliche Überwachung und Verbesserung. Identity Governance ist kein einmaliges Projekt, sondern ein fortlaufender Prozess, der sich mit organisatorischen Veränderungen, Sicherheitsbedrohungen und regulatorischen Aktualisierungen weiterentwickelt. Unternehmen sollten Key Performance Indicators (KPIs) festlegen, um die Effektivität ihrer IGA-Programme zu messen, z. B. die Abschlussquote von Zugriffsprüfungen, die Zeit bis zum Entzug des Zugriffs für ausscheidende Mitarbeiter und die Anzahl von Sicherheitsvorfällen im Zusammenhang mit Identitätsmissbrauch. Regelmäßige Bewertungen helfen, Lücken zu identifizieren und Governance-Strategien zu verfeinern, um sie an die sich entwickelnden Geschäftsanforderungen anzupassen.

Eine effektive IGA-Implementierungsstrategie stellt sicher, dass Identity Governance mit den Geschäftszielen übereinstimmt, die Sicherheit erhöht und die Einhaltung gesetzlicher Vorschriften unterstützt. Durch die Integration von Automatisierung, risikobasierter Entscheidungsfindung und KI-gestützten Erkenntnissen können Unternehmen ein skalierbares und nachhaltiges IGA-Framework aufbauen, das sensible Daten schützt und gleichzeitig die betriebliche Effizienz steigert. Ein gut umgesetztes IGA-Programm stärkt nicht nur die Sicherheit, sondern optimiert auch die Identitätsmanagementprozesse und ermöglicht Unternehmen, in einer zunehmend komplexen digitalen Landschaft sicher zu agieren.

Ausrichtung der IGA an den Unternehmenszielen

Identity Governance und Administration (IGA) ist ein grundlegender Bestandteil der Unternehmenssicherheit, Compliance und Betriebseffizienz. Damit IGA-Initiativen erfolgreich sind, müssen sie sich an übergeordneten Unternehmenszielen orientieren und dürfen nicht als isolierte IT-Projekte operieren. Eine effektive Ausrichtung stellt sicher, dass Identity-Governance-Strategien Geschäftsziele unterstützen, die Sicherheit erhöhen und die digitale Transformation vorantreiben. Unternehmen, die IGA in ihre strategische Vision integrieren, können Sicherheitsrisiken reduzieren, die Compliance verbessern, das Zugriffsmanagement optimieren und gleichzeitig Innovation und Produktivität fördern.

Eines der Hauptziele jeder Organisation ist die Aufrechterhaltung der Sicherheit und der Schutz sensibler Daten. Cyber-Bedrohungen entwickeln sich ständig weiter, und identitätsbezogene Verstöße bleiben eine der Hauptursachen für Sicherheitsvorfälle. Die Ausrichtung der IGA an Sicherheitszielen hilft Unternehmen, strenge Zugriffskontrollen durchzusetzen, Benutzeraktivitäten zu überwachen und unbefugten Zugriff zu verhindern. Durch die Implementierung einer rollenbasierten Zugriffskontrolle (RBAC) und einer richtlinienbasierten Zugriffskontrolle (PBAC) können Unternehmen sicherstellen, dass Mitarbeiter, Auftragnehmer und externe Benutzer nur den Zugriff haben, den sie für ihre Aufgaben benötigen. Dies minimiert das Risiko von Privilege Creep und Insider-Bedrohungen und unterstützt gleichzeitig ein Zero-Trust-Sicherheitsmodell.

Die Einhaltung gesetzlicher Vorschriften ist ein weiterer entscheidender Faktor für die Ausrichtung von IGA auf Geschäftsziele. Viele Branchen unterliegen strengen Vorschriften wie DSGVO, HIPAA, SOX und PCI DSS, die Unternehmen zur Implementierung strenger Identity-Governance-Praktiken verpflichten. Die Nichteinhaltung dieser Vorschriften kann zu Geldstrafen, Reputationsschäden und Betriebsunterbrechungen führen. IGA-Lösungen unterstützen Unternehmen bei der Einhaltung von Compliance-Anforderungen durch die Automatisierung von Zugriffsprüfungen, die Durchsetzung von Least-Privilege-Richtlinien und die Pflege von Prüfprotokollen.

Integriert in das Governance-Framework des Unternehmens, wirken Compliance-Maßnahmen proaktiv statt reaktiv und reduzieren so die Belastung der IT- und Sicherheitsteams.

Betriebseffizienz ist ein entscheidender Faktor für die Ausrichtung von IGA auf Unternehmensziele. Herkömmliche Identitätsmanagementprozesse beinhalten oft die manuelle Zugriffsvergabe, zeitaufwändige Zugriffsanfragen und eine inkonsistente Durchsetzung von Sicherheitsrichtlinien. Diese Ineffizienzen können den Geschäftsbetrieb verlangsamen, die Kosten erhöhen und Mitarbeiter frustrieren. Die Automatisierung des Identitätslebenszyklusmanagements durch IGA optimiert die Zugriffsvergabe und -aufhebung, reduziert den Verwaltungsaufwand und stellt gleichzeitig sicher, dass Benutzer rechtzeitig Zugriff auf die benötigten Ressourcen erhalten. Durch die verbesserte Effizienz ermöglicht IGA IT-Teams, sich auf strategische Initiativen statt auf routinemäßige Identitätsmanagementaufgaben zu konzentrieren.

Initiativen zur digitalen Transformation erfordern die Einführung neuer Technologien, die Migration in Cloud-Umgebungen und die Nutzung von Remote-Mitarbeitern. Mit der Erweiterung ihrer IT-Ökosysteme muss sich die Identitätsverwaltung weiterentwickeln, um diese Veränderungen zu unterstützen. Die Ausrichtung der IGA auf die Ziele der digitalen Transformation stellt sicher, dass Unternehmen Identitäten in Hybrid- und Multi-Cloud-Umgebungen verwalten und gleichzeitig Sicherheit und Compliance gewährleisten können. IGA-Lösungen lassen sich mit Cloud-Identitätsanbietern integrieren und ermöglichen Unternehmen die Durchsetzung einheitlicher Zugriffsrichtlinien für lokale und Cloud-Anwendungen. Diese Integration ermöglicht ein nahtloses Benutzererlebnis bei gleichzeitiger Gewährleistung strenger Governance-Kontrollen.

Die Mitarbeiterproduktivität ist ein weiterer Bereich, in dem IGA mit Geschäftszielen in Einklang gebracht werden kann. Unternehmen, die Self-Service-Zugriffsmanagement implementieren, ermöglichen es ihren Mitarbeitern, ohne unnötige Verzögerungen Zugriff auf Anwendungen und Daten anzufordern. Automatisierte Genehmigungsworkflows und KI-gestützte Identitätsanalysen verbessern die Entscheidungsfindung und stellen sicher, dass Zugriffsanfragen auf Grundlage von Geschäftsrichtlinien und nicht manuell genehmigt werden. Dieser Ansatz reduziert Ausfallzeiten, beschleunigt Onboarding-Prozesse und steigert die Gesamteffizienz der Belegschaft. Indem Unternehmen ihren Mitarbeitern die Tools zur Verfügung stellen, die sie für sicheres und effizientes Arbeiten benötigen, können sie die Zusammenarbeit und Innovation verbessern.

Das Zugriffsmanagement von Drittanbietern und Auftragnehmern ist ein oft übersehener Aspekt der IGA, der sich direkt auf den Geschäftsbetrieb auswirkt. Viele Unternehmen sind auf externe Anbieter, Berater und Partner angewiesen, die Zugriff auf interne Systeme benötigen. Ohne angemessene Governance kann die Verwaltung von Drittanbieteridentitäten Sicherheitsrisiken und Compliance-Herausforderungen mit sich bringen. Die Abstimmung der IGA mit Lieferantenmanagementprozessen stellt sicher, dass Drittanbieterbenutzern die entsprechenden Zugriffsrechte entsprechend den Geschäftsanforderungen gewährt werden. Automatisiertes Provisioning und Deprovisioning reduziert das Risiko verwaister Konten, während kontinuierliches Monitoring potenzielle Sicherheitsbedrohungen im Zusammenhang mit externen Identitäten erkennt.

IGA unterstützt auch Strategien zur Geschäftskontinuität und zum Risikomanagement. Unternehmen müssen auf Störungen durch Cybervorfälle, Compliance-Verstöße oder Betriebsausfälle vorbereitet sein. Durch die Implementierung starker Identity-Governance-Kontrollen können Unternehmen schnell auf Sicherheitsbedrohungen reagieren, kompromittierte Anmeldeinformationen widerrufen und Notfallzugriffsrichtlinien durchsetzen. IGA-Lösungen mit Echtzeitüberwachung, Anomalieerkennung und automatisierter Behebung helfen Unternehmen, Risiken zu minimieren und die Geschäftskontinuität bei Sicherheitsvorfällen aufrechtzuerhalten.

Die Unternehmensführung und die Zustimmung der Geschäftsführung sind für eine erfolgreiche IGA-Implementierung unerlässlich. Wenn Identity Governance als strategischer Business Enabler und nicht als IT-gesteuerte Initiative positioniert wird, können Unternehmen die notwendigen Ressourcen und Unterstützung für die Implementierung sichern. Die Unterstützung der Geschäftsführung fördert die funktionsübergreifende Zusammenarbeit zwischen IT,

Sicherheit, Compliance und den Geschäftsbereichen und stellt sicher, dass IGA mit den übergeordneten Unternehmenszielen übereinstimmt. Die Kommunikation des Nutzens von IGA in Bezug auf Sicherheit, Compliance und betriebliche Vorteile hilft Stakeholdern, die Auswirkungen auf den Geschäftserfolg zu verstehen.

Data Governance und Identity Governance überschneiden sich häufig. Unternehmen müssen daher ihre Richtlinien für den Umgang mit sensiblen Informationen aufeinander abstimmen. Viele Geschäftsentscheidungen hängen von präzisem Datenzugriff und Datentransparenz ab. Daher ist die Durchsetzung angemessener Identitätskontrollen unerlässlich. Durch die Integration von IGA in Data-Governance-Strategien können Unternehmen sicherstellen, dass der Zugriff auf sensible Informationen auf Geschäftsrichtlinien und Sicherheitsanforderungen basiert. Dieser Ansatz reduziert das Risiko der Datenfreigabe und ermöglicht gleichzeitig datengesteuerte Entscheidungsprozesse.

Nachhaltigkeit und Skalierbarkeit sind wichtige Aspekte für Unternehmen, die ihre Identity-Governance-Strategien zukunftssicher gestalten möchten. Mit dem Wachstum von Unternehmen werden ihre Identitätsumgebungen komplexer und erfordern skalierbare Governance-Frameworks, die sich an die sich entwickelnden Anforderungen anpassen. Investitionen in KI-gestützte Identitätsanalyse, Automatisierung und Cloud-native IGA-Lösungen gewährleisten die Nachhaltigkeit der Governance. Unternehmen, die ihre Identity-Governance-Praktiken kontinuierlich weiterentwickeln, können ihre sich entwickelnden Geschäftsziele erreichen und gleichzeitig neuen Sicherheitsbedrohungen einen Schritt voraus sein.

Durch die Einbettung von IGA in die strategische Gesamtstruktur des Unternehmens können Unternehmen eine sicherheitsorientierte Unternehmenskultur schaffen, die Wachstum, Innovation und Resilienz fördert. Eine starke Identitätsverwaltung verbessert nicht nur Sicherheit und Compliance, sondern fördert auch Effizienz, Produktivität und die digitale Transformation. Wenn Unternehmen IGA als kritische Geschäftsfunktion und nicht als technische Notwendigkeit betrachten, können sie langfristigen Erfolg erzielen und gleichzeitig identitätsbezogene Risiken minimieren.

Datensicherung bei Fusionen und Übernahmen

Fusionen und Übernahmen (M&A) bieten Unternehmen erhebliche Chancen für Wachstum, Marktexpansion und betriebliche Effizienz. Sie bringen jedoch auch komplexe Cybersicherheitsrisiken mit sich, insbesondere im Hinblick auf Datensicherheit und Identitätsverwaltung. Die Integration zweier Unternehmen erfordert häufig die Konsolidierung von IT-Infrastrukturen, die Vereinheitlichung von Identitäts- und Zugriffsmanagementsystemen (IAM) und die Sicherstellung der Einhaltung gesetzlicher Rahmenbedingungen. Ohne einen strukturierten Ansatz zur Datensicherung sind Unternehmen einem erhöhten Risiko von Datenschutzverletzungen, unbefugtem Zugriff und Compliance-Verstößen ausgesetzt. Eine gut umgesetzte Strategie für Identitätsverwaltung und -administration (IGA) spielt eine entscheidende Rolle bei der Minimierung dieser Risiken und der Gewährleistung eines sicheren Übergangs bei M&A-Aktivitäten.

Herausforderungen hinsichtlich der Datensicherheit treten in den verschiedenen Phasen einer M&A-Transaktion auf. Während der Due-Diligence-Phase müssen Unternehmen die Sicherheitslage des Zielunternehmens bewerten, Schwachstellen identifizieren und die potenziellen Risiken der Datenintegration bewerten. Zu übernehmende Unternehmen verfügen möglicherweise über veraltete Sicherheitskontrollen, unzureichende IAM-Richtlinien oder mangelhafte Datenverwaltungspraktiken, die Risiken für das übernehmende Unternehmen mit sich bringen können. Eine umfassende Sicherheitsbewertung, einschließlich Identitäts- und Zugriffsprüfungen, hilft, Fehlkonfigurationen, übermäßige Berechtigungen und potenzielle Datenrisiken vor Beginn des Integrationsprozesses aufzudecken.

Sobald die Übernahme abgeschlossen ist, besteht die nächste Herausforderung darin, Benutzeridentitäten zu konsolidieren und zu sichern. Beide Organisationen verfügen typischerweise über separate IAM- und IGA-Systeme, was zu überlappenden Identitäten, doppelten Konten und inkonsistenten Zugriffsrichtlinien führt. Ohne entsprechende Governance können Mitarbeiter unbefugten Zugriff auf Systeme behalten und so Sicherheitslücken schaffen, die Angreifer ausnutzen können. IGA-Lösungen erleichtern den Identitätsabgleich durch Standardisierung der Zugriffsrichtlinien, Entfernung redundanter Konten und Durchsetzung des Prinzips der geringsten Privilegien. Durch die Zentralisierung der Identitätsverwaltung erhalten Organisationen einen besseren Überblick darüber, wer auf welche Systeme Zugriff hat, und reduzieren so das Risiko von Insider-Bedrohungen und Anmeldeinformationsmissbrauch.

Die Bereitstellung und Deaktivierung von Zugriffsrechten ist bei Fusionen und Übernahmen entscheidend. Mitarbeiter des übernommenen Unternehmens benötigen möglicherweise sofortigen Zugriff auf gemeinsam genutzte Systeme, Cloud-Anwendungen und wichtige Geschäftsressourcen. Gleichzeitig benötigen bestimmte Benutzer möglicherweise eingeschränkten Zugriff, da Rollen neu definiert werden. Die Automatisierung von Bereitstellungsprozessen stellt sicher, dass der Zugriff entsprechend den Geschäftsanforderungen und unter Einhaltung der Sicherheitsrichtlinien gewährt wird. Ebenso reduziert die rechtzeitige Deaktivierung unnötiger oder redundanter Konten die Angriffsfläche und verhindert unbefugten Datenzugriff.

Privileged Access Management (PAM) spielt eine entscheidende Rolle beim Schutz sensibler Daten bei Fusionen und Übernahmen. IT-Administratoren, Sicherheitsteams und Führungskräfte beider Unternehmen benötigen möglicherweise vorübergehend privilegierten Zugriff, um Integrationsaufgaben abzuschließen, Daten zu migrieren und Sicherheitseinstellungen zu konfigurieren. Ohne entsprechende Kontrolle werden privilegierte Konten zu bevorzugten Zielen für Cyberangriffe und Insider-Bedrohungen. Die Implementierung von Just-in-Time-Zugriff (JIT) und Sitzungsüberwachung stellt sicher, dass privilegierte Anmeldeinformationen nur bei Bedarf verwendet und auf Anomalien überwacht werden. Die Überwachung privilegierter Aktivitäten hilft, verdächtiges Verhalten zu erkennen und die allgemeine Sicherheit zu stärken.

Datenklassifizierungs- und -schutzstrategien müssen zwischen den fusionierenden Einheiten abgestimmt werden. Unternehmen verarbeiten verschiedene Arten sensibler Daten, darunter Kundeninformationen, Finanzunterlagen, geistiges Eigentum und proprietäre Geschäftsdaten. Unterschiede in den Datenverwaltungsrichtlinien können zu Inkonsistenzen bei der Speicherung, Weitergabe und Sicherung sensibler Daten führen. Die Harmonisierung von Datenklassifizierungsrahmen gewährleistet den einheitlichen Schutz kritischer Daten in beiden Unternehmen. Die Implementierung von Verschlüsselung, Zugriffskontrollen und Data Loss Prevention (DLP)-Lösungen reduziert das Risiko unbefugter Offenlegung und Datenlecks.

Die Einhaltung gesetzlicher Vorschriften erhöht die Komplexität der Cybersicherheit bei Fusionen und Übernahmen zusätzlich. Unternehmen müssen sicherstellen, dass ihre Datenverarbeitungspraktiken branchenspezifischen Vorschriften wie DSGVO, HIPAA, SOX und PCI DSS entsprechen. Verstöße können zu rechtlichen Sanktionen, finanziellen Verlusten und Reputationsschäden führen. Compliance-Audits, die Abbildung gesetzlicher Verpflichtungen in beiden Unternehmen und die Standardisierung von Sicherheitsrichtlinien tragen dazu bei, die Compliance während der gesamten Übergangsphase sicherzustellen. IGA-Lösungen erleichtern die Compliance durch die Automatisierung von Zugriffszertifizierungen, die Verfolgung von Identitätsänderungen und die Erstellung von Prüfberichten, die die Einhaltung gesetzlicher Vorschriften nachweisen.

Die Integration der Cloud-Sicherheit ist eine weitere Herausforderung, die bei Fusionen und Übernahmen bewältigt werden muss. Viele Unternehmen setzen auf Cloud-basierte Anwendungen und hybride Infrastrukturen, was zu unterschiedlichen Sicherheitsmodellen verschiedener Cloud-Anbieter führt. Für die Datensicherheit ist es unerlässlich, sicherzustellen, dass Identity-Governance-Richtlinien auch Cloud-Plattformen, SaaS-Anwendungen und Multi-Cloud-Umgebungen abdecken. Die Integration von Cloud-IAM-Lösungen, die Durchsetzung der Multi-Faktor-Authentifizierung (MFA) und die Implementierung eines föderierten Identitätsmanagements tragen zu einer einheitlichen Sicherheitslage bei.

Schulungen und Sensibilisierungsmaßnahmen für Benutzer unterstützen einen sicheren M&A-Prozess, indem sie das Risiko menschlicher Fehler reduzieren. Mitarbeiter beider Organisationen müssen neue Sicherheitsrichtlinien, Zugriffsprotokolle und Datenschutzmaßnahmen verstehen, um versehentliche Datenfreigabe oder Sicherheitsfehlkonfigurationen zu verhindern. Sicherheitsworkshops, die Bereitstellung von Self-Service-Identitätsmanagement-Tools und die Stärkung bewährter Sicherheitspraktiken befähigen Mitarbeiter, Governance-Richtlinien effektiv einzuhalten.

Die Planung der Reaktion auf Vorfälle sollte bei Fusionen und Übernahmen Priorität haben. Sicherheitsvorfälle wie Datenlecks, unberechtigte Zugriffsversuche und Phishing-Angriffe nehmen während IT-Übergängen häufig zu. Unternehmen müssen Rahmenbedingungen für die Reaktion auf Vorfälle schaffen, die Rollen, Eskalationsverfahren und Kommunikationsprotokolle für den Fall von Sicherheitsverletzungen definieren. Echtzeitüberwachung, Anomalieerkennung und Threat Intelligence liefern Frühwarnsignale für potenzielle Sicherheitsbedrohungen und ermöglichen Unternehmen, schnell zu reagieren und Risiken zu minimieren.

Zero-Trust-Sicherheitsprinzipien verbessern den Datenschutz bei Fusionen und Übernahmen (M&A-Prozessen) durch kontinuierliche Authentifizierung und Verifizierung. Anstatt Vertrauen basierend auf Benutzeranmeldeinformationen oder Netzwerkstandort anzunehmen, stellt Zero Trust sicher, dass alle Zugriffsanfragen anhand von Risikobewertungen, der Gerätesicherheit und kontextbezogenen Attributen überprüft werden. Die Anwendung von Zero Trust auf die Identitätsverwaltung hilft, unbefugten Zugriff zu verhindern und ermöglicht gleichzeitig die sichere Zusammenarbeit zwischen fusionierenden Unternehmen.

Eine strukturierte Sicherheitsüberprüfung nach der Fusion stellt sicher, dass alle Identity-Governance-Richtlinien, Zugriffskontrollen und Sicherheitsmaßnahmen vollständig integriert sind. Unternehmen sollten nach der Integration Sicherheitsbewertungen durchführen, Audit-Protokolle prüfen und die Compliance validieren. Das Erkennen und Beheben von Sicherheitslücken nach Abschluss der Fusion stärkt die langfristige Sicherheitslage und reduziert Restrisiken. Durch die kontinuierliche Weiterentwicklung von Sicherheitsrichtlinien, die Verbesserung von Identity-Governance-Frameworks und die Anpassung an sich entwickelnde Cyber-Bedrohungen können Unternehmen einen sicheren und reibungslosen M&A-Übergang gewährleisten.

Vorfallreaktion und forensische Analyse in IGA

Incident Response und forensische Analysen spielen eine entscheidende Rolle bei Identity Governance and Administration (IGA). Sie stellen sicher, dass Unternehmen Sicherheitsvorfälle im Zusammenhang mit Identitäts- und Zugriffsmanagement erkennen, untersuchen und entschärfen können. Angesichts immer raffinierterer Cyberbedrohungen müssen Unternehmen schnell auf identitätsbasierte Angriffe, unbefugte Zugriffsversuche und Compliance-Verstöße reagieren können. Eine gut definierte Incident-Response-Strategie in Kombination mit forensischen Fähigkeiten stärkt die Sicherheitslage, minimiert die Auswirkungen von Sicherheitsverletzungen und unterstützt Unternehmen bei der Einhaltung gesetzlicher Vorschriften.

Identitätsbezogene Vorfälle können viele Formen annehmen, darunter unbefugter Zugriff, Rechteerweiterung, Diebstahl von Anmeldeinformationen, Insider-Bedrohungen und Kontokompromittierung. Ein robuster Incident-Response-Plan stellt sicher, dass Sicherheitsteams verdächtige Aktivitäten erkennen, Bedrohungen eindämmen und den normalen Betrieb ohne Unterbrechung wiederherstellen können. Eine effektive Reaktion beginnt mit der Echtzeitüberwachung identitätsbezogener Aktivitäten. Dabei kommen IGA-Lösungen zum Einsatz, die in SIEM-Systeme (Security Information and Event Management) integriert sind, um Authentifizierungsprotokolle, Zugriffsanfragen und Richtlinienverstöße zu analysieren.

Die Erkennung ist der erste Schritt bei der Reaktion auf Vorfälle und erfordert eine kontinuierliche Überwachung des Benutzerverhaltens und der Zugriffsmuster. Anomale Aktivitäten wie wiederholte fehlgeschlagene Anmeldeversuche, Zugriffe von unbekannten Standorten oder unbefugte Rechteerweiterungen dienen als Indikatoren für potenzielle Sicherheitsvorfälle. Künstliche Intelligenz und maschinelles Lernen verbessern die Erkennungsfähigkeiten, indem sie Verhaltensgrundlagen analysieren und Abweichungen kennzeichnen, die auf böswillige Absichten hindeuten. Bei Erkennung eines Vorfalls werden Sicherheitsteams durch automatisierte Warnmeldungen benachrichtigt und lösen vordefinierte Reaktions-Workflows aus, um Risiken zu minimieren, bevor sie eskalieren.

Eindämmung ist entscheidend, um die Ausbreitung von Sicherheitsvorfällen in der IT-Infrastruktur eines Unternehmens zu verhindern. Sobald ein verdächtiges identitätsbezogenes Ereignis bestätigt wird, müssen sofortige Maßnahmen ergriffen werden, um die Bewegungsfreiheit des Angreifers einzuschränken. Dies kann den Widerruf kompromittierter Anmeldeinformationen, die Deaktivierung betroffener Konten, die Durchsetzung einer verstärkten Authentifizierung oder die vorübergehende Einschränkung des Zugriffs auf sensible Systeme umfassen. Privileged Access Management (PAM)-Lösungen spielen eine wichtige Rolle bei der Eindämmung, indem sie sicherstellen, dass risikoreiche Konten genau überwacht und der Zugriff auf Grundlage von Echtzeit-Risikobewertungen eingeschränkt wird.

Bei der Beseitigung geht es darum, die Ursache des Vorfalls zu beseitigen und sicherzustellen, dass Angreifer Schwachstellen im Zusammenhang mit der Identitätsverwaltung nicht mehr ausnutzen können. Dazu müssen Sicherheitsteams Protokolle analysieren, Zugriffskontrollrichtlinien überprüfen und Sicherheitslücken schließen, die den Angriff ermöglicht haben. Bei kompromittierten Anmeldeinformationen sind Passwortzurücksetzungen und die Durchsetzung der Multi-Faktor-Authentifizierung (MFA) erforderlich, um zukünftigen unbefugten Zugriff zu verhindern. Darüber hinaus müssen Unternehmen ihre Identitätsverwaltungsrichtlinien aktualisieren, um die Sicherheitskontrollen zu stärken und ähnliche Vorfälle zu verhindern.

Bei der Wiederherstellung steht die Wiederherstellung des Normalbetriebs im Mittelpunkt, während gleichzeitig die Wirksamkeit der Sicherheitskontrollen gewährleistet bleibt. Unternehmen müssen sicherstellen, dass betroffene Identitäten ordnungsgemäß wiederhergestellt und Zugriffsrechte korrekt wiederhergestellt wurden, ohne neue Schwachstellen zu schaffen. Zugriffsüberprüfungsprozesse stellen sicher, dass Benutzer nur die für ihre Rollen erforderlichen Berechtigungen behalten. Dies verhindert eine Ausweitung der Berechtigungen und stellt die Einhaltung des Least-Privilege-Prinzips sicher. Durch eine Überprüfung nach einem Vorfall können Unternehmen die Effektivität der Reaktion bewerten und die Sicherheitsrichtlinien anhand der gewonnenen Erkenntnisse optimieren.

Forensische Analysen sind ein wesentlicher Bestandteil der IGA-Vorfallreaktion und bieten Unternehmen detaillierte Einblicke in Sicherheitsereignisse. Die digitale Forensik umfasst das Sammeln, Analysieren und Aufbewahren identitätsbezogener Daten, um den Ablauf der Ereignisse zu ermitteln, die zu einem Vorfall geführt haben. IGA-Lösungen bieten umfassende Prüfprotokolle, die Benutzeraktivitäten, Zugriffsänderungen und Authentifizierungsversuche protokollieren. So können forensische Ermittler Angriffsverläufe rekonstruieren und die von Angreifern verwendeten Taktiken, Techniken und Verfahren (TTPs) identifizieren.

Die Protokollanalyse spielt eine entscheidende Rolle bei forensischen Untersuchungen und hilft Sicherheitsteams, Muster für unbefugten Zugriff und Privilegienmissbrauch zu erkennen. Durch die Korrelation von IGA-Protokollen mit SIEM-Daten erhalten Unternehmen ein tieferes Verständnis dafür, wie Angreifer durch Systeme navigierten, welche Konten kompromittiert wurden und welche Daten möglicherweise offengelegt wurden. Erweiterte Identitätsanalysen verbessern die forensischen Fähigkeiten, indem sie versteckte Bedrohungen erkennen, bisher unentdeckte Zugriffsanomalien identifizieren und kontextbezogene Risikobewertungen bereitstellen.

Um gesetzliche Vorschriften einzuhalten, müssen Unternehmen detaillierte Aufzeichnungen über Sicherheitsvorfälle und forensische Untersuchungen führen. Vorschriften wie DSGVO, HIPAA und SOX schreiben strenge Kontrollen der Identitätsverwaltung und Prüfberichte vor. Unternehmen müssen daher nachweisen, wie sie identitätsbezogene Bedrohungen erkennen, darauf reagieren und diese eindämmen. IGA-Lösungen erleichtern die Einhaltung der Vorschriften, indem sie die Vorfalldokumentation automatisieren, forensische Berichte erstellen und sicherstellen, dass die Zugriffsprüfungsprozesse den gesetzlichen Standards entsprechen. Unternehmen müssen forensische Daten über einen längeren Zeitraum aufbewahren, um rechtliche Untersuchungen und Compliance-Audits zu unterstützen.

Proaktive Maßnahmen wie regelmäßige Penetrationstests und Red-Team-Übungen stärken die Reaktion auf Vorfälle und die forensischen Fähigkeiten durch die Simulation realer Angriffe. Diese Bewertungen helfen Unternehmen, Schwachstellen in Identity-Governance-Frameworks zu identifizieren, Erkennungs- und Reaktionsmechanismen zu testen und Sicherheitsrichtlinien zu verfeinern. Durch die kontinuierliche Bewertung der IGA-Sicherheitslage können Unternehmen ihre Reaktionsfähigkeit auf neue Bedrohungen verbessern und die Reaktionszeiten bei Vorfällen verkürzen.

Die Zusammenarbeit zwischen Sicherheitsteams, IT-Administratoren und Compliance-Beauftragten ist für eine effektive Vorfallsreaktion und forensische Analyse in IGA unerlässlich. Die Einrichtung klarer Kommunikationskanäle, die Definition von Eskalationsverfahren und regelmäßige Schulungen zur Vorfallsreaktion stellen sicher, dass die Beteiligten auf identitätsbezogene Vorfälle vorbereitet sind. Die funktionsübergreifende Zusammenarbeit stärkt das Sicherheitsbewusstsein, fördert eine Kultur der Verantwortlichkeit und verbessert die Effizienz der Vorfallsbearbeitung insgesamt.

Da identitätsbasierte Angriffe immer häufiger und ausgefeilter werden, müssen Unternehmen proaktiv auf Vorfälle reagieren und forensische Analysen durchführen. Durch die Implementierung fortschrittlicher Erkennungsfunktionen, die Automatisierung von Reaktions-Workflows und die Nutzung forensischer Erkenntnisse können Unternehmen ihre Identity-Governance-Frameworks stärken und kritische Ressourcen schützen. Durch die kontinuierliche Weiterentwicklung von Strategien zur Reaktion auf Vorfälle und forensischen Untersuchungsprozessen können Unternehmen die Auswirkungen von Sicherheitsvorfällen minimieren und eine robuste Identitätssicherheit aufbauen.

Fallstudien: Erfolgreiche IGA-Implementierungen

Identity Governance and Administration (IGA) ist ein Eckpfeiler moderner Sicherheitsrahmen und ermöglicht Unternehmen die Verwaltung digitaler Identitäten, die Durchsetzung von Zugriffsrichtlinien und die Einhaltung gesetzlicher Vorschriften. Erfolgreiche IGA-Implementierungen liefern Praxisbeispiele, wie Unternehmen verschiedener Branchen ihre Sicherheit gestärkt, ihre Effizienz verbessert und identitätsbezogene Risiken minimiert haben. Diese Fallstudien veranschaulichen die Auswirkungen erfolgreich umgesetzter IGA-Implementierungen und zeigen Best Practices, Herausforderungen und Ergebnisse auf.

Ein führendes globales Finanzinstitut stand vor großen Herausforderungen bei der Verwaltung des Mitarbeiterzugriffs auf kritische Bankanwendungen. Das Unternehmen setzte auf manuelle Zugriffsbereitstellungs- und Zertifizierungsprozesse, was zu Verzögerungen, Compliance-Risiken und Auditmängeln führte. Da Finanzvorschriften wie SOX und PCI DSS strenge Zugriffskontrollen vorschreiben, benötigte die Bank eine Lösung zur Automatisierung des Identitätsmanagements, zur Reduzierung menschlicher Fehler und zur Verbesserung der Sicherheitsüberwachung.

Die Implementierung einer unternehmensweiten IGA-Lösung automatisierte die Bereitstellung und Deaktivierung von Benutzerkonten basierend auf Rollen und Unternehmensrichtlinien. Die rollenbasierte Zugriffskontrolle (RBAC) stellte sicher, dass Mitarbeiter nur die erforderlichen Berechtigungen erhielten, wodurch übermäßige Privilegien und unbefugter Zugriff verhindert wurden. Automatisierte Workflows zur Zugriffszertifizierung ermöglichten es

Managern, regelmäßige Überprüfungen effizient durchzuführen und sicherzustellen, dass alle Zugriffsrechte berechtigt und konform blieben. Durch die Integration von IGA in das HR-System des Unternehmens verlief das On- und Offboarding von Benutzern reibungslos, wodurch sich der Zeitaufwand für die Gewährung oder den Entzug von Tagen auf Minuten reduzierte. Das Ergebnis war eine Reduzierung der manuellen Zugriffsaufgaben um 70 %, eine verbesserte Einhaltung gesetzlicher Vorschriften und eine deutliche Verringerung der Audit-Befunde im Zusammenhang mit dem Identitätsmanagement.

Im Gesundheitswesen hatte ein großes Krankenhausnetzwerk Schwierigkeiten, den Zugriff Tausender Ärzte, Pflegekräfte und Verwaltungsmitarbeiter in verschiedenen Einrichtungen zu verwalten. Die Komplexität des sicheren Zugriffs auf elektronische Patientenakten (EHR), medizinische Geräte und Cloud-Anwendungen stellte ein ernstes Risiko für die Sicherheit der Patientendaten dar. Die Einhaltung der HIPAA-Vorschriften erforderte strenge Identitätskontrollen, um unbefugten Zugriff auf vertrauliche medizinische Informationen zu verhindern.

Um diese Herausforderungen zu bewältigen, implementierte das Krankenhaus eine zentralisierte IGA-Lösung, die automatisiertes Identitätslebenszyklusmanagement, Echtzeit-Zugriffsüberwachung und detaillierte Berechtigungskontrollen ermöglichte. Die Implementierung umfasste die Nutzung der Multi-Faktor-Authentifizierung (MFA) für Hochrisikoanwendungen und automatisierte Rollenzuweisungen basierend auf den jeweiligen Tätigkeitsbereichen. Ärzte und Pflegekräfte erhielten zeitnahen Zugriff auf Patientenakten basierend auf ihren Schichtplänen, wodurch der unnötige Zugriff auf sensible Daten reduziert wurde. Das IGA-System ermöglichte zudem die Echtzeit-Zugriffssperre bei Ausscheiden oder Rollenwechseln von Mitarbeitern. Dadurch wurde sichergestellt, dass ehemalige Mitarbeiter keinen Zugriff mehr auf vertrauliche Patientendaten hatten. Die Ergebnisse nach der Implementierung zeigten eine Verbesserung der Compliance-Audit-Ergebnisse um 60 %, reduzierte Risiken durch Insider-Bedrohungen und eine verbesserte Benutzereffizienz durch den Wegfall redundanter Genehmigungen von Zugriffsanfragen.

Ein multinationales Produktionsunternehmen mit Niederlassungen in mehreren Ländern hatte Schwierigkeiten, den Zugriff Dritter zu verwalten. Das Unternehmen war auf zahlreiche Lieferanten, Zulieferer und Auftragnehmer angewiesen, die vorübergehenden Zugriff auf interne Systeme benötigten. Die Nachverfolgung und Sperrung dieser Zugriffe erfolgte jedoch inkonsistent. Infolgedessen blieben inaktive und verwaiste Konten auch lange nach Ablauf der Lieferantenverträge aktiv, was erhebliche Sicherheitslücken verursachte.

Das Unternehmen implementierte eine IGA-Lösung mit Schwerpunkt auf der Identity Governance von Drittanbietern. Das neue System führte automatisierte Workflows für die Gewährung temporärer Zugriffe mit vordefinierten Ablaufdaten ein. Nach Ablauf von Lieferantenverträgen wurde der Zugriff automatisch widerrufen, sofern er nicht ausdrücklich durch einen Genehmigungsprozess verlängert wurde. Zusätzlich umfasste die Lösung KI-gestützte Risikoanalysen zur Überwachung des Zugriffsverhaltens von Drittanbietern und zur Erkennung verdächtiger Aktivitäten. Durch die Einführung eines zentralisierten Identity-Governance-Frameworks reduzierte das Unternehmen die Sicherheitsrisiken externer Benutzer um 80 % und optimierte die Überprüfung von Drittanbieterzugriffen, wodurch der Verwaltungsaufwand um die Hälfte reduziert wurde.

Eine für die Verarbeitung von Bürgerdaten zuständige Regierungsbehörde hatte anhaltende Probleme mit dem Identitätsabgleich und der Einhaltung von Vorschriften. Verschiedene Abteilungen nutzten unabhängige Identitätsmanagementsysteme. Dies führte zu doppelten Konten, inkonsistenten Zugriffsrichtlinien und Verstößen gegen gesetzliche Vorschriften. Der fragmentierte Ansatz erschwerte die Durchsetzung des Least-Privilege-Prinzips und die Durchführung effektiver Audits.

Um die Identitätsverwaltung abteilungsübergreifend zu vereinheitlichen, implementierte die Behörde eine IGA-Lösung, die Identitätsdatensätze konsolidierte, Zugriffsrichtlinien standardisierte und einheitliche Sicherheitskontrollen durchsetzte. KI-gestützte Identitätsanalysen halfen dabei, redundante oder widersprüchliche Benutzerberechtigungen zu erkennen und sicherzustellen, dass die Zugriffsrechte den Richtlinien entsprachen. Automatisierte

Compliance-Berichte vereinfachten den Audit-Prozess und reduzierten den Zeitaufwand für die regulatorische Berichterstattung um 50 %. Die Behörde implementierte außerdem Privileged Access Management (PAM)-Kontrollen, um Administratorkonten zu schützen und unbefugte Systemänderungen zu verhindern. Dadurch gingen Compliance-Verstöße deutlich zurück, und die Behörde erreichte eine transparentere und sicherere Identitätsmanagementstruktur.

Ein großes Einzelhandelsunternehmen, das sich in einer rasanten digitalen Transformation befand, stand vor der Herausforderung, den Mitarbeiterzugriff auf eine wachsende Zahl von Cloud-Anwendungen zu sichern. Das traditionelle lokale Identitätsmanagementsystem war nicht mit Cloud-basierten Diensten integriert, was zu ineffizienter Benutzerbereitstellung und erhöhten Sicherheitslücken führte. Mitarbeiter hatten häufig mit mehreren Anmeldedaten zu kämpfen, was zu einer schlechten Benutzererfahrung und höheren IT-Supportkosten führte.

Durch den Einsatz einer Cloud-nativen IGA-Lösung konnte der Einzelhändler Identity Governance sowohl in lokale als auch in Cloud-Anwendungen integrieren. Single Sign-On (SSO) und föderiertes Identitätsmanagement reduzierten den Anmeldeaufwand, steigerten die Mitarbeiterproduktivität und reduzierten Helpdesk-Anfragen im Zusammenhang mit Passwortzurücksetzungen um 40 %. Automatisierte Zugriffsrichtlinien stellten sicher, dass Benutzer die richtigen Berechtigungen für Cloud-Anwendungen erhielten, und Echtzeitüberwachung sorgte für Transparenz bei den Zugriffsaktivitäten. Der Einzelhändler implementierte außerdem Richtlinien für bedingten Zugriff, die den Zugriff auf kritische Anwendungen basierend auf Benutzerrisikoprofilen und Verhaltensanalysen einschränken. Zu den Vorteilen nach der Implementierung gehörten verbesserte Sicherheit, schnelleres Benutzer-Onboarding und eine höhere betriebliche Effizienz bei der Verwaltung cloudbasierter Identitäten.

Jede dieser Fallstudien zeigt die transformative Wirkung von IGA, wenn es auf die organisatorischen Bedürfnisse abgestimmt ist. Durch Automatisierung, die Durchsetzung rollenbasierter Richtlinien und die Integration KI-gestützter Erkenntnisse konnten Unternehmen branchenübergreifend ihre Sicherheit stärken, die Compliance verbessern und ihre Identitätsmanagementprozesse optimieren. Ein strategischer Ansatz bei der IGA-Implementierung minimiert nicht nur identitätsbezogene Risiken, sondern verbessert auch die allgemeine Geschäftsflexibilität und -effizienz in einer sich entwickelnden digitalen Landschaft.

IGA im Finanzdienstleistungssektor

Identity Governance and Administration (IGA) ist ein entscheidender Bestandteil der Sicherheit und Einhaltung gesetzlicher Vorschriften im Finanzdienstleistungssektor. Finanzinstitute verwalten große Mengen sensibler Daten, darunter Kundendaten, Transaktionsdetails und Finanzanlagen. Angesichts zunehmender Cyber-Bedrohungen, strenger regulatorischer Anforderungen und komplexer IT-Umgebungen stellt eine effektive Identity Governance sicher, dass nur autorisierte Personen Zugriff auf kritische Systeme haben. Dies minimiert die Risiken durch unbefugten Zugriff, Betrug und Datenschutzverletzungen. Eine gut implementierte IGA-Strategie erhöht die Sicherheit, optimiert die Compliance und verbessert die betriebliche Effizienz von Finanzorganisationen.

Die Einhaltung gesetzlicher Vorschriften ist ein Hauptgrund für die Einführung von IGA im Finanzdienstleistungssektor. Institute müssen Branchenvorschriften wie den Sarbanes-Oxley Act (SOX), den Gramm-Leach-Bliley Act (GLBA), den Payment Card Industry Data Security Standard (PCI DSS) und die Datenschutz-Grundverordnung (DSGVO) der Europäischen Union einhalten. Diese Vorschriften erfordern strenge Kontrollen der Benutzeridentitäten, Zugriffsrechte und Prüfberichte. IGA-Lösungen unterstützen Finanzorganisationen bei der Einhaltung der Vorschriften, indem sie Zugriffsprüfungen automatisieren, Prüfprotokolle führen und sicherstellen, dass die Identitätsmanagementrichtlinien den gesetzlichen Vorgaben entsprechen.

Zugriffskontrolle und die Durchsetzung des Prinzips der geringsten Berechtigungen sind für die Sicherung von Finanzdaten unerlässlich. Mitarbeiter, Auftragnehmer und Drittanbieter benötigen Zugriff auf verschiedene Banksysteme, Zahlungsplattformen und Finanzanwendungen. Ohne angemessene Governance können Benutzer im Laufe der Zeit übermäßige Berechtigungen anhäufen, was zu einem erhöhten Betrugsrisiko oder Insider-Bedrohungen führt. Mechanismen der rollenbasierten Zugriffskontrolle (RBAC) und der richtlinienbasierten Zugriffskontrolle (PBAC) unterstützen Finanzinstitute dabei, geeignete Berechtigungen basierend auf den jeweiligen Aufgabenbereichen zu erteilen und gleichzeitig unbefugten Zugriff zu verhindern. Automatisierte Bereitstellungs- und Debereitstellungsprozesse gewährleisten die Zuweisung und Aufhebung von Zugriffsrechten in Echtzeit und reduzieren so die Wahrscheinlichkeit von verwaisten oder verlorenen Konten.

Privileged Access Management (PAM) spielt eine entscheidende Rolle in finanziellen IGA-Frameworks. Privilegierte Benutzer, wie Systemadministratoren und Finanzmanager, verfügen häufig über erweiterte Berechtigungen, die ihnen Zugriff auf kritische Infrastrukturen und Transaktionsverarbeitungssysteme gewähren. Cyberkriminelle zielen häufig auf privilegierte Konten ab, um betrügerische Transaktionen durchzuführen oder Finanzgeschäfte zu stören. Die Integration von PAM in IGA-Lösungen ermöglicht es Unternehmen, Just-in-Time-Zugriff zu erzwingen, Multi-Faktor-Authentifizierung (MFA) zu implementieren und privilegierte Sitzungen in Echtzeit zu überwachen. Dieser Ansatz minimiert die Angriffsfläche und stellt gleichzeitig sicher, dass privilegierter Zugriff nur bei Bedarf gewährt wird.

Betrugsprävention und Risikomanagement sind zentrale Aspekte im Finanzdienstleistungssektor. Identitätsbasierter Betrug, einschließlich Kontoübernahmen, Insiderhandel und nicht autorisierten Geldtransfers, stellt eine erhebliche Bedrohung für Institute und ihre Kunden dar. KI-gestützte Identitätsanalysen verbessern IGA, indem sie Anomalien im Nutzerverhalten erkennen, verdächtige Transaktionen kennzeichnen und Abweichungen von normalen Zugriffsmustern identifizieren. Kontinuierliche Überwachung und Echtzeit-Risikobewertung ermöglichen es Finanzorganisationen, proaktiv auf potenzielle Sicherheitsvorfälle zu reagieren, bevor diese zu umfassenden Sicherheitsverletzungen eskalieren.

Das Zugriffsmanagement von Drittanbietern und Lieferanten erfordert strenge Governance-Kontrollen in Finanzinstituten. Viele Unternehmen sind auf externe Dienstleister, Berater und Softwareanbieter angewiesen, die Zugriff auf Banksysteme und Kundendatenbanken benötigen. Ohne einen strukturierten Ansatz für die Verwaltung von Drittanbieteridentitäten riskieren Finanzinstitute, sensible Daten Unbefugten zugänglich zu machen. Die Durchsetzung strenger Onboarding-Prozesse, regelmäßige Zugriffsüberprüfungen und die Implementierung zeitlich begrenzter Zugriffsrichtlinien tragen dazu bei, die mit externen Benutzern verbundenen Risiken zu minimieren. Lösungen zur Identitätsföderation und Single Sign-On (SSO) erhöhen die Sicherheit zusätzlich, indem sie sicherstellen, dass der Zugriff von Drittanbietern denselben Governance-Standards unterliegt wie der Zugriff interner Mitarbeiter.

Die Cloud-Nutzung im Finanzdienstleistungssektor bringt zusätzliche Herausforderungen für die Identitätsverwaltung mit sich. Viele Institute wechseln zu cloudbasierten Kernbankensystemen, digitalen Zahlungsplattformen und Finanzanalysetools. Die Verwaltung von Identitäten in lokalen und Cloud-Umgebungen erfordert einen einheitlichen Governance-Ansatz, um konsistente Zugriffsrichtlinien, Sicherheitskontrollen und Compliance-Berichte zu gewährleisten. IGA-Lösungen, die mit Cloud-Identitätsanbietern integriert sind, ermöglichen eine nahtlose Identitätssynchronisierung, ein zentralisiertes Zugriffsmanagement und die automatisierte Durchsetzung von Cloud-Sicherheitsrichtlinien.

Das Kundenidentitäts- und Zugriffsmanagement (CIAM) ist ein weiterer wichtiger Aspekt von IGA im Finanzdienstleistungsbereich. Banken und Finanzinstitute müssen einen sicheren und reibungslosen Zugang zu digitalen Bankdienstleistungen gewährleisten und gleichzeitig Kundendaten vor Betrug und Identitätsdiebstahl schützen. Die Implementierung starker Authentifizierungsmechanismen wie biometrischer Verifizierung und adaptiver Authentifizierung trägt dazu bei, unbefugten Zugriff zu verhindern. IGA-Lösungen verbessern CIAM, indem sie sicherstellen, dass Kundenidentitäten sicher verwaltet, Zugriffsanfragen validiert und betrügerische Aktivitäten frühzeitig erkannt werden.

Die Reaktion auf Vorfälle und die Eindämmung von Sicherheitsverletzungen hängen von einer effektiven Identitätsverwaltung ab. Finanzinstitute müssen auf identitätsbezogene Sicherheitsvorfälle wie die Kompromittierung von Anmeldeinformationen oder den Missbrauch von Berechtigungen vorbereitet sein. Ein gut strukturiertes IGA-Framework ermöglicht eine schnelle Reaktion durch automatische Sperrung des Zugriffs auf kompromittierte Konten, die Durchsetzung einer verstärkten Authentifizierung für risikoreiche Transaktionen und die Erstellung detaillierter Prüfprotokolle für forensische Untersuchungen. Automatisierte Abhilfe-Workflows verkürzen die Reaktionszeiten bei Vorfällen und minimieren gleichzeitig finanzielle Schäden und Reputationsschäden.

IGA unterstützt auch Initiativen zur digitalen Transformation im Finanzdienstleistungssektor. Da Institute zunehmend auf künstliche Intelligenz, Blockchain und Fintech-Integrationen setzen, stellt Identity Governance sicher, dass neue Technologien den Sicherheits- und Compliance-Anforderungen entsprechen. Automatisiertes Identity Lifecycle Management vereinfacht Onboarding- und Offboarding-Prozesse und ermöglicht Finanzorganisationen eine effiziente Skalierung unter Einhaltung bewährter Sicherheitspraktiken. Durch die Einbindung von IGA in digitale Innovationsstrategien können Finanzinstitute das Kundenvertrauen stärken, Abläufe optimieren und identitätsbezogene Risiken reduzieren.

Ein proaktiver IGA-Ansatz stärkt die Sicherheit, die Einhaltung gesetzlicher Vorschriften und die betriebliche Effizienz im Finanzdienstleistungsbereich. Durch die Integration von Automatisierung, KI-gestützter Identitätsanalyse und strengen Zugriffskontrollen können Finanzinstitute sensible Daten schützen, Betrug verhindern und die Einhaltung sich entwickelnder Vorschriften gewährleisten. Identity Governance bleibt ein Eckpfeiler der finanziellen Cybersicherheit und ermöglicht es Unternehmen, die digitale Transformation zu meistern und gleichzeitig ihre wertvollsten Vermögenswerte zu schützen.

IGA im Gesundheitswesen und in der Pharmaindustrie

Identity Governance und -Administration (IGA) ist ein entscheidender Bestandteil der Sicherheit und Compliance im Gesundheitswesen und der Pharmabranche. Unternehmen dieser Branchen verarbeiten große Mengen sensibler Daten, darunter Patientenakten, klinische Forschungsergebnisse, Arzneimittelformulierungen und geistiges Eigentum. Der Bedarf an robuster Identity Governance ergibt sich aus der Komplexität der Zugriffsverwaltung für medizinisches Fachpersonal, Forscher, Verwaltungspersonal und Drittanbieter bei gleichzeitiger Einhaltung strenger gesetzlicher Vorschriften. Eine effektive IGA-Implementierung erhöht die Sicherheit, verbessert die Betriebseffizienz und unterstützt die Einhaltung von Vorschriften wie HIPAA, DSGVO und FDA 21 CFR Part 11.

Die Gesundheitsbranche steht aufgrund ihrer dynamischen Belegschaft vor besonderen Herausforderungen im Identitäts- und Zugriffsmanagement. Ärzte, Pflegekräfte und Spezialisten arbeiten oft an verschiedenen Standorten und benötigen schnellen Zugriff auf elektronische Patientenakten (EHRs) und medizinische Anwendungen. Gleichzeitig benötigen Zeitarbeitskräfte, Gastärzte und externe Berater kontrollierten Zugriff auf kritische Systeme. Ohne ein starkes IGA-Framework wird die manuelle Verwaltung dieser Zugriffsanforderungen ineffizient und erhöht das Risiko eines unbefugten Zugriffs auf Patientendaten. Die Automatisierung des Identity Lifecycle Managements stellt sicher, dass Benutzer entsprechend ihrer Rollen die richtige Zugriffsebene erhalten und der Zugriff sofort widerrufen wird, wenn er nicht mehr benötigt wird.

Rollenbasierte Zugriffskontrolle (RBAC) und richtlinienbasierte Zugriffskontrolle (PBAC) unterstützen Gesundheitsorganisationen bei der Durchsetzung des Prinzips der geringsten Privilegien. Durch die Definition von Zugriffsrichtlinien basierend auf Berufsrollen können Institutionen sicherstellen, dass nur autorisiertes Personal

Patientenakten einsehen oder ändern, Medikamente verschreiben oder auf Laborsysteme zugreifen kann. Richtlinienbasierter Zugriff erhöht die Sicherheit zusätzlich, indem er kontextbezogene Faktoren wie Standort, Gerätetyp und Authentifizierungsstärke berücksichtigt. Beispielsweise kann ein Arzt, der über ein Krankenhausnetzwerk auf ein ePA-System zugreift, vollen Zugriff erhalten, während dieselbe Anfrage von einem externen Gerät zusätzliche Authentifizierungsanforderungen auslösen oder bestimmte Aktionen einschränken kann.

Privileged Access Management (PAM) spielt eine entscheidende Rolle beim Schutz hochsensibler Daten in Gesundheits- und Pharmaunternehmen. Administratorkonten mit erhöhten Berechtigungen stellen erhebliche Sicherheitsrisiken dar, wenn sie falsch verwaltet oder kompromittiert werden. In IGA integrierte PAM-Lösungen stellen sicher, dass privilegierter Zugriff nur bei Bedarf gewährt wird und alle Aktivitäten zu Prüfzwecken protokolliert werden. Just-in-Time-Zugriffskontrollen (JIT) reduzieren das Risiko des Privilegienmissbrauchs zusätzlich, indem sie die Dauer des Administratorzugriffs auf kritische Systeme begrenzen.

Die Pharmabranche setzt auf Identity Governance zum Schutz geistigen Eigentums, klinischer Studiendaten und Lieferkettensysteme. Forschungs- und Entwicklungsteams (F&E) benötigen Zugriff auf proprietäre Arzneimittelforschungs- und Versuchsdaten, weshalb die Zugriffskontrolle ein Sicherheitsanliegen höchster Priorität ist. Die Zusammenarbeit verschiedener Stakeholder, darunter externe Forschungspartner, Auftragshersteller und Aufsichtsbehörden, bringt zusätzliche Herausforderungen für die Identity Governance mit sich. IGA-Lösungen optimieren das externe Zugriffsmanagement durch strenge Authentifizierungskontrollen, Datensegmentierung und die Anwendung von Zugriffsrichtlinien, die den gesetzlichen Standards entsprechen.

Die Einhaltung gesetzlicher Vorschriften ist ein entscheidender Faktor für die Einführung von IGA im Gesundheitswesen und in der Pharmaindustrie. Der Health Insurance Portability and Accountability Act (HIPAA) schreibt strenge Zugriffskontrollen und Prüfprotokolle zum Schutz der Patientendaten vor. Organisationen müssen nachweisen, dass sie Zugriffsrichtlinien durchsetzen, regelmäßige

Überprüfungen durchführen und detailliert dokumentieren, wer auf sensible Daten zugegriffen hat. IGA-Lösungen automatisieren die Compliance-Verfolgung, erstellen prüffähige Berichte und bieten kontinuierliche Überwachung zur Erkennung unbefugter Zugriffsversuche. Ebenso müssen Pharmaunternehmen die FDA-Vorschriften wie 21 CFR Part 11 einhalten, die eine sichere Identitätsprüfung und elektronische Dokumentation für klinische Studien und Arzneimittelzulassungen vorschreiben.

Identitätsabgleich ist für große Gesundheitsnetzwerke und Pharmaunternehmen mit mehreren Einrichtungen und IT-Systemen unerlässlich. Viele Organisationen verfügen über fragmentierte Identitätsspeicher mit separaten Zugriffsverwaltungssystemen für Krankenhäuser, Forschungszentren, Produktionsstätten und Unternehmenszentralen. Diese Fragmentierung führt zu Inkonsistenzen in der Identitätsverwaltung, verwaisten Konten und potenziellen Sicherheitslücken. IGA-Lösungen lassen sich in bestehende Identitätsspeicher integrieren, bieten zentrale Transparenz und setzen einheitliche Zugriffsrichtlinien für alle Geschäftseinheiten durch.

Das Zugriffsmanagement von Drittanbietern ist ein weiterer wichtiger Aspekt für Gesundheits- und Pharmaunternehmen. Externe Auftragnehmer, Forschungspartner und IT-Anbieter benötigen häufig temporären Zugriff auf kritische Systeme. Ohne entsprechende Governance behalten Drittanbieter den Zugriff möglicherweise länger als nötig, was das Risiko von Sicherheitsverletzungen erhöht. Die Implementierung automatisierter Workflows für das Identity Lifecycle Management von Drittanbietern stellt sicher, dass der Zugriff vertragsbasiert gewährt und nach Ablauf automatisch widerrufen wird. Kontinuierliches Monitoring und KI-gestützte Risikoanalyse erhöhen die Sicherheit zusätzlich, indem sie anomale Zugriffsmuster im Zusammenhang mit externen Identitäten erkennen.

Die zunehmende Verbreitung cloudbasierter Gesundheitsanwendungen bringt neue Herausforderungen für die Identitätsverwaltung mit sich. Unternehmen müssen sicherstellen, dass Cloud-Dienste dieselben Sicherheits- und Compliance-Standards erfüllen wie lokale Systeme. Föderiertes Identitätsmanagement ermöglicht nahtloses Single Sign-On (SSO) über Cloud-Plattformen hinweg und gewährleistet gleichzeitig zentralisierte Governance-Richtlinien. Die Multi-Faktor-Authentifizierung (MFA) erhöht die Cloud-Sicherheit, indem sie zusätzliche Verifizierungen vor dem Zugriff auf sensible Anwendungen erfordert. Durch die Ausweitung der IGA auf Cloud-Umgebungen gewährleisten Gesundheits- und Pharmaunternehmen die Sicherheitskonsistenz und ermöglichen gleichzeitig digitale Transformationsinitiativen.

Datenschutz- und Sicherheitsrisiken entwickeln sich ständig weiter und erfordern proaktive Maßnahmen zur Identitätsverwaltung. Cyberangriffe auf Gesundheitseinrichtungen und Pharmaunternehmen haben zugenommen, wobei Ransomware, Phishing und der Diebstahl von Anmeldeinformationen erhebliche Bedrohungen darstellen. KI-gestützte Identitätsanalysen verbessern die Identitätsverwaltung, indem sie ungewöhnliches Zugriffsverhalten erkennen, potenzielle Insider-Bedrohungen kennzeichnen und Reaktionsmaßnahmen automatisieren. Die Echtzeit-Anomalieerkennung hilft, Datenschutzverletzungen zu verhindern, indem sie verdächtige Identitätsaktivitäten identifiziert und eindämmt, bevor sie eskalieren.

IGA trägt auch zur Verbesserung der Betriebseffizienz bei, indem es den Verwaltungsaufwand reduziert. Manuelle Genehmigungen von Zugriffsanfragen, Verzögerungen bei der Mitarbeitereinarbeitung und ineffiziente Zugriffsprüfungen können die Produktivität beeinträchtigen und die Patientenversorgung beeinträchtigen. Durch die Automatisierung dieser Prozesse können sich medizinisches Fachpersonal und Forscher auf ihre Kernaufgaben konzentrieren und gleichzeitig die konsequente Durchsetzung von Sicherheitsrichtlinien sicherstellen. Self-Service-Identitätsmanagement-Portale steigern die Effizienz zusätzlich, indem sie es Benutzern ermöglichen, Zugriff anzufordern, Passwörter zurückzusetzen und Anmeldeinformationen ohne IT-Eingriff zu aktualisieren.

Da Gesundheits- und Pharmaunternehmen zunehmend digitale Technologien einsetzen, wird ein robustes IGA-Framework immer wichtiger. Eine gut implementierte IGA-Strategie stellt sicher, dass der Zugriff auf sensible Daten kontrolliert, überwacht und den Compliance-Anforderungen entspricht. Durch Automatisierung, KI-gestützte Analysen und richtlinienbasierte Zugriffskontrollen können

Unternehmen ihre Sicherheit erhöhen, die Compliance verbessern und die Betriebseffizienz steigern.

IGA in Bildungs- und Forschungseinrichtungen

Identity Governance und Administration (IGA) spielt eine entscheidende Rolle in Bildungs- und Forschungseinrichtungen, wo die Verwaltung von Benutzeridentitäten, Zugriffsrechten und Compliance-Anforderungen zunehmend komplexer wird. Universitäten, Hochschulen und Forschungszentren agieren in hochdynamischen Umgebungen, in denen Studierende, Lehrkräfte, Mitarbeiter und externe Mitarbeiter sicheren Zugriff auf verschiedene Systeme benötigen, darunter Lernmanagementplattformen, Verwaltungsdatenbanken und Forschungsnetzwerke. Ohne effektive Identity Governance stehen Institutionen vor Herausforderungen im Zusammenhang mit unbefugtem Zugriff, Datensicherheit und der Einhaltung von Vorschriften wie FERPA, DSGVO und HIPAA. Die Implementierung eines robusten IGA-Frameworks erhöht die Sicherheit, optimiert die Benutzerverwaltung und unterstützt akademische und Forschungsziele.

Hochschulen haben mit einem ständig wechselnden Nutzerstamm zu kämpfen: Studierende immatrikulieren sich, schließen ihr Studium ab und wechseln, während Lehrkräfte und Forscher häufig zwischen Abteilungen und Einrichtungen wechseln. Diese Dynamik macht das Identity Lifecycle Management zu einem grundlegenden Aspekt von IGA. Die Automatisierung der Benutzerbereitstellung und -aufhebung stellt sicher, dass Einzelpersonen beim Beitritt die korrekten Zugriffsrechte erhalten und beim Verlassen der Einrichtung verlieren. Ohne automatisiertes Identity Lifecycle Management besteht das Risiko, dass verwaiste Konten aktiv bleiben, was zu Sicherheitslücken und potenziellen Verstößen führt.

Rollenbasierte Zugriffskontrolle (RBAC) und richtlinienbasierte Zugriffskontrolle (PBAC) sind für die Sicherheit und Effizienz in Bildungseinrichtungen unerlässlich. Verschiedene Benutzer benötigen Zugriff auf unterschiedliche Systeme: Studierende auf Kursmaterialien, Lehrkräfte mit Administratorrechten und Forschende mit speziellen

Computerressourcen. Die Implementierung von RBAC stellt sicher, dass die Zugriffsberechtigungen den akademischen Rollen entsprechen, während PBAC eine detailliertere Kontrolle basierend auf Kontextfaktoren wie Standort, Gerätetyp und Authentifizierungsstärke ermöglicht. Diese Governance-Modelle verhindern eine Ausweitung der Berechtigungen und stellen sicher, dass Benutzer nur auf die für ihre Rollen erforderlichen Ressourcen zugreifen können.

Forschungseinrichtungen stehen vor zusätzlichen Herausforderungen im Bereich Identity Governance, da die sichere Zusammenarbeit mit externen Forschern, Industriepartnern und Fördereinrichtungen erforderlich ist. Viele Forschungsprojekte beinhalten sensible Daten, darunter geschütztes geistiges Eigentum, medizinische Forschungsdaten und vertrauliche, staatlich geförderte Projekte. IGA-Frameworks unterstützen die Verwaltung externer Identitäten durch die Durchsetzung strenger Authentifizierungsmaßnahmen und stellen sicher, dass nur autorisierte Personen auf vertrauliche Forschungsinformationen zugreifen können. Multi-Faktor-Authentifizierung (MFA), föderiertes Identitätsmanagement und Just-in-Time-Zugriffsbereitstellung erhöhen die Sicherheit und ermöglichen gleichzeitig eine reibungslose Zusammenarbeit zwischen den Institutionen.

Die Verwaltung von Drittanbieter- und Gastzugriffen ist ein weiterer wichtiger Aspekt der IGA im Bildungsbereich. Universitäten beherbergen häufig Gastwissenschaftler, Gastdozenten und externe Berater, die temporären Zugriff auf akademische und Forschungssysteme benötigen. Ohne einen strukturierten Governance-Rahmen behalten diese temporären Benutzer möglicherweise noch lange nach Beendigung ihrer Verbindung zur Institution Zugriff. Die Implementierung automatisierter Workflows für das Identity Lifecycle Management von Drittanbietern stellt sicher, dass temporäre Konten mit vordefinierten Ablaufdaten erstellt und der Zugriff automatisch widerrufen wird, sobald er nicht mehr benötigt wird.

Die Cloud ist im Hochschulbereich weit verbreitet. Institutionen nutzen cloudbasierte Lernplattformen, Kollaborationstools und Forschungsinfrastrukturen. Die Verwaltung von Identitäten in lokalen und Cloud-Umgebungen erfordert einen einheitlichen Governance-

Ansatz, um konsistente Zugriffsrichtlinien und Sicherheitskontrollen durchzusetzen. Die Integration von IGA mit Cloud-Identitätsanbietern ermöglicht eine nahtlose Identitätssynchronisierung, zentralisiert die Benutzerzugriffsverwaltung und verbessert die Transparenz von Authentifizierungsaktivitäten über mehrere Plattformen hinweg. Cloudbasierte IGA-Lösungen helfen Institutionen, die Kontrolle über verteilte Identitäten zu behalten und unterstützen gleichzeitig Initiativen zur digitalen Transformation.

Die Einhaltung gesetzlicher Rahmenbedingungen ist für Bildungs- und Forschungseinrichtungen ein wichtiges Anliegen. Der Family Educational Rights and Privacy Act (FERPA) in den USA schreibt strenge Kontrollen der Studierendenakten vor und verpflichtet die Institutionen, den Zugriff auf personenbezogene Daten zu schützen. In Europa schreibt die Datenschutz-Grundverordnung (DSGVO) strenge Datenschutzanforderungen vor. Universitäten müssen daher Zugriffskontrollen implementieren, die die Datenfreigabe begrenzen. Darüber hinaus müssen Forschungseinrichtungen, die mit medizinischen Daten arbeiten, den Health Insurance Portability and Accountability Act (HIPAA) einhalten, der strenge Sicherheitsmaßnahmen für gesundheitsbezogene Informationen vorschreibt. IGA-Lösungen unterstützen Institutionen bei der Einhaltung der Vorschriften, indem sie Zugriffsrichtlinien durchsetzen, Auditberichte automatisieren und sicherstellen, dass Benutzeraktivitäten regelmäßig protokolliert und überprüft werden.

Privileged Access Management (PAM) ist für die Sicherung von Verwaltungs- und Forschungssystemen im Hochschulbereich unerlässlich. IT-Administratoren, Datenbankmanager und Fakultätsmitglieder mit erweiterten Berechtigungen stellen ein Sicherheitsrisiko dar, wenn ihre Zugangsdaten kompromittiert werden. Cyberangriffe auf Universitäten und Forschungseinrichtungen haben zugenommen, wobei Ransomware-Angriffe und der Diebstahl von Zugangsdaten eine ernsthafte Bedrohung darstellen. Die Implementierung von PAM in Kombination mit IGA-Frameworks stellt sicher, dass privilegierte Konten genau überwacht, Zugriff nur bei Bedarf gewährt und risikoreiche Aktivitäten protokolliert und überprüft werden.

Die Benutzerfreundlichkeit ist ein wichtiger Aspekt bei der IGA-Implementierung für Bildungs- und Forschungseinrichtungen. Sicherheit hat oberste Priorität, Studierende und Lehrkräfte benötigen jedoch einfachen Zugriff auf akademische Ressourcen. Single Sign-On (SSO) und föderiertes Identitätsmanagement reduzieren den Aufwand bei der Anmeldung, da sich Nutzer einmal authentifizieren und dann auf mehrere Anwendungen zugreifen können. Dieser Ansatz verbessert den Komfort und gewährleistet gleichzeitig strenge Identitätskontrollkontrollen. Self-Service-Identitätsmanagement-Portale verbessern die Benutzerfreundlichkeit zusätzlich, indem sie es Studierenden und Lehrkräften ermöglichen, ihre Zugriffsanfragen zu verwalten, Passwörter zurückzusetzen und Kontodaten ohne IT-Eingriff zu aktualisieren.

Identity Governance unterstützt zudem die Vielfalt von Lernmodellen, darunter Fernunterricht, hybride Klassenzimmer und internationale Forschungskooperationen. Mit dem Ausbau der digitalen Präsenz von Institutionen wird die Sicherung des Fernzugriffs auf Lernplattformen und Forschungsdaten unerlässlich. Adaptive Authentifizierungsmechanismen, risikobasierte Zugriffskontrollen und kontinuierliches Monitoring helfen Institutionen, Sicherheit und Zugänglichkeit in Einklang zu bringen. KI-gestützte Identitätsanalysen können Anomalien im Nutzerverhalten erkennen, potenzielle Sicherheitsbedrohungen identifizieren und Zugriffsrichtlinien basierend auf Risikobewertungen automatisch anpassen.

Forschungsförderagenturen und staatliche Institutionen stellen oft strenge Anforderungen an die Cybersicherheit von Universitäten, die geförderte Forschung betreiben. Die Implementierung eines robusten IGA-Frameworks hilft Institutionen, die Einhaltung der Sicherheitsvorgaben der Förderagenturen nachzuweisen und reduziert so das Risiko, Fördermittel aufgrund unzureichender Sicherheitspraktiken zu verlieren. Automatisierte Compliance-Tracking- und Audit-Funktionen ermöglichen es Institutionen, Berichte zu erstellen, die die Einhaltung von Zugriffskontrollrichtlinien und bewährten Sicherheitspraktiken belegen.

Hochschulen, die in IGA-Frameworks investieren, profitieren von erhöhter Sicherheit, optimiertem Identitätsmanagement und verbesserter Compliance. Durch Automatisierung, rollenbasierte Richtlinien und KI-gestützte Erkenntnisse können Universitäten und Forschungszentren digitale Identitäten effektiver verwalten und so die Risiken durch unbefugten Zugriff und Datenschutzverletzungen reduzieren. Da akademische Einrichtungen zunehmend digitales Lernen und globale Forschungskooperationen nutzen, bleibt eine starke Identity-Governance-Strategie für die Aufrechterhaltung von Sicherheit und Betriebseffizienz unerlässlich.

IGA in der Regierung und im öffentlichen Sektor

Identity Governance and Administration (IGA) ist ein entscheidender Bestandteil der Cybersicherheit und der Einhaltung gesetzlicher Vorschriften im öffentlichen Sektor. Behörden und öffentliche Einrichtungen verwalten große Mengen sensibler Daten, darunter Bürgerdaten, Informationen der nationalen Sicherheit, Strafverfolgungsdaten und kritische Infrastruktursysteme. Um eine ordnungsgemäße Zugriffskontrolle bei gleichzeitiger Aufrechterhaltung der Betriebseffizienz zu gewährleisten, ist ein starkes Identity-Governance-Framework erforderlich. Angesichts zunehmender Cyberbedrohungen, sich entwickelnder regulatorischer Vorgaben und der zunehmenden Nutzung digitaler Dienste müssen Regierungen effektive IGA-Lösungen implementieren, um Identitäten zu schützen, Richtlinien durchzusetzen und Transparenz zu gewährleisten.

Behörden stehen aufgrund der Größe und Komplexität ihrer Geschäftstätigkeit vor besonderen Herausforderungen im Bereich der Identitätsverwaltung. Im Gegensatz zu privaten Unternehmen müssen öffentliche Einrichtungen Identitäten über verschiedene Abteilungen, Behörden und Zuständigkeitsbereiche hinweg verwalten. Mitarbeiter, Auftragnehmer, Strafverfolgungsbeamte und Beamte benötigen Zugriff auf verschiedene Systeme, von Steuerdatenbanken bis hin zu Anwendungen sozialer Dienste. Ohne ein zentralisiertes Governance-

Modell besteht für Behörden die Gefahr einer fehlerhaften Verwaltung von Benutzeridentitäten, was zu Sicherheitslücken und betrieblichen Ineffizienzen führt. Eine gut implementierte IGA-Lösung bietet einen einheitlichen Ansatz für das Identitätsmanagement und stellt sicher, dass Zugriffsrichtlinien in allen Behörden einheitlich angewendet werden.

Die Einhaltung gesetzlicher Vorschriften ist ein wichtiger Treiber für die Einführung von IGA im öffentlichen Sektor. Staatliche Institutionen müssen strenge Sicherheits- und Datenschutzstandards einhalten, darunter Vorschriften wie die Datenschutz-Grundverordnung (DSGVO), den Federal Information Security Management Act (FISMA) und das Cybersicherheits-Framework des National Institute of Standards and Technology (NIST). Diese Vorschriften verpflichten die Behörden, strenge Zugriffskontrollen durchzusetzen, regelmäßige Audits durchzuführen und die Rechenschaftspflicht für identitätsbezogene Aktivitäten sicherzustellen. IGA-Lösungen unterstützen die Automatisierung der Compliance-Verfolgung durch die Bereitstellung von Prüfprotokollen, Zugriffsüberprüfungsmechanismen und Tools zur Richtliniendurchsetzung, die den gesetzlichen Anforderungen entsprechen.

Die Zugriffskontrolle in Behörden muss Sicherheit und Zugänglichkeit in Einklang bringen. Mitarbeiter und Beamte benötigen zeitnahen Zugriff auf Daten und Anwendungen, um ihre Aufgaben effizient erfüllen zu können. Gleichzeitig muss unbefugter Zugriff verhindert werden. Rollenbasierte Zugriffskontrolle (RBAC) und richtlinienbasierte Zugriffskontrolle (PBAC) bieten einen strukturierten Ansatz zur Verwaltung von Benutzerberechtigungen. Durch die Definition von Zugriffsrollen basierend auf den Aufgabenbereichen können Behörden eine Ausweitung der Berechtigungen verhindern und das Risiko einer unbefugten Datenfreigabe reduzieren. Richtlinienbasierte Zugriffsmodelle erhöhen die Sicherheit zusätzlich, indem sie kontextbezogene Faktoren wie Gerätesicherheitsstatus, Standort und Zugriffszeit berücksichtigen.

Privileged Access Management (PAM) ist besonders im öffentlichen Sektor von entscheidender Bedeutung, da dort administrative

Benutzer Zugriff auf hochsensible Systeme haben. Cyberkriminelle und staatliche Akteure zielen häufig auf privilegierte Konten ab, um die Kontrolle über kritische Infrastrukturen, Finanzsysteme und vertrauliche Informationen zu erlangen. Die Implementierung von PAM-Lösungen in Kombination mit IGA stellt sicher, dass privilegierte Benutzer strenge Authentifizierungsprotokolle, Sitzungsüberwachung und Just-in-Time-Zugriffsrichtlinien einhalten. Durch die Reduzierung der Angriffsfläche für privilegierte Konten stärken staatliche Institutionen ihre Sicherheit und minimieren Insider-Bedrohungen.

Die Identitätsverwaltung durch Dritte ist ein weiterer wichtiger Aspekt der IGA im öffentlichen Sektor. Behörden arbeiten häufig mit externen Auftragnehmern, Lieferanten und Dienstleistern zusammen, die vorübergehenden Zugriff auf sichere Systeme benötigen. Ohne ordnungsgemäße Identitätsverwaltung können Drittnutzer den Zugriff über die Vertragslaufzeit hinaus behalten, was das Risiko von Sicherheitsverletzungen erhöht. Die Implementierung automatisierter Bereitstellungs- und Debereitstellungs-Workflows stellt sicher, dass der Zugriff Dritter gemäß den Vertragsbedingungen gewährt und automatisch widerrufen wird, sobald er nicht mehr benötigt wird. Kontinuierliche Überwachung und regelmäßige Zugriffsüberprüfungen erhöhen die Sicherheit zusätzlich, indem sie sicherstellen, dass externe Identitäten kein Risiko für Regierungssysteme darstellen.

Mit der zunehmenden digitalen Transformation setzen Behörden zunehmend auf Cloud-Anwendungen und hybride IT-Umgebungen. Die Verwaltung von Identitäten über lokale Systeme und Cloud-Dienste hinweg erfordert eine modernisierte IGA-Strategie, die Cloud-Identitätsanbieter und föderierte Authentifizierungsmechanismen integriert. Cloud-basierte IGA-Lösungen ermöglichen Behörden die Durchsetzung einheitlicher Zugriffsrichtlinien in allen Umgebungen und gleichzeitig die zentrale Transparenz identitätsbezogener Aktivitäten. Multi-Faktor-Authentifizierung (MFA) und Single Sign-On (SSO) erhöhen die Sicherheit zusätzlich, indem sie die Abhängigkeit von Passwörtern reduzieren und eine sichere Authentifizierung für Behördenmitarbeiter und öffentliche Nutzer gewährleisten.

Das Identitätsmanagement der Bürger stellt den öffentlichen Sektor vor zusätzliche Herausforderungen. Behörden sind für die Überprüfung und Verwaltung der Identitäten von Millionen von Bürgern für Dienstleistungen wie Gesundheitsversorgung, Steuern und Sozialleistungen verantwortlich. Um sicherzustellen, dass nur autorisierte Personen auf staatliche Dienste zugreifen und gleichzeitig Bürgerdaten vor Betrug und Identitätsdiebstahl geschützt sind, ist ein robustes IGA-Framework erforderlich. Die Implementierung von Self-Service-Identitätsprüfung, biometrischer Authentifizierung und risikobasierten Zugriffskontrollen verbessert die Sicherheit und Effizienz digitaler öffentlicher Dienste. KI-gestützte Identitätsanalysen helfen, Anomalien in der Kontoaktivität von Bürgern zu erkennen und so betrügerischen Zugriff auf staatliche Programme zu verhindern.

Vorfallreaktion und Risikominimierung sind integraler Bestandteil der IGA in Regierungsinstitutionen. Cyberangriffe auf Behörden nehmen zu. Angreifer versuchen, schwache Identitätskontrollen auszunutzen, um Zugriff auf vertrauliche Informationen zu erhalten und kritische Dienste zu stören. Ein klar definierter Vorfallreaktionsplan stellt sicher, dass Sicherheitsteams identitätsbezogene Sicherheitsverletzungen schnell erkennen und eindämmen können. IGA-Lösungen bieten Echtzeitüberwachung, automatisierte Bedrohungserkennung und forensische Analysefunktionen, sodass Behörden Sicherheitsvorfälle effektiv untersuchen und darauf reagieren können. Die Implementierung einer identitätsbasierten Risikobewertung erhöht die Sicherheit zusätzlich, indem sie das Benutzerverhalten kontinuierlich bewertet und die Zugriffskontrollen risikobasiert anpasst.

Datensouveränität und nationale Sicherheitsbedenken beeinflussen auch IGA-Strategien im öffentlichen Sektor. Regierungen müssen sicherstellen, dass sensible Daten gemäß den nationalen Sicherheitsrichtlinien und den geltenden Rechtsvorschriften gespeichert, verarbeitet und abgerufen werden. Die Implementierung von Geofencing-Richtlinien, die Durchsetzung von Datenspeicherungsvorschriften und die Beschränkung des Zugriffs basierend auf dem Benutzerstandort tragen dazu bei, unbefugte grenzüberschreitende Datenübertragungen zu verhindern. Durch die Integration von Identity Governance in nationale Sicherheitsrahmen können Regierungsbehörden kritische Datenbestände schützen und gleichzeitig die Einhaltung staatlicher Datenschutzgesetze gewährleisten.

IGA spielt auch eine Rolle bei der Modernisierung von Altsystemen in staatlichen Institutionen. Viele Behörden setzen noch immer auf veraltete Identitätsmanagementprozesse, denen Automatisierung, Skalierbarkeit und Integrationsfähigkeiten fehlen. Die Umstellung auf ein IGA-Framework modernisiert die Identitätsverwaltung, indem sie Verwaltungsprozesse rationalisiert, die manuelle Zugriffsvergabe reduziert und die Transparenz der Benutzerzugriffsmuster verbessert. KI-gesteuerte Automatisierung entlastet IT-Administratoren und verbessert gleichzeitig die Genauigkeit und Effizienz von Identitätsverwaltungsprozessen.

Das öffentliche Vertrauen in staatliche Institutionen hängt von der Sicherheit und Transparenz des Identitätsmanagements ab. Ein kontrollierter, überwachter und nachvollziehbarer Zugriff auf staatliche Daten und Dienste stärkt das Vertrauen der Bürger in digitale Governance-Initiativen. Durch den Einsatz fortschrittlicher IGA-Lösungen können Behörden ein sicheres und effizientes Identity-Governance-Framework schaffen, das Innovationen im öffentlichen Sektor unterstützt, vertrauliche Informationen schützt und die reibungslose Bereitstellung digitaler Dienste ermöglicht.

IGA für kleine und mittlere Unternehmen (KMU)

Identity Governance und Administration (IGA) wird oft mit großen Unternehmen in Verbindung gebracht, doch auch kleine und mittlere Unternehmen (KMU) stehen vor erheblichen Sicherheits- und Compliance-Herausforderungen, die eine robuste Identity-Governance-Strategie erfordern. Da KMU zunehmend Cloud-Dienste, Remote-Arbeit und digitale Transformationsinitiativen nutzen, wird die Verwaltung von Benutzeridentitäten, Zugriffskontrollen und Compliance-Verpflichtungen entscheidend. Ohne eine ordnungsgemäße Identity Governance riskieren KMU unbefugten Zugriff, Datenschutzverletzungen und behördliche Sanktionen, die schwerwiegende finanzielle und rufschädigende Folgen haben können. Die Implementierung eines effektiven IGA-Frameworks ermöglicht KMU, die Sicherheit zu erhöhen, die Betriebseffizienz zu steigern und die Compliance sicherzustellen – und das bei gleichzeitiger Wahrung der Kosteneffizienz.

KMU arbeiten mit schlanken IT-Teams, die oft mehrere Aufgaben gleichzeitig bewältigen. Automatisierung ist daher ein zentraler Bestandteil von IGA. Im Gegensatz zu Großunternehmen mit dedizierten Identity-Management-Teams profitieren KMU von der automatisierten Bereitstellung und Deaktivierung von Benutzerkonten. Dies reduziert den Verwaltungsaufwand und minimiert menschliche Fehler. Wenn Mitarbeiter ins Unternehmen eintreten, ihre Rolle wechseln oder es verlassen, stellt eine automatisierte IGA-Lösung sicher, dass ihnen die entsprechenden Zugriffsrechte gewährt und unnötige Privilegien umgehend entzogen werden. Dies verhindert unbefugten Zugriff auf kritische Systeme und reduziert Sicherheitslücken, die mit verwaisten Konten verbunden sind.

Rollenbasierte Zugriffskontrolle (RBAC) und richtlinienbasierte Zugriffskontrolle (PBAC) bieten KMU strukturierte Identitätsverwaltung und stellen sicher, dass Mitarbeiter nur auf die für ihre Rollen erforderlichen Systeme zugreifen können. In kleineren Organisationen, in denen Mitarbeiter häufig mehrere Aufgaben übernehmen, kommt es häufig vor, dass sich die Zugriffsberechtigungen im Laufe der Zeit erweitern, was zu einer Ausweitung der Berechtigungen führt. Die Implementierung von Zugriffsrichtlinien basierend auf den Aufgabenbereichen verhindert übermäßige Berechtigungen, mindert Insider-Bedrohungen und reduziert das Risiko eines versehentlichen oder vorsätzlichen Datenmissbrauchs. Durch die Durchsetzung des Least-Privilege-Prinzips schaffen KMU eine Sicherheitskultur, die den Best Practices der Identitätsverwaltung entspricht.

Cybersicherheitsbedrohungen stellen ein wachsendes Risiko für KMU dar, da Angreifer aufgrund vermeintlich schwächerer Sicherheitsvorkehrungen oft kleinere Unternehmen ins Visier nehmen. Diebstahl von Anmeldeinformationen, Phishing-Angriffe und unbefugter Zugriff sind häufige Bedrohungen, die schlecht verwaltete Identitäten ausnutzen. IGA-Lösungen mit Multi-Faktor-Authentifizierung (MFA) und risikobasierter Authentifizierung erhöhen die Sicherheit, indem sie bei risikoreichen Zugriffsversuchen eine zusätzliche Überprüfung erfordern. KI-gestützte Identitätsanalysen erhöhen die Sicherheit zusätzlich, indem sie Anomalien im Nutzerverhalten erkennen, verdächtige Anmeldeversuche kennzeichnen und Echtzeit-Risikobewertungen bereitstellen, die eine proaktive Bedrohungsabwehr ermöglichen.

Die Verwaltung des Zugriffs Dritter ist ein weiterer wesentlicher Aspekt der IGA für KMU, da viele Unternehmen für IT-Support, Marketing und Betrieb auf externe Anbieter, Auftragnehmer und Freiberufler angewiesen sind. Ohne ein angemessenes Governance-Framework kann die Verwaltung des Zugriffs Dritter zu Sicherheitsrisiken führen, insbesondere wenn temporäre Benutzer den Zugriff über den erforderlichen Zeitraum hinaus behalten. Automatisierte Workflows, die den Zugriff vertragsgemäß gewähren und Berechtigungen nach Projektabschluss widerrufen, helfen KMU, die Kontrolle über externe Identitäten zu behalten. Die kontinuierliche Überwachung der Aktivitäten Dritter gewährleistet, dass der Zugriff angemessen und sicher bleibt.

Die Cloud-Nutzung in kleinen und mittleren Unternehmen (KMU) hat deutlich zugenommen. Unternehmen nutzen Software-as-a-Service (SaaS)-Anwendungen, Cloud-Speicher und Tools für die Remote-Zusammenarbeit. Cloud-Dienste verbessern zwar Flexibilität und Skalierbarkeit, bringen aber auch Herausforderungen für die Identitätsverwaltung mit sich. Viele KMU haben Schwierigkeiten, mehrere Cloud-Identitäten auf verschiedenen Plattformen zu verwalten, was zu inkonsistenten Zugriffskontrollen und Sicherheitslücken führt. Die Integration von IGA-Lösungen mit Cloud-Identitätsanbietern zentralisiert das Identitätsmanagement und stellt sicher, dass Zugriffsrichtlinien in allen Umgebungen einheitlich durchgesetzt werden. Single Sign-On (SSO) und föderiertes Identitätsmanagement vereinfachen Authentifizierungsprozesse und gewährleisten gleichzeitig starke Governance-Kontrollen.

Die Einhaltung gesetzlicher Vorschriften wird für KMU zu einem immer größeren Problem, da Datenschutzgesetze wie DSGVO, HIPAA und PCI DSS für Unternehmen jeder Größe gelten. Die Nichteinhaltung dieser Vorschriften kann zu rechtlichen Sanktionen, Datenschutzverletzungen und Reputationsschäden führen. IGA-Lösungen unterstützen KMU bei der Einhaltung von Compliance-Anforderungen, indem sie Zugriffsrichtlinien durchsetzen, Auditberichte automatisieren und Transparenz in Benutzeraktivitäten bieten. Regelmäßige Zugriffsüberprüfungen stellen sicher, dass nur autorisierte Benutzer Zugriff auf vertrauliche Informationen haben, wodurch das Risiko von Verstößen reduziert wird. Durch die Integration von IGA in Compliance-Frameworks können KMU die Auditvorbereitung optimieren und die Einhaltung gesetzlicher Standards nachweisen.

Kosteneffizienz ist ein wichtiger Faktor für KMU, die eine IGA-Implementierung in Erwägung ziehen. Im Gegensatz zu Großunternehmen mit hohen IT-Budgets benötigen KMU skalierbare Lösungen, die Sicherheit ohne übermäßige Kosten bieten. Cloudbasierte IGA-Lösungen bieten einen kostengünstigen Ansatz, da sie teure lokale Infrastruktur überflüssig machen und gleichzeitig Sicherheitsfunktionen auf Unternehmensniveau bieten. Viele IGA-Anbieter bieten abonnementbasierte Preismodelle an, sodass KMU nur für die benötigten Funktionen zahlen. Investitionen in Identity Governance reduzieren nicht nur Sicherheitsrisiken, sondern verbessern auch die Betriebseffizienz durch die Automatisierung manueller Prozesse und die Reduzierung des IT-Aufwands.

Die Benutzerfreundlichkeit spielt bei der Einführung von IGA in KMU eine wichtige Rolle, da Mitarbeiter einen reibungslosen und reibungslosen Zugriff auf Anwendungen und Daten erwarten. Self-Service-Portale für Passwortrücksetzungen, Zugriffsanfragen und Rollenverwaltung ermöglichen es Mitarbeitern, ihre Identitäten selbstständig zu verwalten und reduzieren so die Abhängigkeit vom IT-Support. SSO-Lösungen verbessern die Benutzerfreundlichkeit zusätzlich, da sie die Verwendung mehrerer Passwörter überflüssig machen und gleichzeitig die Sicherheit durch zentrale Authentifizierung erhöhen. Eine gut umgesetzte IGA-Strategie schafft ein Gleichgewicht zwischen Sicherheit und Komfort und ermöglicht

KMU effizientes Arbeiten ohne Beeinträchtigung der Identitätsverwaltung.

Geschäftskontinuität und Risikomanagement werden durch effektive Identitätsverwaltung gestärkt. KMU, die von Cybervorfällen, Mitarbeiterfluktuation oder Betriebsstörungen betroffen sind, müssen den Zugriff auf kritische Systeme sicher gewährleisten. Ein IGA-Framework mit Echtzeit-Zugriffsüberwachung, automatisierter Vorfallsreaktion und forensischen Auditfunktionen ermöglicht es Unternehmen, identitätsbezogene Bedrohungen schnell zu erkennen und zu bekämpfen. Durch die Implementierung von Identitätsverwaltung als proaktive Sicherheitsmaßnahme reduzieren KMU ihre Anfälligkeit für Cyberrisiken und erhöhen ihre Widerstandsfähigkeit gegenüber sich entwickelnden Bedrohungen.

Mit der zunehmenden digitalen Transformation müssen KMU die Bedeutung von IGA für den Schutz ihrer Geschäftsabläufe erkennen. Die Implementierung eines skalierbaren und automatisierten Identity-Governance-Frameworks bietet langfristige Vorteile, darunter reduzierte Sicherheitsrisiken, verbesserte Compliance und optimiertes Identitätsmanagement. Durch den Einsatz cloudbasierter IGA-Lösungen, die Durchsetzung rollenbasierter Zugriffskontrollen und die Integration KI-gestützter Analysen können KMU Sicherheit auf Unternehmensniveau erreichen, ohne ihre IT-Ressourcen zu überlasten. Identity Governance ist kein Luxus mehr, der Großkonzernen vorbehalten ist, sondern eine Notwendigkeit für Unternehmen jeder Größe, die ihre Daten, Mitarbeiter und ihren Ruf schützen wollen.

Neue Trends im IGA

Identity Governance und Administration (IGA) entwickelt sich rasant weiter, um den Herausforderungen der digitalen Transformation, hybrider Arbeitsumgebungen, der Cloud-Nutzung und zunehmender Cyber-Bedrohungen gerecht zu werden. Unternehmen wechseln von traditionellen Identitätsmanagement-Ansätzen zu dynamischeren, KI-gesteuerten und risikobasierten Strategien, die die Sicherheit erhöhen, die Effizienz steigern und die Compliance gewährleisten. Mehrere neue Trends im Bereich IGA verändern die Art und Weise, wie Unternehmen Identitäten verwalten, Zugriffsrichtlinien durchsetzen und identitätsbezogene Risiken minimieren.

Einer der wichtigsten Trends im Bereich IGA ist die Integration von künstlicher Intelligenz (KI) und maschinellem Lernen (ML), um die Identitätsanalyse zu verbessern und die Entscheidungsfindung zu automatisieren. KI-gestützte Identity-Governance-Lösungen können das Nutzerverhalten analysieren, Anomalien erkennen und risikobasierte Empfehlungen für die Zugriffsvergabe und -entzug geben. Algorithmen des maschinellen Lernens helfen dabei, Muster zu erkennen, die auf Privilegienmissbrauch, Insider-Bedrohungen oder potenzielle Sicherheitsverletzungen hinweisen. So können Unternehmen proaktive Sicherheitsmaßnahmen ergreifen. KI verbessert zudem das Rollen-Mining und die Rollenoptimierung durch die Analyse historischer Zugriffsmuster, um effiziente, den Geschäftsanforderungen entsprechende Rollenstrukturen zu empfehlen.

Eine weitere wichtige Entwicklung im Bereich IGA ist die Einführung von Zero-Trust-Prinzipien. Unternehmen verabschieden sich von traditionellen, perimeterbasierten Sicherheitsmodellen und setzen auf ein Framework, bei dem jede Zugriffsanfrage kontinuierlich überprüft wird. Zero Trust IGA erzwingt den Least-Privilege-Zugriff durch dynamische Anpassung der Berechtigungen auf Basis von Echtzeit-Risikobewertungen. Multi-Faktor-Authentifizierung (MFA), kontinuierliche Zugriffsüberprüfungen und adaptive Authentifizierungsmechanismen werden zum Standard, um sicherzustellen, dass Benutzer jederzeit nur den erforderlichen Zugriff haben. Durch die Implementierung von Zero Trust stärken Unternehmen die Identitätsverwaltung, indem sie implizites Vertrauen eliminieren und jede Identität, jedes Gerät und jede Anfrage unabhängig überprüfen.

Der Aufstieg hybrider und Multi-Cloud-Umgebungen bringt neue Herausforderungen für die Identitätsverwaltung mit sich und erfordert daher einheitliche IGA-Lösungen. Unternehmen arbeiten nicht mehr innerhalb einer einzigen IT-Infrastruktur, sondern nutzen eine

Kombination aus lokalen Systemen, Cloud-basierten Anwendungen und SaaS-Plattformen. Die Verwaltung von Identitäten über mehrere Umgebungen hinweg erfordert ein zentralisiertes Governance-Modell, das konsistente Sicherheitsrichtlinien und Zugriffskontrollen durchsetzt. Cloud-native IGA-Lösungen gewinnen an Bedeutung, bieten eine nahtlose Integration mit Cloud-Identitätsanbietern und ermöglichen Transparenz der Benutzeraktivitäten in verschiedenen Ökosystemen.

Die zunehmende Komplexität von Identitätsökosystemen hat auch zur Einführung von Identitätsautomatisierung und -orchestrierung geführt. Unternehmen nutzen Robotic Process Automation (RPA) und Workflow-Automatisierung, um das Identity Lifecycle Management zu optimieren. Automatisiertes Provisioning und Deprovisioning stellt sicher, dass Benutzer den korrekten Zugriff basierend auf Geschäftsregeln erhalten, was den Verwaltungsaufwand für IT-Teams reduziert. Orchestrierungstools ermöglichen Unternehmen die Erstellung automatisierter Workflows für Rollengenehmigungen, Compliance-Prüfungen und privilegiertes Zugriffsmanagement. Dies erhöht die Sicherheit und steigert gleichzeitig die Effizienz.

Die Einhaltung gesetzlicher Vorschriften bleibt ein wichtiger Innovationstreiber im IGA-Bereich. Regierungen und Branchenregulierungsbehörden führen kontinuierlich strengere Anforderungen an Datenschutz und Zugriffskontrolle ein. Unternehmen müssen die Einhaltung von Rahmenbedingungen wie DSGVO, HIPAA, SOX und PCI DSS sicherstellen und gleichzeitig ihre operative Flexibilität wahren. Automatisierte Compliance-Überwachungs- und Berichtsfunktionen werden zu unverzichtbaren Funktionen moderner IGA-Plattformen. Unternehmen setzen auf Echtzeit-Compliance-Tracking, kontinuierliche Zugriffszertifizierungen und auditfähige Berichtstools, um regulatorische Anforderungen ohne manuelle Eingriffe zu erfüllen.

Ein weiterer Trend ist die zunehmende Fokussierung auf dezentrale Identitäten und selbstbestimmte Identitäten (SSI). Traditionelle Identitätsverwaltung basiert auf zentralisierten Identitätsanbietern, was Sicherheitsrisiken und Datenschutzbedenken mit sich bringen kann. Dezentrale Identitätsmodelle nutzen die Blockchain-Technologie, um Einzelpersonen mehr Kontrolle über ihre digitalen

Identitäten zu geben und gleichzeitig die Abhängigkeit von zentralen Autoritäten zu reduzieren. SSI-Lösungen ermöglichen Nutzern die Authentifizierung und den Zugriff auf Dienste, ohne übermäßige persönliche Informationen preiszugeben. Dies verbessert den Datenschutz und reduziert das Risiko von Identitätsbetrug. Obwohl sich die dezentrale Identität noch in der frühen Phase der Einführung befindet, hat sie das Potenzial, die Art und Weise, wie Organisationen mit der Identitätsverwaltung umgehen, zu verändern.

Auch die Rolle der Verhaltensanalyse in der Identitätsverwaltung wächst. Anstatt sich ausschließlich auf statische Zugriffsrichtlinien zu verlassen, implementieren Unternehmen verhaltensbasierte Identitätsanalysen, um ungewöhnliche Aktivitäten zu erkennen und dynamische Sicherheitskontrollen durchzusetzen. Die Verhaltensanalyse analysiert Anmeldemuster, Zugriffsverhalten und Transaktionshistorien, um eine Basislinie normaler Benutzeraktivitäten zu ermitteln. Weicht ein Benutzer vom typischen Verhalten ab – beispielsweise indem er sich von einem unbekannten Ort aus anmeldet oder versucht, auf geschützte Daten zuzugreifen – kann das System Warnungen auslösen, eine zusätzliche Authentifizierung verlangen oder den Zugriff vorübergehend einschränken. Dieser Ansatz erhöht die Sicherheit, indem er Risiken proaktiv und in Echtzeit identifiziert und minimiert.

Die Konvergenz von IGA mit Privileged Access Management (PAM) ist ein weiterer wichtiger Trend. Während sich traditionelles IGA auf die Verwaltung von Standardbenutzeridentitäten konzentriert, erfordern privilegierte Konten aufgrund ihrer erweiterten Zugriffsrechte zusätzliche Sicherheitsebenen. Unternehmen integrieren IGA- und PAM-Lösungen, um eine strenge Kontrolle über privilegierte Benutzer durchzusetzen und sicherzustellen, dass administrativer Zugriff nur bei Bedarf gewährt und kontinuierlich überwacht wird. Die Implementierung von Just-in-Time-Zugriffskontrollen (JIT), Sitzungsüberwachung und automatisierter Anmeldeinformationsrotation reduziert das Risiko von Privilegienmissbrauch und anmeldeinformationsbasierten Angriffen zusätzlich.

Identity Governance erstreckt sich auch auf nicht-menschliche Identitäten, darunter Servicekonten, Robotic Process Automation

(RPA-Bots) und IoT-Geräte (Internet of Things). Da Unternehmen zunehmend automatisierte Systeme und vernetzte Geräte einsetzen, ist die Verwaltung von Maschinenidentitäten zu einem kritischen Sicherheitsaspekt geworden. IGA-Lösungen entwickeln sich weiter und umfassen Governance-Funktionen für nicht-menschliche Identitäten. So wird sichergestellt, dass Servicekonten ordnungsgemäß verwaltet, Berechtigungen regelmäßig überprüft und die Kommunikation zwischen Maschinen vor Missbrauch geschützt wird.

Unternehmen legen auch bei der Identitätsverwaltung großen Wert auf die Benutzerfreundlichkeit. Herkömmliche Identitätsmanagementlösungen führten oft zu Reibungsverlusten für Mitarbeiter, da sie mehrere Anmeldungen und langwierige Genehmigungsprozesse erforderten. Moderne IGA-Plattformen integrieren Self-Service-Funktionen, Chatbots und KI-gesteuerte Empfehlungen, um das Identitätsmanagement zu optimieren. Self-Service-Portale ermöglichen es Benutzern, ohne IT-Eingriff Zugriff anzufordern, Passwörter zurückzusetzen und ihre Profile zu verwalten. Dies steigert die Effizienz bei gleichzeitiger Wahrung der Sicherheit. KI-gesteuerte Entscheidungs-Engines unterstützen Manager bei der Genehmigung oder Ablehnung von Zugriffsanfragen auf Grundlage von Echtzeit-Risikobewertungen und reduzieren so den Verwaltungsaufwand.

Mit der Entwicklung von Cyberbedrohungen wird die Bedeutung kontinuierlicher Überwachung und Erkennung von Identitätsbedrohungen immer deutlicher. Unternehmen integrieren Identity Governance in Security Operations Center (SOCs) und Threat Intelligence-Plattformen, um identitätsbezogene Bedrohungen mit umfassenderen Sicherheitsvorfällen zu korrelieren. Lösungen zur Erkennung und Reaktion auf Identitätsbedrohungen (ITDR) bieten Echtzeit-Einblicke in Identitätsrisiken und ermöglichen es Unternehmen, kompromittierte Anmeldeinformationen zu erkennen, Insider-Bedrohungen zu minimieren und Lateral-Movement-Angriffe innerhalb von Unternehmensnetzwerken zu verhindern.

Da sich IGA ständig weiterentwickelt, müssen Unternehmen den neuen Trends immer einen Schritt voraus sein, um Sicherheit zu gewährleisten, Compliance sicherzustellen und die betriebliche Effizienz zu verbessern. KI-gestützte Identitätsanalysen, Zero-Trust-

Frameworks, Cloud-native Governance und dezentrale Identitätsmodelle prägen die Zukunft der Identitätsverwaltung. Durch die Einführung dieser Innovationen können Unternehmen robustere Identitätssicherheitsstrategien entwickeln, die ihre digitalen Ökosysteme schützen und gleichzeitig nahtlose und sichere Benutzererlebnisse ermöglichen.

Die Rolle der Identitätsanalyse verstehen

Identitätsanalysen spielen eine entscheidende Rolle in der modernen Identitätsverwaltung und -administration (IGA), indem sie die Sicherheit erhöhen, die Compliance verbessern und das Zugriffsmanagement optimieren. Herkömmliche Lösungen für Identitäts- und Zugriffsmanagement (IAM) basieren auf statischen Richtlinien und manuellen Prozessen, die ineffizient und anfällig für menschliche Fehler sein können. Identitätsanalysen nutzen künstliche Intelligenz (KI), maschinelles Lernen (ML) und Big-Data-Analysen, um Echtzeit-Einblicke in das Nutzerverhalten zu liefern, Anomalien zu erkennen und risikobasierte Entscheidungen zu automatisieren. Durch die Integration von Identitätsanalysen in IGA-Frameworks können Unternehmen ihre Sicherheitslage stärken, Insider-Bedrohungen reduzieren und Zugriffsmanagementprozesse optimieren.

Einer der Hauptvorteile der Identitätsanalyse ist die Fähigkeit, unbefugten Zugriff zu erkennen und zu verhindern. Herkömmliche Zugriffskontrollmechanismen erteilen Berechtigungen basierend auf vordefinierten Rollen und Richtlinien, berücksichtigen aber nicht immer neu auftretende Bedrohungen oder ungewöhnliches Verhalten. Die Identitätsanalyse überwacht kontinuierlich Benutzeraktivitäten, analysiert Muster und identifiziert Abweichungen vom normalen Zugriffsverhalten. Greift ein Benutzer plötzlich außerhalb der regulären Arbeitszeiten oder von einem ungewöhnlichen Ort aus auf vertrauliche Daten zu, kann die Identitätsanalyse die Aktivität als verdächtig kennzeichnen und zusätzliche

Authentifizierungsmaßnahmen oder Zugriffsbeschränkungen auslösen.

Risikobasierte Authentifizierung und Zugriffskontrolle werden durch Identitätsanalysen verbessert. Anstatt alle Benutzer gleich zu behandeln, vergibt die Identitätsanalyse Risikobewertungen basierend auf Faktoren wie Anmeldemustern, Gerätevertrauenswürdigkeit, Geolokalisierung und historischem Verhalten. Benutzer mit hohem Risiko müssen möglicherweise zusätzliche Verifizierungsschritte durchführen, während Benutzer mit geringem Risiko problemlos auf Ressourcen zugreifen können. Dieser adaptive Sicherheitsansatz stellt dynamische und kontextabhängige Zugriffsentscheidungen sicher und reduziert so die Wahrscheinlichkeit von anmeldedatenbasierten Angriffen und unbefugtem Zugriff.

Identitätsanalysen spielen auch bei der Erkennung von Insider-Bedrohungen eine wichtige Rolle. Während externe Cyberbedrohungen große Aufmerksamkeit erhalten, stellen Insider-Bedrohungen – ob absichtlich oder unabsichtlich – erhebliche Risiken für Unternehmen dar. Mitarbeiter mit übermäßigen Berechtigungen, ehemalige Mitarbeiter, die weiterhin Zugriff haben, oder kompromittierte Konten können zu Datenschutzverletzungen und Verstößen gegen Vorschriften führen. Identitätsanalysen identifizieren ungewöhnliches Zugriffsverhalten, z. B. das Herunterladen großer Datenmengen, den Zugriff auf eingeschränkte Systeme oder häufige Änderungen der Berechtigungen. Durch die frühzeitige Erkennung dieser Anomalien können Unternehmen proaktiv Maßnahmen ergreifen, um Datenlecks und Richtlinienverstöße zu verhindern.

Identitätsanalysen stärken Compliance und Auditbereitschaft, indem sie kontinuierliche Transparenz in Bezug auf Benutzerzugriffe und Richtliniendurchsetzung bieten. Viele regulatorische Rahmenbedingungen wie DSGVO, HIPAA und SOX verlangen von Unternehmen, detaillierte Aufzeichnungen über Zugriffsaktivitäten zu führen, regelmäßige Zugriffsüberprüfungen durchzuführen und das Prinzip der geringsten Privilegien durchzusetzen. Identitätsanalysen automatisieren diese Prozesse, indem sie Echtzeitberichte erstellen, nicht konforme Aktivitäten kennzeichnen und sicherstellen, dass Zugriffszertifizierungen auf tatsächlichen Nutzungsmustern und nicht auf statischen Rollenzuweisungen basieren. Dies reduziert den Verwaltungsaufwand für Compliance-Teams und verbessert gleichzeitig die allgemeine Governance.

Rollenanalyse und -optimierung profitieren von der Identitätsanalyse, indem sie sicherstellt, dass Zugriffsberechtigungen mit den tatsächlichen Aufgaben übereinstimmen. Herkömmliche RBAC-Modelle leiden häufig unter einer schleichenden Ausweitung der Berechtigungen, bei der Benutzer im Laufe der Zeit übermäßig viele Berechtigungen ansammeln. Die Identitätsanalyse analysiert Zugriffstrends im gesamten Unternehmen und identifiziert redundante Rollen, ungenutzte Berechtigungen und widersprüchliche Berechtigungen. Durch die Verfeinerung von Rollendefinitionen und die Beseitigung unnötiger Zugriffe können Unternehmen die Sicherheit verbessern und gleichzeitig die betriebliche Effizienz aufrechterhalten.

Das Benutzerlebenszyklusmanagement ist ein weiterer Bereich, in dem Identitätsanalysen IGA verbessern. Unternehmen nehmen häufig neue Mitarbeiter auf, ändern Rollen und entlassen ausscheidende Mitarbeiter. Dies schafft potenzielle Sicherheitslücken, wenn der Zugriff nicht ordnungsgemäß verwaltet wird. Identitätsanalysen automatisieren die Bereitstellung und Deaktivierung von Benutzern basierend auf Beschäftigungsstatus, Funktion und Verhaltensdaten. Ändert sich die Rolle eines Mitarbeiters, werden die Zugriffsrechte dynamisch angepasst. Dies reduziert das Risiko übermäßiger Berechtigungen oder verwaister Konten.

Die Integration von Identitätsanalysen in SIEM-Lösungen (Security Information and Event Management) verbessert die Bedrohungserkennung und die Reaktion auf Vorfälle. SIEM-Plattformen aggregieren und analysieren Sicherheitsprotokolle aus verschiedenen Quellen, einschließlich identitätsbezogener Aktivitäten. Die Identitätsanalyse korreliert diese Ereignisse mit Daten zum Benutzerverhalten und bietet so einen ganzheitlichen Überblick über potenzielle Sicherheitsvorfälle. Wird ein kompromittiertes Konto erkannt, können sofort automatisierte Maßnahmen eingeleitet werden, z. B. der Entzug des Zugriffs, die Einleitung einer Vorfalluntersuchung oder die Durchsetzung einer verstärkten Authentifizierung.

Die Einführung der Cloud hat die Komplexität der Identitätsverwaltung erhöht und erfordert, dass Unternehmen den Zugriff über mehrere Umgebungen hinweg verwalten. Identitätsanalysen bieten einen zentralen Einblick in Cloud-basierte Zugriffsaktivitäten und stellen sicher, dass Richtlinien in SaaS-Anwendungen, hybriden Infrastrukturen und Multi-Cloud-Plattformen konsistent durchgesetzt werden. Durch die Überwachung Cloud-spezifischer Risiken wie übermäßiger API-Aufrufe, nicht autorisierter Datenübertragungen und ungewöhnlicher Anmeldeversuche können Unternehmen ihre Sicherheit in Cloud-Umgebungen stärken.

Künstliche Intelligenz und maschinelles Lernen entwickeln die Identitätsanalyse weiter und ermöglichen prädiktive Sicherheitsmaßnahmen und intelligente Automatisierung. ML-Algorithmen analysieren historische Zugriffsmuster, um zukünftige Risiken vorherzusagen. So können Unternehmen präventive Sicherheitskontrollen implementieren. KI-gesteuerte Automatisierung steigert die Effizienz zusätzlich, indem sie manuelle Eingriffe in Zugriffsverwaltung, Compliance-Reporting und Incident Response reduziert. Durch kontinuierliches Lernen aus identitätsbezogenen Daten helfen diese Technologien Unternehmen, sich an neue Bedrohungen und regulatorische Anforderungen anzupassen.

Da Identitätsbedrohungen immer raffinierter werden, bietet Identitätsanalyse Unternehmen einen datenbasierten Ansatz zum Schutz digitaler Identitäten. Durch die Integration KI-gestützter Erkenntnisse, risikobasierter Authentifizierung und Echtzeitüberwachung können Unternehmen den Benutzerzugriff proaktiv verwalten, Sicherheitsverletzungen verhindern und die Einhaltung von Branchenvorschriften sicherstellen. Identitätsanalyse erhöht nicht nur die Sicherheit, sondern auch die Effizienz und ermöglicht Unternehmen ein dynamisches und intelligentes Identitätsmanagement.

Einbeziehung der Verhaltensanalyse in IGA

Identity Governance and Administration (IGA) hat sich von einem statischen Zugriffsmanagement-Framework zu einem dynamischen Sicherheitsansatz entwickelt, der Echtzeit-Datenanalyse, Automatisierung und risikobasierte Entscheidungsfindung umfasst. Angesichts zunehmender Cybersicherheitsbedrohungen für Unternehmen hat sich die Verhaltensanalyse als wichtiger Bestandteil moderner IGA-Lösungen etabliert. Herkömmliche Identity-Governance-Modelle basieren auf vordefinierten Rollen und Zugriffsrichtlinien, die zwar effektiv sind, aber oft nicht ausreichen, um Anomalien zu erkennen und komplexe Angriffe zu verhindern. Durch die Integration der Verhaltensanalyse in IGA können Unternehmen die Bedrohungserkennung verbessern, die Zugriffskontrollen optimieren und die kontinuierliche Einhaltung von Sicherheitsrichtlinien sicherstellen.

Die Verhaltensanalyse in IGA nutzt maschinelles Lernen, künstliche Intelligenz (KI) und Analytik, um Benutzeraktivitäten zu überwachen, Abweichungen vom normalen Verhalten zu erkennen und Risiken dynamisch zu bewerten. Anstatt sich ausschließlich auf statische Regeln zu verlassen, legt dieser Ansatz Verhaltensgrundlagen für jeden Benutzer fest, die auf historischen Zugriffsmustern, Anmeldehäufigkeit, Gerätenutzung und Anwendungsinteraktionen basieren. Weicht die Aktivität eines Benutzers von diesen Mustern ab, kann das System Warnungen auslösen, zusätzliche Authentifizierungsmaßnahmen erzwingen oder Zugriffsrechte automatisch anpassen, um potenzielle Risiken zu minimieren.

Einer der Hauptvorteile der Verhaltensanalyse in IGA ist die Fähigkeit, Insider-Bedrohungen zu erkennen. Herkömmliche Identity-Governance-Lösungen konzentrieren sich auf externe Sicherheitsrisiken wie gestohlene Anmeldeinformationen oder unbefugte Zugriffsversuche. Insider-Bedrohungen – ob absichtlich oder versehentlich – stellen jedoch ein erhebliches Risiko für Unternehmen dar. Mitarbeiter mit legitimen Zugriffsrechten können Privilegien missbrauchen, ihre Berechtigungen erweitern oder vertrauliche Daten exfiltrieren, ohne herkömmliche Sicherheitswarnungen auszulösen. Durch die kontinuierliche Überwachung von Verhaltensmustern können IGA-Systeme

Anomalien wie übermäßige Dateidownloads, wiederholten Zugriff auf vertrauliche Daten oder Versuche der Rechteerweiterung außerhalb des normalen Arbeitsablaufs erkennen.

Auch Privileged Access Management (PAM) profitiert von Verhaltensanalysen. Privilegierte Benutzer wie IT-Administratoren und Führungskräfte verfügen über erweiterte Zugriffsrechte, deren Missbrauch zu erheblichen Sicherheitsverletzungen führen kann. Herkömmliche PAM-Lösungen erzwingen strenge Zugriffskontrollen und Sitzungsüberwachung. Verhaltensanalysen bieten jedoch zusätzliche Sicherheit, indem sie die Aktivitäten privilegierter Benutzer in Echtzeit analysieren. Versucht ein Administrator plötzlich, auf Systeme zuzugreifen, mit denen er normalerweise nicht interagiert, oder führt er Aktionen außerhalb seines normalen Zeitplans aus, kann das System dieses Verhalten als verdächtig kennzeichnen, eine zusätzliche Authentifizierung auslösen oder den Zugriff vorübergehend sperren, bis die Aktivität überprüft wurde.

Adaptive Authentifizierung ist eine weitere wichtige Anwendung der Verhaltensanalyse in IGA. Statische Authentifizierungsrichtlinien, wie beispielsweise die Anforderung einer Multi-Faktor-Authentifizierung (MFA) für alle Benutzer, können unnötige Reibungsverluste verursachen und die Produktivität beeinträchtigen. Durch die Einbeziehung verhaltensbezogener Erkenntnisse können Unternehmen eine risikobasierte Authentifizierung implementieren, die sich an das Benutzerverhalten anpasst. Greift ein Mitarbeiter beispielsweise von einem bekannten Gerät und Standort auf Unternehmenssysteme zu, ermöglicht das System möglicherweise eine nahtlose Anmeldung ohne zusätzliche Authentifizierung. Versucht derselbe Benutzer jedoch, sich von einem unbekannten Standort oder einem kompromittierten Gerät aus anzumelden, kann das System eine verstärkte Authentifizierung erzwingen, beispielsweise durch biometrische Verifizierung oder ein Einmalkennwort (OTP). Dieser Ansatz verbessert sowohl die Sicherheit als auch das Benutzererlebnis, indem er die Authentifizierungsreibung reduziert und gleichzeitig sicherstellt, dass risikoreiche Aktivitäten strengeren Kontrollen unterliegen.

Verhaltensanalysen verbessern zudem die Compliance-Überwachung in IGA. Vorschriften wie DSGVO, HIPAA und SOX verlangen von

Unternehmen strenge Zugriffskontrollen, regelmäßige Audits und die Sicherstellung, dass Benutzerberechtigungen mit den Aufgabenbereichen übereinstimmen. Herkömmliche Compliance-Audits basieren auf regelmäßigen Überprüfungen, die Sicherheitsvorfälle möglicherweise nicht in Echtzeit erkennen. Durch die kontinuierliche Analyse des Nutzerverhaltens können IGA-Systeme Compliance-Einblicke in Echtzeit liefern und potenzielle Verstöße frühzeitig erkennen. Greift ein Mitarbeiter über seine Rolle hinaus auf Kundendaten zu oder verzeichnet eine Anwendung eine ungewöhnlich hohe Anzahl fehlgeschlagener Authentifizierungsversuche, kann das System automatisierte Compliance-Berichte erstellen und Sicherheitsteams zur weiteren Untersuchung benachrichtigen.

Die Integration von Verhaltensanalysen in die Erkennung und Abwehr von Identitätsbedrohungen (ITDR) ist ein weiterer wichtiger Fortschritt bei IGA. ITDR-Lösungen konzentrieren sich auf die Erkennung und Abwehr identitätsbasierter Bedrohungen, darunter die Kompromittierung von Anmeldeinformationen, Missbrauch von Berechtigungen und Lateral-Movement-Angriffe. Durch die Analyse des Identitätsverhaltens in Echtzeit können ITDR-basierte IGA-Lösungen kompromittierte Konten identifizieren, Anmeldeinformationen automatisch zurücksetzen und Zugriffsbeschränkungen durchsetzen, bevor ein Angriff fortschreitet. Verhaltensanalysen helfen zudem bei der Erkennung von Advanced Persistent Threats (APTs), bei denen Angreifer gestohlene Anmeldeinformationen nutzen, um sich über längere Zeit unentdeckt in Netzwerken zu bewegen. Durch den Vergleich des Benutzerverhaltens mit historischen Mustern können IGA-Systeme diese subtilen Anzeichen einer Kompromittierung erkennen und proaktiv Gegenmaßnahmen einleiten.

Cloudbasierte IGA-Lösungen nutzen Verhaltensanalysen, um die Sicherheit in Multi-Cloud- und Hybridumgebungen zu verbessern. Mit der Migration von Unternehmen in die Cloud wird die Verwaltung von Identitäten über mehrere Plattformen hinweg zunehmend komplexer. Herkömmliche Access-Governance-Modelle können möglicherweise nicht die Durchsetzung konsistenter Sicherheitsrichtlinien für Cloud-Anwendungen, lokale Systeme und Drittanbieterdienste erschweren. Verhaltensanalysen ermöglichen es Unternehmen, Cloud-

Zugriffsaktivitäten in Echtzeit zu überwachen, nicht autorisierte API-Anfragen zu erkennen und bedingte Zugriffsrichtlinien basierend auf kontextbezogenen Risikofaktoren durchzusetzen. Stellt ein Cloud-basiertes System eine ungewöhnlich hohe Anzahl fehlgeschlagener Anmeldeversuche oder einen Anstieg der Aktivität privilegierter Konten fest, können automatisierte Reaktionsmechanismen den Zugriff widerrufen, Sicherheitsteams benachrichtigen oder zusätzliche Überprüfungen verlangen.

Die automatisierte Behebung von Sicherheitslücken ist ein weiterer Anwendungsfall für die Verhaltensanalyse in IGA. Anstatt auf manuelle Sicherheitsmaßnahmen zu setzen, ermöglichen verhaltensbasierte Erkenntnisse den Systemen, bei verdächtigen Aktivitäten sofort zu reagieren. Deutet beispielsweise das Zugriffsverhalten eines Mitarbeiters auf eine mögliche Gefährdung seiner Anmeldeinformationen hin, kann das System ihn automatisch abmelden, sein Konto deaktivieren und eine Passwortzurücksetzung erzwingen. Ebenso kann das System den Zugriff sperren, bis ein Administrator die Rechtmäßigkeit der Aktivität überprüft, wenn das Servicekonto eines Lieferanten ungewöhnliches Verhalten zeigt, beispielsweise den Zugriff auf Daten außerhalb der Geschäftszeiten. Dieser proaktive Ansatz minimiert Sicherheitsrisiken und entlastet gleichzeitig die IT-Teams.

Die Verhaltensanalyse in IGA erstreckt sich auch auf das Risikomanagement von Drittanbietern. Viele Unternehmen sind auf Auftragnehmer, Partner und Lieferanten angewiesen, die Zugriff auf interne Systeme benötigen. Herkömmliche Zugriffskontrollen für Drittanbieter basieren auf vordefinierten Richtlinien, die sich möglicherweise nicht mit neu entstehenden Risiken befassen. Durch die Analyse des Verhaltens von Drittanbietern können Unternehmen dynamische Zugriffskontrollen durchsetzen und den Zugriff bei Erkennung ungewöhnlicher Aktivitäten einschränken. Greift beispielsweise ein Lieferantenkonto plötzlich auf Finanzdaten zu, die nicht mit seiner Rolle in Zusammenhang stehen, kann das System den Zugriff automatisch widerrufen und eine Untersuchung einleiten. Diese Echtzeitüberwachung erhöht die Sicherheit und stellt gleichzeitig sicher, dass Drittanbieteridentitäten die Governance-Richtlinien einhalten.

Da sich identitätsbezogene Bedrohungen ständig weiterentwickeln, transformiert die Verhaltensanalyse IGA von einem regelbasierten Sicherheitsmodell zu einem adaptiven, informationsgesteuerten Framework. Durch den Einsatz von KI, kontinuierlicher Überwachung und automatisierter Risikobewertung können Unternehmen die Sicherheit erhöhen, die Compliance optimieren und identitätsbezogene Risiken in ihren IT-Umgebungen reduzieren. Die Integration von Verhaltenserkenntnissen in die Identitätsverwaltung stellt sicher, dass Unternehmen Sicherheitsbedrohungen in Echtzeit erkennen, analysieren und darauf reagieren können, wodurch ihre allgemeine Cybersicherheitslage gestärkt wird.

IGA und Zero Trust-Architektur

Identity Governance and Administration (IGA) spielt eine entscheidende Rolle bei der Implementierung der Zero Trust Architecture (ZTA), einem Sicherheitsrahmen, der implizites Vertrauen eliminiert und eine kontinuierliche Überprüfung aller Benutzer, Geräte und Anwendungen erzwingt. Angesichts immer raffinierterer Cyberbedrohungen reichen herkömmliche perimeterbasierte Sicherheitsmodelle nicht mehr aus, um Unternehmen vor identitätsbezogenen Angriffen, Insider-Bedrohungen und unbefugtem Zugriff zu schützen. Durch die Integration von IGA in Zero Trust-Prinzipien können Unternehmen die Zugriffskontrolle verbessern, Least-Privilege-Richtlinien durchsetzen und eine kontinuierliche Identitätsüberprüfung in allen Umgebungen sicherstellen.

Zero Trust basiert auf dem Prinzip „Niemals vertrauen, immer überprüfen". Das bedeutet, dass der Zugriff auf Unternehmensressourcen nicht basierend auf dem Netzwerkstandort oder einer vorherigen Authentifizierung gewährt wird, sondern eine kontinuierliche Überprüfung der Identität, der Sicherheitslage und kontextbezogener Faktoren erfordert. Herkömmliche Identitätsmanagementlösungen basieren oft auf statischen Richtlinien und regelmäßigen Zugriffsüberprüfungen, die möglicherweise nicht ausreichen, um Echtzeitbedrohungen zu verhindern. IGA verbessert Zero Trust durch dynamische Zugriffskontrolle, risikobasierte Authentifizierung und automatisierte Identitätsverwaltung. So wird sichergestellt, dass Benutzer jederzeit nur die Berechtigungen haben, die sie benötigen.

Eines der Kernprinzipien von Zero Trust ist die Durchsetzung des Least-Privilege-Prinzips. Dadurch wird sichergestellt, dass Benutzern und Systemen nur die minimal erforderlichen Berechtigungen zur Erfüllung ihrer Aufgaben gewährt werden. IGA unterstützt Unternehmen bei der Implementierung von Least-Privilege-Prinzipien durch die Definition klarer rollenbasierter Zugriffskontrollmodelle (RBAC) und richtlinienbasierter Zugriffskontrollmodelle (PBAC). Automatisierte Provisioning- und Deprovisioning-Prozesse gewährleisten die dynamische Gewährung und den Entzug von Zugriffsrechten. Dies reduziert das Risiko von Privilege Creep und übermäßigen Berechtigungen, die von böswilligen Akteuren ausgenutzt werden könnten. Durch die kontinuierliche Prüfung des Benutzerzugriffs und die Durchsetzung zeitbasierter oder bedingter Zugriffsrichtlinien können Unternehmen die Identitäten in einer Zero-Trust-Umgebung streng kontrollieren.

Adaptive Authentifizierung und risikobasierte Zugriffskontrolle sind wesentliche Bestandteile von Zero Trust, und IGA spielt bei der Durchsetzung dieser Maßnahmen eine wichtige Rolle. Anstatt sich ausschließlich auf die Authentifizierung mit Benutzername und Passwort zu verlassen, nutzt Zero Trust Multi-Faktor-Authentifizierung (MFA), biometrische Verifizierung und Verhaltensanalysen, um die Vertrauenswürdigkeit der Benutzer zu bewerten. IGA-Lösungen lassen sich in Authentifizierungsframeworks integrieren, um Zugriffsanfragen in Echtzeit zu analysieren und dabei Faktoren wie Gerätesicherheit, Geolokalisierung, Zugriffszeitpunkt und historisches Verhalten zu berücksichtigen. Weicht eine Zugriffsanfrage vom normalen Muster ab, kann das System zusätzliche Verifizierungen verlangen oder den Zugriff ganz verweigern. So wird das Risiko eines unbefugten Zugriffs minimiert.

Kontinuierliche Zugriffsüberprüfungen und die automatisierte Durchsetzung von Richtlinien stärken die Zero-Trust-Sicherheit zusätzlich. Viele Unternehmen führen regelmäßige

Benutzerzugriffsüberprüfungen durch, um sicherzustellen, dass Mitarbeiter und Auftragnehmer über die entsprechenden Berechtigungen verfügen. Statische Überprüfungen sind jedoch möglicherweise nicht effektiv, um Echtzeitbedrohungen oder sich schnell ändernde Zugriffsanforderungen zu erkennen. IGA ermöglicht die kontinuierliche Überwachung von Benutzeraktivitäten, kennzeichnet automatisch Richtlinienabweichungen und entzieht unnötigen oder verdächtigen Zugriff. Durch die Integration von IGA in SIEM-Systeme (Security Information and Event Management) können Unternehmen identitätsbezogene Aktivitäten mit umfassenderen Sicherheitsereignissen korrelieren und so potenzielle Bedrohungen schneller erkennen und darauf reagieren.

Privileged Access Management (PAM) ist ein weiterer wichtiger Aspekt von Zero Trust, der von einer starken Identitätsverwaltung profitiert. Privilegierte Benutzer wie IT-Administratoren und Führungskräfte verfügen oft über erweiterte Zugriffsrechte, was sie zu einem bevorzugten Ziel für Cyberangriffe macht. IGA und PAM arbeiten zusammen, um Just-in-Time-Zugriffsrichtlinien (JIT) durchzusetzen und sicherzustellen, dass privilegierter Zugriff nur bei Bedarf und für eine begrenzte Dauer gewährt wird. Sitzungsüberwachung, Credential Vaulting und automatischer Privilegienentzug reduzieren die Angriffsfläche zusätzlich und verhindern eine unbefugte Ausweitung von Privilegien innerhalb eines Zero-Trust-Frameworks.

Zero Trust ist besonders relevant für Unternehmen in Hybrid- und Multi-Cloud-Umgebungen, in denen Identitätssicherheit über lokale Systeme, SaaS-Anwendungen und Cloud-Plattformen hinweg einheitlich gewährleistet werden muss. Cloud Identity Governance stellt sicher, dass Zugriffskontrollen in allen Umgebungen einheitlich angewendet werden, wodurch das Risiko von Sicherheitslücken durch falsch konfigurierte Berechtigungen reduziert wird. IGA-Lösungen lassen sich mit Cloud-Identitätsanbietern integrieren, um das Identitätsmanagement zu zentralisieren, plattformübergreifende Authentifizierungsrichtlinien durchzusetzen und die Transparenz cloudbasierter Zugriffsaktivitäten zu gewährleisten.

Die Zugriffskontrolle durch Dritte ist eine weitere Herausforderung, die IGA und Zero Trust effektiv bewältigen. Viele Unternehmen sind auf externe Anbieter, Auftragnehmer und Dienstleister angewiesen, die vorübergehenden oder eingeschränkten Zugriff auf Unternehmensressourcen benötigen. Herkömmliche Sicherheitsmodelle gewähren Dritten oft übermäßige Berechtigungen, was das Risiko von Datenverlust und Insider-Bedrohungen erhöht. Durch die Implementierung von Zero Trust-Prinzipien können Unternehmen eine strenge Identitätsprüfung durchsetzen, den Zugriff Dritter auf bestimmte Anwendungen oder Zeiträume beschränken und die Aktivitäten externer Benutzer kontinuierlich überwachen. IGA ermöglicht das automatisierte On- und Offboarding von Identitäten Dritter und stellt sicher, dass der Zugriff nur bei Bedarf gewährt und widerrufen wird, sobald er nicht mehr benötigt wird.

Zero Trust legt zudem Wert auf die kontinuierliche Bewertung von Identitätsrisiken und nutzt KI-gestützte Identitätsanalysen, um Anomalien zu erkennen und unbefugten Zugriff zu verhindern. In IGA integrierte Tools zur Identitätsanalyse überwachen das Benutzerverhalten, erkennen ungewöhnliche Zugriffsmuster und generieren Risikobewertungen in Echtzeit. Zeigt ein Benutzer verdächtige Aktivitäten, z. B. den Zugriff auf mehrere Systeme mit hohen Berechtigungen in kurzer Zeit oder den Versuch, sich von einem unbekannten Gerät aus anzumelden, kann das System automatisierte Sicherheitsmaßnahmen auslösen, z. B. eine zusätzliche Authentifizierung anfordern oder den Zugriff entziehen.

Governance und Compliance bleiben in einem Zero-Trust-Framework unerlässlich, da Unternehmen gesetzliche Anforderungen wie DSGVO, HIPAA und SOX einhalten müssen. Die Implementierung von IGA innerhalb von Zero Trust stellt sicher, dass Zugriffsrichtlinien den Compliance-Standards entsprechen, Zugriffsprotokolle für Audits geführt und identitätsbezogene Risiken minimiert werden. Automatisierte Compliance-Berichte und Zugriffszertifizierungen helfen Unternehmen, die Einhaltung von Sicherheitsrichtlinien nachzuweisen und das Risiko von Strafen bei Verstößen zu reduzieren.

Angesichts der sich ständig weiterentwickelnden Cyberbedrohungen müssen Unternehmen ein Sicherheitsmodell einführen, das kontinuierliche Identitätsprüfung, dynamische Zugriffskontrolle und die Durchsetzung des Prinzips der geringsten Privilegien priorisiert. IGA bildet die Grundlage von Zero Trust und bietet die notwendigen Tools zur Verwaltung von Benutzeridentitäten, zur Durchsetzung von

Echtzeit-Sicherheitsrichtlinien und zum Schutz kritischer Assets vor unbefugtem Zugriff. Durch die Integration von IGA in Zero Trust-Prinzipien können Unternehmen ihre Sicherheitslage stärken und gleichzeitig Mitarbeitern, Partnern und Drittanbietern einen nahtlosen und sicheren Zugriff in verteilten IT-Umgebungen ermöglichen.

Aufbau einer Kultur der Identitätsverwaltung

Die Etablierung einer starken Identity-Governance-Kultur ist für Unternehmen unerlässlich, die vertrauliche Informationen schützen, die Einhaltung gesetzlicher Vorschriften gewährleisten und ihre Betriebseffizienz aufrechterhalten möchten. Identity Governance and Administration (IGA) ist nicht nur eine technische Lösung, sondern ein strategischer Ansatz, der die Einbindung aller Organisationsebenen erfordert. Durch die Förderung einer Kultur, die Identity Governance priorisiert, können Unternehmen Sicherheitsrisiken reduzieren, das Zugriffsmanagement optimieren und eine Umgebung schaffen, in der Mitarbeiter, Partner und Dritte ihre Rolle beim sicheren Zugriff auf Unternehmensressourcen verstehen.

Die Schaffung einer Identity-Governance-Kultur beginnt mit der Unterstützung der Führungsebene. Die Unternehmensführung muss erkennen, dass Identitätssicherheit nicht nur eine IT-Funktion ist, sondern ein grundlegender Aspekt des Risikomanagements und der Geschäftskontinuität. Wenn Führungskräfte Identity-Governance-Initiativen fördern, geben sie den Ton für das gesamte Unternehmen an. Die Unterstützung der Geschäftsleitung trägt dazu bei, die notwendigen Investitionen in IGA-Lösungen, Schulungsprogramme und Mechanismen zur Richtliniendurchsetzung zu sichern. Ein Top-down-Ansatz stellt sicher, dass Identity Governance zu einer zentralen Geschäftspriorität wird und nicht nur in den Hintergrund tritt.

Die Sensibilisierung und Schulung der Mitarbeiter spielt eine entscheidende Rolle bei der Verankerung von Identity Governance in der Unternehmenskultur. Viele Sicherheitsverletzungen entstehen durch menschliches Versagen, beispielsweise durch schwache

Passwörter, Phishing-Angriffe oder den unsachgemäßen Umgang mit Zugangsdaten. Regelmäßige Schulungen, Sensibilisierungskampagnen und interaktive Workshops vermitteln den Mitarbeitern die Bedeutung eines sicheren Identitätsmanagements. Unternehmen sollten ihre Mitarbeiter über Best Practices informieren, beispielsweise das Erkennen von Social-Engineering-Versuchen, das Melden verdächtiger Aktivitäten und die Einhaltung von Zugriffskontrollrichtlinien. Je besser Mitarbeiter über Identity Governance informiert sind, desto verantwortungsvoller handeln sie im Umgang mit sensiblen Informationen.

Die Durchsetzung von Richtlinien und die Einhaltung von Verantwortlichkeiten sind Schlüsselkomponenten einer starken Identity-Governance-Kultur. Unternehmen müssen klare Richtlinien festlegen, die den Umgang mit Identitäten, die Verantwortung für die Gewährung und den Entzug von Zugriffen und die Maßnahmen im Falle eines Sicherheitsvorfalls regeln. Diese Richtlinien sollten effektiv kommuniziert und durch regelmäßige Audits und Compliance-Prüfungen verstärkt werden. Rollenbasierte Zugriffskontrolle (RBAC) und richtlinienbasierte Zugriffskontrolle (PBAC) stellen sicher, dass Benutzer nur auf die für ihre Aufgaben erforderlichen Ressourcen zugreifen können. Die Verpflichtung der Mitarbeiter zur Einhaltung der Zugriffsrichtlinien fördert das Verantwortungsbewusstsein und verringert das Risiko des Missbrauchs von Berechtigungen.

Automatisierung und Technologieintegration unterstützen die Identitätsverwaltung, indem sie den manuellen Arbeitsaufwand reduzieren und das Risiko menschlicher Fehler minimieren. Die automatisierte Bereitstellung und Deaktivierung von Benutzerkonten stellt sicher, dass Mitarbeiter beim Eintritt in ein Unternehmen den entsprechenden Zugriff erhalten und dieser bei Austritt umgehend widerrufen wird. Die Implementierung von Multi-Faktor-Authentifizierung (MFA), Single Sign-On (SSO) und adaptiven Authentifizierungsmechanismen erhöht die Sicherheit zusätzlich und sorgt gleichzeitig für ein nahtloses Benutzererlebnis. KI-gestützte Identitätsanalysen können Anomalien im Zugriffsverhalten erkennen und so potenzielle Bedrohungen identifizieren, bevor sie zu Sicherheitsvorfällen führen.

Die Zusammenarbeit zwischen IT-, Sicherheits-, HR- und Compliance-Teams ist für eine einheitliche Identity-Governance-Strategie unerlässlich. Identity Governance ist keine isolierte Funktion, sondern ein interdisziplinäres Projekt, das die Zusammenarbeit verschiedener Abteilungen erfordert. IT-Teams verwalten technische Implementierungen, Sicherheitsteams überwachen Bedrohungen und setzen Richtlinien durch, HR-Teams kümmern sich um das Onboarding und Offboarding von Mitarbeitern, und Compliance-Teams gewährleisten die Einhaltung gesetzlicher Vorschriften. Regelmäßige funktionsübergreifende Meetings, gemeinsame Verantwortungsrahmen und integrierte Governance-Workflows unterstützen Unternehmen dabei, einheitliche Identity-Management-Praktiken zu gewährleisten.

Die Identitätsverwaltung durch Drittanbieter ist ein weiterer wichtiger Aspekt beim Aufbau einer Kultur des sicheren Zugriffsmanagements. Viele Unternehmen sind auf Lieferanten, Auftragnehmer und Geschäftspartner angewiesen, die vorübergehenden Zugriff auf Unternehmenssysteme benötigen. Ohne angemessene Kontrolle können Drittanbieteridentitäten zu einem Sicherheitsrisiko werden, insbesondere wenn die Zugriffsberechtigungen nach Vertragsende nicht widerrufen werden. Strenge Richtlinien für den Drittanbieterzugriff, die Durchsetzung des Prinzips der geringsten Privilegien und die kontinuierliche Überwachung der externen Benutzeraktivitäten helfen Unternehmen, Risiken im Zusammenhang mit der Lieferkettensicherheit zu minimieren.

Kennzahlen und kontinuierliche Verbesserung fördern den langfristigen Erfolg der Identity Governance. Unternehmen sollten Key Performance Indicators (KPIs) definieren, um die Effektivität ihrer IGA-Programme zu messen. Kennzahlen wie die benötigte Zeit zum Entzug des Zugriffs ausscheidender Mitarbeiter, die Abschlussquote von Zugriffsüberprüfungen und die Anzahl der festgestellten Richtlinienverstöße geben Aufschluss über Bereiche, in denen Verbesserungsbedarf besteht. Regelmäßige Bewertungen und Audits tragen zur Verfeinerung der Identity-Governance-Richtlinien bei und stellen sicher, dass diese stets an die sich entwickelnden Geschäftsanforderungen und regulatorischen Änderungen angepasst sind.

Führungsengagement, Mitarbeiterengagement, Richtliniendurchsetzung, Automatisierung, funktionsübergreifende Zusammenarbeit und kontinuierliche Verbesserung sind wesentliche Elemente einer starken Identity-Governance-Kultur. Wenn Unternehmen Identity Governance auf allen Ebenen priorisieren, schaffen sie eine sicherheitsbewusste Belegschaft, reduzieren Risiken durch unbefugten Zugriff und stellen sicher, dass die Identitätsmanagementpraktiken mit den Geschäftszielen übereinstimmen. Durch die Integration von Identity Governance in die Unternehmenskultur schaffen Unternehmen die Grundlage für sichere und effiziente digitale Abläufe.

Überwindung des Widerstands gegen IGA-Initiativen

Die Implementierung von Identity Governance and Administration (IGA) ist ein entscheidender Schritt zur Sicherung von Unternehmenssystemen, zur Durchsetzung von Compliance und zur Optimierung des Identitätsmanagements. Unternehmen stoßen jedoch häufig auf Widerstand bei der Einführung von IGA-Initiativen. Dieser Widerstand kann von Mitarbeitern, IT-Teams oder Führungskräften ausgehen, die Bedenken hinsichtlich Benutzerfreundlichkeit, Störungen oder Kosten haben. Die Bewältigung dieser Herausforderungen erfordert einen strukturierten Ansatz, der Kommunikation, Schulung, strategische Umsetzung und kontinuierliche Einbindung der Stakeholder in den Mittelpunkt stellt.

Einer der häufigsten Gründe für Widerstand sind Mitarbeiter, die befürchten, dass IGA-Initiativen ihre täglichen Arbeitsabläufe erschweren. Neue Sicherheitskontrollen, Zugriffsbeschränkungen oder Authentifizierungsmaßnahmen werden von Mitarbeitern oft als unnötige Hindernisse und nicht als Sicherheitsverbesserungen wahrgenommen. Unternehmen können diesen Bedenken begegnen, indem sie klar erklären, warum Identity Governance notwendig ist, wie sie sowohl individuelle als auch Unternehmensdaten schützt und welche Maßnahmen zur Minimierung von Störungen ergriffen wurden. Sensibilisierungskampagnen, Schulungen und die Verdeutlichung der Vorteile optimierter Zugriffsanforderungsprozesse können dazu beitragen, dass Mitarbeiter IGA als positive Veränderung und nicht als Belastung empfinden.

IT-Teams können IGA-Initiativen auch ablehnen, insbesondere wenn sie befürchten, dass die Implementierung betriebliche Komplexität, umfangreiche Konfiguration oder zusätzlichen Ressourcenaufwand mit sich bringt. Viele IT-Experten sind an Altsysteme und manuelle Zugriffsverwaltungsprozesse gewöhnt, und die Umstellung auf eine automatisierte IGA-Plattform kann entmutigend wirken. Um IT-Unterstützung zu erhalten, sollten Unternehmen ihre IT-Teams frühzeitig in die Auswahl- und Planungsphase einbinden und ihnen Mitspracherecht bei Entscheidungen einräumen. Praxisnahe Schulungen, die Erläuterung der durch Automatisierung erzielten Effizienzgewinne und die Reduzierung manueller Verwaltungsaufgaben können IT-Experten den Mehrwert der IGA-Einführung verdeutlichen.

Führungskräfte zögern möglicherweise, IGA-Initiativen zu genehmigen, da sie sich Sorgen um Kosten, Return on Investment (ROI) und Geschäftsauswirkungen machen. Entscheidungsträger priorisieren oft Initiativen, die Umsatz und Wachstum fördern, und Identity Governance wird nicht immer als unmittelbarer Geschäftstreiber angesehen. Um die Zustimmung der Geschäftsleitung zu gewinnen, ist es entscheidend, die finanziellen und betrieblichen Vorteile von IGA aufzuzeigen. Dazu gehört die Hervorhebung von Kosteneinsparungen durch reduzierten Verwaltungsaufwand, die Minimierung finanzieller Risiken im Zusammenhang mit Sicherheitsverletzungen und die Verbesserung der Compliance zur Vermeidung regulatorischer Sanktionen. Die Präsentation von Fallstudien erfolgreicher IGA-Implementierungen in ähnlichen Branchen kann den Business Case zusätzlich untermauern.

Eine weitere große Herausforderung bei der Einführung von IGA ist der Widerstand gegen Veränderungen. Mitarbeiter und Teams, die jahrelang auf traditionelle Zugriffsverwaltungsmethoden gesetzt haben, zögern möglicherweise, auf ein neues System umzusteigen. Change-Management-Strategien spielen eine entscheidende Rolle bei der Bewältigung dieser Widerstände. Unternehmen sollten IGA-Initiativen schrittweise umsetzen und Zeit für Anpassungen einplanen. Ein schrittweiser Rollout, bei dem Identity Governance in überschaubaren Schritten eingeführt wird, kann den Übergang erleichtern. Beginnen Sie mit Hochrisikobereichen wie dem privilegierten Zugriffsmanagement, bevor Sie es auf breitere Benutzergruppen ausweiten. Dies kann die Wirksamkeit von IGA demonstrieren und gleichzeitig den Widerstand minimieren.

Kommunikation ist entscheidend, um Widerstände gegen IGA-Initiativen zu überwinden. Unternehmen sollten sicherstellen, dass die Projektkommunikation klar, einheitlich und auf verschiedene Zielgruppen zugeschnitten ist. Technische Teams benötigen möglicherweise detaillierte Erklärungen zur Integration des Systems in die bestehende Infrastruktur, während Fachanwender einen vereinfachten Überblick über die Effizienzsteigerung benötigen. Regelmäßige Updates per E-Mail, in Form von Bürgerversammlungen und Schulungen halten die Beteiligten während des gesamten Implementierungsprozesses auf dem Laufenden und eingebunden.

Die Benutzererfahrung ist ein weiterer Faktor, der den Widerstand gegen die Einführung von IGA beeinflusst. Ist das System schwer zu navigieren oder erhöht es unnötige Komplexität bei alltäglichen Aufgaben, sind Benutzer möglicherweise weniger bereit, es zu akzeptieren. Unternehmen sollten benutzerfreundlichen Oberflächen, Self-Service-Zugriffsverwaltungstools und optimierten Genehmigungsabläufen Priorität einräumen. Usability-Tests vor der Einführung helfen, Schwachstellen zu identifizieren und das System anhand von Benutzerfeedback zu optimieren. Die Gewährleistung intuitiver und effizienter Zugriffsanforderungen, Passwortzurücksetzungen und Rollenzuweisungen fördert die Benutzerakzeptanz.

Sicherheitsmüdigkeit kann zu Widerstand führen, insbesondere in Unternehmen, deren Mitarbeiter bereits mit Authentifizierungsanforderungen, Kennwortrichtlinien und Compliance-Verfahren überfordert sind. Die Einführung von IGA als Möglichkeit, die Sicherheit zu vereinfachen, anstatt sie zu erhöhen, kann die Wahrnehmung verändern. Funktionen wie Single Sign-On (SSO), automatisierte Zugriffsbereitstellung und kontextbezogene Authentifizierung können Reibungsverluste reduzieren und gleichzeitig starke Sicherheitskontrollen gewährleisten. Unternehmen sollten diese Vorteile hervorheben, um zu zeigen, wie IGA das Benutzererlebnis verbessert, anstatt es zu verkomplizieren.

Die Einbindung interner Champions kann die IGA-Einführung fördern. Die Identifizierung einflussreicher Mitarbeiter, IT-Leiter oder Abteilungsleiter, die den Wert von Identity Governance verstehen, kann die Akzeptanz in Teams beschleunigen. Diese Champions können als Fürsprecher fungieren, Vorteile kommunizieren, Bedenken ausräumen und andere zur Einführung neuer Identity-Governance-Praktiken ermutigen. Wenn Mitarbeiter sehen, dass Kollegen IGA nutzen, ist es wahrscheinlicher, dass sie diesem Beispiel folgen.

Messbare Erfolgsindikatoren unterstreichen den Wert von IGA-Initiativen. Unternehmen sollten wichtige Kennzahlen wie reduzierte Sicherheitsvorfälle, schnellere Zugriffsgenehmigungen und verbesserte Compliance-Werte verfolgen und kommunizieren. Schnelle Erfolge, wie die Automatisierung von Benutzer-Onboarding-Prozessen oder die Reduzierung von Audit-Ergebnissen, stärken das Vertrauen in die Initiative. Transparenz in der Fortschrittsberichterstattung stärkt das Vertrauen und gibt Stakeholdern die Gewissheit, dass die Implementierung konkrete Vorteile bringt.

Die Ausrichtung von IGA auf umfassendere Geschäftsziele stärkt deren Akzeptanz zusätzlich. Wenn Identity Governance als Schlüsselfaktor für digitale Transformation, Cloud-Sicherheit und Einhaltung gesetzlicher Vorschriften positioniert wird, erkennen Stakeholder ihre strategische Bedeutung. Die Integration von IGA in bestehende Sicherheitsrahmen wie Zero Trust oder risikobasierte Authentifizierung stärkt ihre Rolle beim Schutz von Unternehmensressourcen und unterstützt gleichzeitig das Geschäftswachstum.

Die langfristige Nachhaltigkeit von IGA-Initiativen erfordert kontinuierliche Verbesserungen. Unternehmen sollten regelmäßig Nutzerfeedback einholen, Richtlinien verfeinern und Governance-

Frameworks an sich entwickelnde Sicherheitsbedrohungen und Geschäftsanforderungen anpassen. Die Einrichtung eines Governance-Komitees oder einer Arbeitsgruppe für IGA stellt sicher, dass Identity Governance auch nach der ersten Implementierungsphase Priorität hat.

Durch proaktives Ansprechen von Bedenken, die Einbindung von Stakeholdern auf allen Ebenen und die Demonstration klarer Werte können Unternehmen Widerstände gegen IGA-Initiativen erfolgreich überwinden. Ein durchdachter, benutzerzentrierter Ansatz stellt sicher, dass Identity Governance ein integraler Bestandteil des Geschäftsbetriebs wird und eine Kultur der Sicherheit, Effizienz und Compliance fördert.

Messung des ROI von IGA

Die Implementierung einer Identity Governance and Administration (IGA)-Lösung ist eine strategische Investition für Unternehmen, die ihre Sicherheit stärken, die Compliance verbessern und ihre Identitätsmanagementprozesse optimieren möchten. Die Vorteile von IGA sind allgemein anerkannt, doch die Messung des Return on Investment (ROI) ist unerlässlich, um die Kosten zu rechtfertigen, den Stakeholdern den Mehrwert aufzuzeigen und die laufenden Bemühungen zu optimieren. Die Berechnung des ROI von IGA erfordert die Bewertung sowohl direkter als auch indirekter Vorteile unter Berücksichtigung von Kosteneinsparungen, Risikominderung, Betriebseffizienz und Compliance-Verbesserungen.

Einer der wichtigsten Faktoren für den ROI von IGA ist die Kostensenkung durch Automatisierung. Herkömmliche Identitätsmanagementprozesse basieren stark auf manuellen Eingriffen. IT-Administratoren müssen Benutzerbereitstellung, -aufhebung, Zugriffsanfragen und Compliance-Audits manuell durchführen. Diese Aufgaben verbrauchen wertvolle Ressourcen und erhöhen das Fehlerrisiko. Durch die Automatisierung des Identitätslebenszyklusmanagements reduzieren Unternehmen den

Verwaltungsaufwand, senken die Arbeitskosten und minimieren den Bedarf an kostspieligen Korrekturen aufgrund von Zugriffsfehlern. Die durch die Automatisierung erzielte Zeitersparnis führt direkt zu finanziellen Einsparungen und verbessert die Gesamteffizienz des IT-Betriebs.

Eine verbesserte Sicherheitslage ist ein weiterer wichtiger Faktor für den ROI von IGA. Identitätsbezogene Verstöße wie Diebstahl von Anmeldeinformationen, Insider-Bedrohungen und Missbrauch von Berechtigungen gehören zu den kostspieligsten Sicherheitsvorfällen für Unternehmen. Unbefugter Zugriff auf sensible Systeme kann zu finanziellen Verlusten, Reputationsschäden und behördlichen Sanktionen führen. Durch die Durchsetzung des Least-Privilege-Prinzips, automatisierte Zugriffsüberprüfungen und die kontinuierliche Überwachung der Benutzeraktivitäten reduziert IGA die Wahrscheinlichkeit von Verstößen und die damit verbundenen Behebungskosten. Die Quantifizierung des ROI durch verbesserte Sicherheit umfasst die Bewertung der potenziellen finanziellen Auswirkungen von Verstößen, die durch strenge Identity-Governance-Praktiken verhindert wurden.

IGA verbessert zudem die Einhaltung gesetzlicher Vorschriften und reduziert das Risiko von Bußgeldern und Strafen bei Verstößen. Viele Branchen unterliegen strengen Vorschriften wie DSGVO, HIPAA, SOX und PCI DSS, die Unternehmen zur Durchsetzung von Zugriffskontrollen, regelmäßigen Audits und einer detaillierten Dokumentation identitätsbezogener Aktivitäten verpflichten. Manuelle Compliance-Prozesse sind ressourcenintensiv und fehleranfällig, was das Risiko von Verstößen erhöht. IGA-Lösungen automatisieren das Compliance-Reporting, optimieren die Audit-Vorbereitung und gewährleisten die kontinuierliche Durchsetzung von Zugriffsrichtlinien. Die Messung des ROI in diesem Bereich umfasst den Vergleich der Kosten für Compliance-Maßnahmen vor und nach der IGA-Implementierung sowie die Berechnung potenzieller Einsparungen durch die Vermeidung gesetzlicher Strafen.

Betriebseffizienzsteigerungen tragen maßgeblich zum finanziellen Nutzen von IGA bei. Mitarbeiter, Auftragnehmer und externe Nutzer benötigen zeitnahen Zugriff auf Unternehmenssysteme, um ihre Aufgaben effektiv erledigen zu können. Verzögerungen bei der

Zugriffsbereitstellung oder der Lösung von Zugriffsproblemen können zu Produktivitätsverlusten, Frustration und Ineffizienzen in allen Abteilungen führen. Self-Service-Zugriffsverwaltung, automatisierte Rollenzuweisungen und Echtzeit-Zugriffsüberwachung ermöglichen Unternehmen eine schnellere Einarbeitung, reibungslose Rollenwechsel und die Vermeidung unnötiger Ausfallzeiten. Die daraus resultierenden Produktivitätssteigerungen lassen sich anhand der Zeitersparnis bei Zugriffsverwaltungsaufgaben und der gesteigerten Mitarbeitereffizienz quantifizieren.

Die Integration von Privileged Access Management (PAM) steigert die finanziellen Vorteile von IGA zusätzlich. Privilegierte Konten sind ein Hochrisikoziel für Cyberangriffe, und eine unsachgemäße Verwaltung dieser Konten kann zu erheblichen Sicherheitsvorfällen führen. IGA-Lösungen mit PAM stellen sicher, dass privilegierter Zugriff nur bei Bedarf gewährt wird. Strenge Überwachung und Sitzungsaufzeichnung verhindern Missbrauch. Durch die Reduzierung des Risikos der Kompromittierung privilegierter Konten vermeiden Unternehmen potenzielle finanzielle Verluste durch unbefugten Administratorzugriff, Systemstörungen und Datenschutzverletzungen.

Identitätsanalysen und risikobasierte Entscheidungsfindung erweitern den ROI von IGA um eine weitere Dimension. Herkömmliche Zugriffskontrollen erteilen Berechtigungen oft auf Grundlage statischer Richtlinien, die sich nicht immer an neue Sicherheitsbedrohungen anpassen. KI-gestützte Identitätsanalysen verbessern die Entscheidungsfindung, indem sie das Nutzerverhalten kontinuierlich bewerten, Anomalien erkennen und Zugriffsrechte anhand von Echtzeit-Risikobewertungen anpassen. Dieser proaktive Ansatz reduziert den Bedarf an manuellen Sicherheitsmaßnahmen, minimiert Fehlalarme bei Zugriffsanfragen und verbessert die Gesamtsicherheit ohne zusätzliche betriebliche Komplexität. Die Messung des ROI in diesem Bereich umfasst die Analyse der Reduzierung von Sicherheitsvorfällen, der Geschwindigkeit der Bedrohungserkennung und der Effizienz automatisierter Reaktionen.

Die Zugriffskontrolle von Drittanbietern ist ein weiterer Bereich, in dem IGA messbare finanzielle Vorteile bietet. Viele Unternehmen arbeiten mit externen Anbietern, Auftragnehmern und Partnern zusammen, die temporären Zugriff auf Unternehmenssysteme benötigen. Ohne entsprechende Kontrolle können Drittanbieterkonten länger als nötig aktiv bleiben, was das Risiko von Sicherheitsvorfällen erhöht. IGA automatisiert das Lebenszyklusmanagement von Drittanbieteridentitäten und stellt sicher, dass der Zugriff geschäftsorientiert gewährt und bei Nichtbedarf widerrufen wird. Unternehmen können den ROI messen, indem sie die Reduzierung unbefugter Drittanbieterzugriffe, die Verbesserung der Lieferanten-Compliance und Effizienzsteigerungen bei der Verwaltung externer Identitäten bewerten.

Cloud-Sicherheit und hybrides Umgebungsmanagement tragen zusätzlich zum ROI von IGA bei. Mit der Umstellung auf Cloud-basierte Dienste wird die Verwaltung von Identitäten in verschiedenen Umgebungen zunehmend komplexer. IGA-Lösungen, die Cloud-Identitätsmanagement unterstützen, gewährleisten konsistente Zugriffskontrollen über lokale, SaaS- und Multi-Cloud-Plattformen hinweg. Durch die Zentralisierung der Identitätsverwaltung reduzieren Unternehmen das Risiko von Fehlkonfigurationen der Cloud-Sicherheit, verbessern die Richtliniendurchsetzung und erhöhen die Transparenz der Benutzerzugriffsmuster. Die finanziellen Vorteile von Cloud-integriertem IGA lassen sich anhand der Analyse der Reduzierung von Cloud-Sicherheitsvorfällen, schnelleren Reaktionszeiten auf Zugriffsanomalien und einer verbesserten Gesamtverwaltung digitaler Identitäten messen.

Verbesserungen der Benutzerfreundlichkeit bieten zusätzliche indirekte finanzielle Vorteile. Reibungsloser Zugriff auf Anwendungen und Daten steigert die Mitarbeiterzufriedenheit und reduziert Frustrationen durch Passwortrücksetzungen, Zugriffsverzögerungen und Compliance-bedingte Störungen. Self-Service-Portale, Single Sign-On (SSO) und adaptive Authentifizierung reduzieren Helpdesk-Anfragen und minimieren Produktivitätsverluste durch Zugriffsprobleme. Unternehmen können den ROI messen, indem sie die Reduzierung von IT-Support-Tickets, die Verbesserung der Mitarbeiterzufriedenheit und die Gesamtauswirkungen auf die Betriebseffizienz berechnen.

Die Quantifizierung des ROI von IGA erfordert eine Kombination aus direkten Kosteneinsparungen, Kennzahlen zur Risikoreduzierung und

Verbesserungen der Betriebseffizienz. Unternehmen können Key Performance Indicators (KPIs) wie den Zeitaufwand für das Benutzer-Onboarding, die Anzahl verhinderter Sicherheitsvorfälle, die Kosteneinsparungen durch Compliance-Automatisierung und die Reduzierung des Verwaltungsaufwands für IT-Teams verfolgen. Durch die kontinuierliche Auswertung dieser Kennzahlen können Unternehmen den Wert von IGA nachweisen und fundierte Entscheidungen zur Optimierung ihrer Identity-Governance-Strategien für langfristigen Erfolg treffen.

Zukünftige Richtungen in IGA

Identity Governance und Administration (IGA) entwickelt sich rasant weiter, da Unternehmen zunehmenden Cybersicherheitsbedrohungen, regulatorischen Anforderungen und digitalen Transformationsinitiativen begegnen. Die Zukunft von IGA wird durch Fortschritte in den Bereichen künstliche Intelligenz, Automatisierung, dezentrale Identitätsmodelle und die zunehmende Nutzung von Zero-Trust-Frameworks geprägt. Angesichts der zunehmenden Komplexität von IT-Umgebungen müssen Unternehmen ihre Identity-Governance-Strategien anpassen, um Sicherheit, Compliance und betriebliche Effizienz zu gewährleisten. Neue Trends im Bereich IGA werden die Art und Weise, wie Unternehmen Identitäten verwalten, Zugriffskontrollen durchsetzen und auf Sicherheitsrisiken reagieren, neu definieren.

Künstliche Intelligenz und maschinelles Lernen spielen eine zentrale Rolle bei der Entwicklung von IGA. Traditionelle Identitätsverwaltung basiert auf statischen Zugriffsrichtlinien und manuellen Überprüfungen, die zeitaufwändig und fehleranfällig sein können. KI-gestützte Identitätsanalysen verbessern IGA, indem sie das Nutzerverhalten kontinuierlich überwachen, Anomalien erkennen und risikobasierte Zugriffsempfehlungen geben. Algorithmen des maschinellen Lernens unterstützen Unternehmen dabei, Zugriffsüberprüfungen zu automatisieren, potenzielle Sicherheitsbedrohungen vorherzusagen und rollenbasierte

Zugriffskontrollmodelle (RBAC) zu optimieren. Durch den Einsatz von KI für die Identitätsverwaltung können Unternehmen den Verwaltungsaufwand reduzieren, ihre Sicherheitslage verbessern und effektiver auf sich entwickelnde Cyberbedrohungen reagieren.

Die Integration von IGA in Zero-Trust-Sicherheitsarchitekturen gewinnt für Unternehmen, die ihren Identitätsschutz stärken möchten, zunehmend an Bedeutung. Zero Trust basiert auf dem Prinzip der kontinuierlichen Verifizierung und stellt sicher, dass keinem Benutzer oder Gerät blind vertraut wird. Zukünftige IGA-Lösungen werden dynamische Risikobewertungen, adaptive Authentifizierungsmechanismen und die Durchsetzung von Richtlinien in Echtzeit beinhalten, um den Zero-Trust-Prinzipien gerecht zu werden. Unternehmen müssen kontinuierliche Identitätsprüfungsprozesse implementieren, die über statische Anmeldeinformationen hinausgehen und Faktoren wie Verhaltensanalysen, Gerätesicherheitslage und kontextbezogene Zugriffskontrolle berücksichtigen. Dieser Ansatz trägt dazu bei, Risiken im Zusammenhang mit Anmeldeinformationsdiebstahl, Insider-Bedrohungen und unbefugten Zugriffsversuchen zu minimieren.

Dezentrale Identität und Self-Sovereign Identity (SSI) entwickeln sich zu transformativen Konzepten in der Identitätsverwaltung. Traditionelles Identitätsmanagement basiert auf zentralisierten Verzeichnissen und Identitätsanbietern, was Sicherheitsrisiken und Datenschutzbedenken mit sich bringen kann. Dezentrale Identitätslösungen nutzen Blockchain-Technologie und kryptografische Anmeldeinformationen, um Nutzern die Kontrolle ihrer digitalen Identitäten zu ermöglichen, ohne sich auf eine einzige Autorität verlassen zu müssen. Dieser Wandel ermöglicht es Einzelpersonen, sich plattformübergreifend sicher zu authentifizieren und reduziert gleichzeitig das Risiko von Identitätsdiebstahl und Datenschutzverletzungen. Mit der Weiterentwicklung dezentraler Identitätsstandards müssen Unternehmen SSI-Modelle in ihre IGA-Frameworks integrieren, um datenschutzfreundliche Authentifizierungsmethoden zu unterstützen.

Cloud-native IGA wird immer wichtiger, da Unternehmen zunehmend in Cloud-Umgebungen migrieren. Herkömmliche Identity-

Governance-Lösungen, die für lokale Infrastrukturen entwickelt wurden, haben Schwierigkeiten, die Komplexität hybrider und Multi-Cloud-Ökosysteme zu bewältigen. Zukünftige IGA-Plattformen werden mit Cloud-nativen Architekturen entwickelt und bieten Skalierbarkeit, Automatisierung und Integration mit Identity-as-a-Service (IDaaS)-Anbietern. Diese Lösungen bieten zentrale Transparenz und Richtliniendurchsetzung für lokale, Cloud- und SaaS-Anwendungen und gewährleisten so die Konsistenz der Identity Governance in verteilten IT-Umgebungen.

Der Aufstieg nicht-menschlicher Identitäten, darunter Servicekonten, robotergestützte Prozessautomatisierung (RPA) und IoT-Geräte (Internet of Things), verändert die Identitätsverwaltung. Traditionelle IGA-Frameworks konzentrierten sich primär auf menschliche Benutzer, doch die zunehmende Nutzung automatisierter Systeme und vernetzter Geräte erfordert eine Umstellung der Governance-Strategien. Zukünftige IGA-Lösungen werden maschinelles Identitätsmanagement integrieren und sicherstellen, dass Servicekonten und Bots mit dem gleichen Maß an Sicherheit und Kontrolle verwaltet werden wie menschliche Identitäten. Unternehmen müssen ein automatisiertes Lebenszyklusmanagement für nicht-menschliche Identitäten implementieren, den Zugriff mit geringsten Berechtigungen durchsetzen und Maschine-zu-Maschine-Interaktionen auf verdächtiges Verhalten überwachen.

Identity Threat Detection and Response (ITDR) entwickelt sich zu einem wichtigen Bestandteil zukünftiger IGA-Strategien. Cyberkriminelle zielen zunehmend auf identitätsbasierte Angriffsmethoden wie Phishing, Credential Stuffing und Privilegienerweiterung ab. ITDR integriert Identity Governance mit erweiterten Funktionen zur Bedrohungserkennung. So können Unternehmen kompromittierte Konten identifizieren, Lateral Movement erkennen und in Echtzeit auf identitätsbezogene Sicherheitsvorfälle reagieren. Zukünftige IGA-Plattformen werden KI-gestützte Bedrohungsinformationen, Anomalieerkennung und automatisierte Reaktionsmechanismen integrieren, um die Identitätssicherheit zu verbessern und Angriffsrisiken zu minimieren, bevor sie eskalieren.

Die Einhaltung gesetzlicher Vorschriften wird die Zukunft von IGA weiterhin prägen. Strengere Datenschutzgesetze und Branchenvorschriften erfordern anspruchsvollere Identity-Governance-Lösungen. Unternehmen müssen sich an neue Rahmenbedingungen wie DSGVO, CCPA, HIPAA und NIST-Standards halten, was kontinuierliche Überwachung, Auditbereitschaft und die Durchsetzung von Richtlinien erfordert. Zukünftige IGA-Plattformen bieten automatisiertes Compliance-Tracking, Echtzeit-Risikobewertungen und Audit-Reporting-Tools, um Unternehmen bei der Einhaltung gesetzlicher Vorschriften zu unterstützen und gleichzeitig den manuellen Aufwand zu minimieren. Die Integration der Compliance-Automatisierung in IGA optimiert Governance-Prozesse und reduziert die Komplexität regulatorischer Audits.

Benutzerfreundlichkeit und Self-Service-Funktionen für die Identitätsverwaltung werden in der nächsten Generation von IGA-Lösungen immer wichtiger. Mitarbeiter, Auftragnehmer und Partner erwarten einen reibungslosen und reibungslosen Zugriff auf Anwendungen und Dienste. Zukünftige IGA-Plattformen werden KI-gestützte Chatbots, Self-Service-Portale und personalisierte Zugriffsempfehlungen integrieren, um die Benutzerfreundlichkeit zu verbessern und gleichzeitig die Sicherheit zu gewährleisten. Adaptives Zugriffsmanagement stellt sicher, dass Benutzer basierend auf Echtzeit-Risikoanalysen die entsprechenden Berechtigungen erhalten. Dies reduziert den Bedarf an manuellen Eingriffen und verhindert unbefugten Zugriff.

Da die digitale Belegschaft wächst und Remote-Arbeit zur Norm wird, müssen Unternehmen flexiblere Strategien zur Identitätsverwaltung entwickeln. Zukünftige IGA-Lösungen unterstützen die Mobilität der Mitarbeiter, indem sie sicheren Zugriff von jedem Standort, Gerät oder Netzwerk aus ermöglichen. Conditional Access Policies, Geofencing und risikobasierte Authentifizierung spielen eine entscheidende Rolle, um sicherzustellen, dass Mitarbeiter sicher arbeiten und gleichzeitig die Sicherheitsrichtlinien des Unternehmens einhalten können. Die Möglichkeit, Zugriffsrechte dynamisch an den Benutzerkontext anzupassen, erhöht sowohl die Sicherheit als auch die Produktivität in verteilten Arbeitsumgebungen.

Die Konvergenz von IGA mit der Automatisierung des Identitätslebenszyklus wird die Prozesse der Identitätsverwaltung weiter optimieren. Die Automatisierung von Benutzer-Onboarding, Zugriffsanfragen und Rollenanpassungen reduziert den Verwaltungsaufwand für IT- und Sicherheitsteams und stellt gleichzeitig sicher, dass die Zugriffsrichtlinien den Geschäftsanforderungen entsprechen. Zukünftige IGA-Plattformen nutzen KI-gesteuerte Workflows, intelligentes Role Mining und richtlinienbasierte Automatisierung, um Unternehmen die Verwaltung von Identitäten in großem Umfang zu ermöglichen, ohne die Sicherheit zu gefährden. Der Übergang zu einer autonomen Identitätsverwaltung ermöglicht es Unternehmen, Zugriffsrisiken proaktiv zu managen und Sicherheitskontrollen mit minimalem manuellen Aufwand durchzusetzen.

Die Zukunft von IGA liegt in Automatisierung, Intelligenz und Anpassungsfähigkeit. Da Unternehmen mit zunehmend komplexen Herausforderungen im Bereich Identity Governance konfrontiert sind, wird die Integration von KI, Zero Trust, dezentraler Identität und Cloud-nativen Architekturen die nächste Generation von Identity-Governance-Lösungen vorantreiben. Unternehmen, die diese Innovationen nutzen, erhöhen die Sicherheit, verbessern die Compliance und schaffen ein effizienteres Identity-Management-Ökosystem, das sich an neue Bedrohungen und sich entwickelnde regulatorische Rahmenbedingungen anpassen kann.

Skalierung von IGA für globale Unternehmen

Mit der globalen Expansion von Unternehmen steigt die Komplexität der Verwaltung von Identitäten, Zugriffskontrollen und Compliance-Anforderungen deutlich an. Identity Governance und Administration (IGA) spielen eine entscheidende Rolle, um sicherzustellen, dass Unternehmen Benutzeridentitäten über verschiedene Regionen, regulatorische Umgebungen und IT-Ökosysteme hinweg effizient verwalten können. Die Skalierung von IGA für globale Unternehmen erfordert eine Strategie, die Sicherheit, Effizienz und Einhaltung gesetzlicher Vorschriften in Einklang bringt und gleichzeitig die besonderen Herausforderungen eines umfassenden Identitätsmanagements berücksichtigt.

Eine der größten Herausforderungen bei der Skalierung von IGA für globale Unternehmen ist die Verwaltung einer vielfältigen und verteilten Belegschaft. Mitarbeiter, Auftragnehmer und Drittanbieter arbeiten in unterschiedlichen Zeitzonen, Sprachen und Rechtsräumen, was die Identitätsverwaltung komplexer macht. Unternehmen müssen ein zentralisiertes IGA-Framework implementieren, das Konsistenz gewährleistet und gleichzeitig regionale Flexibilität ermöglicht. Dies bedeutet, globale Identitätsrichtlinien zu definieren und gleichzeitig lokale Anpassungen an länderspezifische Vorschriften und betriebliche Anforderungen zu ermöglichen. Durch die Nutzung eines föderierten Identitätsmanagement-Ansatzes können Unternehmen einheitliche Governance-Standards einhalten, ohne starre Richtlinien durchzusetzen, die den Geschäftsbetrieb behindern.

Die Einhaltung gesetzlicher Vorschriften erhöht die Komplexität der globalen Skalierung von IGA zusätzlich. Verschiedene Regionen haben unterschiedliche Datenschutzgesetze, wie beispielsweise die Datenschutz-Grundverordnung (DSGVO) in Europa, den California Consumer Privacy Act (CCPA) in den USA und das chinesische Gesetz zum Schutz personenbezogener Daten (PIPL). Eine skalierbare IGA-Lösung muss die Einhaltung mehrerer gesetzlicher Rahmenbedingungen gewährleisten und gleichzeitig sicherstellen, dass die Richtlinien zur Identitätsverwaltung mit den Sicherheitsstandards des Unternehmens übereinstimmen. Dies erfordert automatisiertes Compliance-Tracking, Zugriffsprüfungen in Echtzeit und lokalisierte Berichtsfunktionen zur Unterstützung von Audits in verschiedenen Rechtsräumen.

Die Umstellung auf Hybrid- und Multi-Cloud-Umgebungen erschwert die globale Identitätsverwaltung zusätzlich. Unternehmen nutzen eine Kombination aus lokaler Infrastruktur, Cloud-Diensten und SaaS-Anwendungen von Drittanbietern, die jeweils unterschiedliche Anforderungen an das Identitätsmanagement stellen. Eine skalierbare IGA-Strategie muss mehrere Identitätsanbieter, Cloud-Plattformen und lokale Verzeichnisse integrieren, um eine nahtlose Identitätsverwaltung zu gewährleisten. Die Implementierung von Identitätsföderation, Single Sign-On (SSO) und zentralisierten Zugriffskontrollrichtlinien gewährleistet, dass Benutzer sicher und ohne Sicherheitslücken auf Ressourcen in verschiedenen Umgebungen zugreifen können.

Automatisierung ist ein Schlüsselfaktor für skalierbare IGA und reduziert den Verwaltungsaufwand für die Identitätsverwaltung einer globalen Belegschaft. Automatisiertes Provisioning und Deprovisioning stellt sicher, dass Benutzer je nach Rolle, Abteilung und Standort den passenden Zugriff erhalten. Durch die Integration von künstlicher Intelligenz (KI) und maschinellem Lernen (ML) können Unternehmen ihre Identitätsverwaltung durch intelligentes Role Mining, Anomalieerkennung und risikobasierte Zugriffskontrolle verbessern. KI-gesteuerte IGA-Lösungen analysieren das Benutzerverhalten, um übermäßige Berechtigungen zu identifizieren, ungewöhnliche Zugriffsanfragen zu erkennen und in Echtzeit Richtlinienanpassungen zu empfehlen.

Ein risikobasierter Ansatz für die Identitätsverwaltung verbessert die Skalierbarkeit, indem Sicherheitsmaßnahmen anhand von Echtzeit-Identitätsrisikobewertungen priorisiert werden. Anstatt einheitliche Zugriffsrichtlinien für alle Benutzer anzuwenden, können Unternehmen dynamische Zugriffskontrollen implementieren, die Berechtigungen basierend auf Kontextfaktoren wie Benutzerstandort, Gerätesicherheit und Authentifizierungsverlauf anpassen. Risikobasierte Authentifizierung und adaptives Zugriffsmanagement stellen sicher, dass Zugriffsanfragen mit hohem Risiko zusätzlichen Überprüfungsschritten unterzogen werden. Dies reduziert die Wahrscheinlichkeit eines unbefugten Zugriffs und minimiert gleichzeitig die Reibungsverluste für Benutzer mit geringem Risiko.

Die globale Verwaltung privilegierter Zugriffe erfordert zusätzliche Governance-Kontrollen. IT-Administratoren, Führungskräfte und andere Benutzer mit hohen Berechtigungen benötigen häufig Zugriff auf kritische Systeme in mehreren Regionen. Ohne entsprechende Kontrolle können privilegierte Konten zu einem erheblichen Sicherheitsrisiko werden, insbesondere in großen Unternehmen mit dezentralisiertem IT-Betrieb. Die Implementierung von Privileged

Access Management (PAM) in Kombination mit IGA trägt dazu bei, strenge Zugriffsrichtlinien durchzusetzen, privilegierte Sitzungen zu überwachen und sicherzustellen, dass risikoreiche Aktivitäten protokolliert und überprüft werden. Die Just-in-Time-Zugriffsbereitstellung (JIT) erhöht die Sicherheit zusätzlich, indem temporärer Zugriff nur bei Bedarf gewährt und nach Gebrauch automatisch entzogen wird.

Eine positive Benutzererfahrung ist bei der Skalierung von IGA für globale Unternehmen unerlässlich. Eine starke Identitätsverwaltung ist zwar für die Sicherheit unerlässlich, sollte aber die Produktivität nicht unnötig beeinträchtigen. Durch die Implementierung von Self-Service-Identitätsmanagementfunktionen wie Passwortrücksetzung, Zugriffsanfragen und Identitätsüberprüfung können Benutzer ihre Identitäten selbst verwalten, ohne auf IT-Support angewiesen zu sein. Eine gut konzipierte IGA-Lösung sollte lokalisierte Benutzeroberflächen, mehrsprachigen Support und regionsspezifische Workflows bieten, um einer vielfältigen globalen Belegschaft gerecht zu werden.

Identity Governance erstreckt sich auch auf externe Partner, Lieferanten und Kunden, die Zugriff auf Unternehmenssysteme benötigen. Die Zugriffsverwaltung durch Dritte wird auf globaler Ebene zunehmend komplexer, da Unternehmen Identitäten verwalten müssen, die außerhalb traditioneller Unternehmensstrukturen liegen. Die Implementierung von Third-Party Identity Lifecycle Management stellt sicher, dass externe Benutzer den entsprechenden Zugriff erhalten und gleichzeitig strenge Authentifizierungs- und Überwachungskontrollen durchgesetzt werden. Automatisierte Onboarding- und Offboarding-Prozesse tragen zur Reduzierung von Sicherheitsrisiken bei, indem sie sicherstellen, dass der Zugriff durch Dritte sofort widerrufen wird, wenn er nicht mehr benötigt wird.

Echtzeitüberwachung und -analyse spielen eine entscheidende Rolle bei der Skalierung von IGA, da sie kontinuierliche Transparenz über identitätsbezogene Risiken und Aktivitäten bieten. Security Information and Event Management (SIEM)-Systeme, kombiniert mit Identity Threat Detection and Response (ITDR)-Funktionen, ermöglichen es Unternehmen, identitätsbasierte Bedrohungen zu erkennen und einzudämmen, bevor sie eskalieren. Durch die kontinuierliche Überwachung von Zugriffsmustern, fehlgeschlagenen Authentifizierungsversuchen und Privilegienerweiterungen können Sicherheitsteams proaktiv auf potenzielle Sicherheitsverletzungen reagieren.

IGA muss auch Fusionen, Übernahmen und organisatorische Umstrukturierungen unterstützen, die in großen globalen Unternehmen üblich sind. Bei Fusionen oder der Übernahme neuer Einheiten kann die Integration unterschiedlicher Identitätssysteme eine große Herausforderung darstellen. Ein skalierbares IGA-Framework gewährleistet eine nahtlose Identitätskonsolidierung durch die Abbildung bestehender Zugriffsrechte, die Eliminierung redundanter Konten und die Durchsetzung einheitlicher Sicherheitsrichtlinien im gesamten neu integrierten Unternehmen. Dies verhindert Sicherheitslücken und gewährleistet die Einhaltung von Corporate-Governance-Standards.

Um Identity Governance zukunftssicher zu gestalten, benötigen Unternehmen eine flexible und skalierbare IGA-Architektur, die sich an veränderte Geschäftsanforderungen, regulatorische Änderungen und neue Sicherheitsbedrohungen anpassen kann. Cloud-native IGA-Lösungen bieten die nötige Flexibilität für eine dynamische Skalierung von Identity Governance und reduzieren gleichzeitig den Infrastrukturaufwand. Durch die kontinuierliche Verbesserung von Identity-Governance-Strategien können Unternehmen ihre Sicherheit stärken, die Einhaltung gesetzlicher Vorschriften gewährleisten und globale Geschäftsabläufe effizient unterstützen.

Sicherheit gewährleisten und gleichzeitig Innovationen vorantreiben

Unternehmen stehen heute vor der doppelten Herausforderung, Innovationen zu fördern und gleichzeitig robuste Sicherheitsmaßnahmen zu gewährleisten. Angesichts der digitalen Transformation, Cloud Computing, künstlicher Intelligenz und

Automatisierung wird die Aufrechterhaltung der Sicherheit ohne Beeinträchtigung des Fortschritts zu einem heiklen Balanceakt. Traditionelle Sicherheitsmodelle setzen oft auf starre Kontrollen, die Innovationen verlangsamen können, während unkontrolliertes Experimentieren zu erhöhten Schwachstellen führen kann. Eine gut konzipierte Strategie für Identitätsverwaltung und -administration (IGA) hilft Unternehmen, Sicherheit nahtlos in ihre Innovationsprozesse zu integrieren und sicherzustellen, dass neue Technologien und Geschäftsinitiativen keine unnötigen Risiken mit sich bringen.

Eine der wichtigsten Möglichkeiten für Unternehmen, Sicherheit zu gewährleisten und gleichzeitig Innovationen voranzutreiben, ist die Integration von Sicherheit in den Entwicklungszyklus. DevOps-Teams müssen Sicherheit an erste Stelle setzen und Sicherheitsmaßnahmen bereits in den frühesten Phasen der Software- und Produktentwicklung implementieren. Secure DevOps (DevSecOps) integriert Sicherheitskontrollen in CI/CD-Pipelines (Continuous Integration und Continuous Deployment). So wird sichergestellt, dass Schwachstellen identifiziert und behoben werden, bevor neue Anwendungen oder Funktionen live gehen. Automatisierte Sicherheitstests, Identitätszugriffskontrollen und die Durchsetzung von Richtlinien verringern das Risiko von Sicherheitslücken und gewährleisten gleichzeitig die Entwicklungsgeschwindigkeit.

Identity Governance spielt eine entscheidende Rolle bei der Sicherung innovationsgetriebener Umgebungen durch die Durchsetzung rollenbasierter Zugriffskontrolle (RBAC) und richtlinienbasierter Zugriffskontrolle (PBAC). Mitarbeiter, die an innovativen Projekten arbeiten, benötigen häufig Zugriff auf sensible Systeme, experimentelle Plattformen und proprietäre Daten. Ohne angemessene Governance kann übermäßiger oder unkontrollierter Zugriff zu Sicherheitslücken führen. Die Implementierung dynamischer Zugriffskontrollen stellt sicher, dass Mitarbeiter, Auftragnehmer und Partner basierend auf ihren Rollen, Verantwortlichkeiten und Risikoprofilen die richtige Zugriffsebene erhalten. Kontextbasierte Zugriffsrichtlinien helfen Unternehmen, die Sicherheit zu gewährleisten, ohne Zusammenarbeit und Innovation einzuschränken.

Die Cloud-Nutzung ist ein wichtiger Innovationstreiber und ermöglicht Unternehmen, ihre Prozesse zu skalieren, ihre Effizienz zu steigern und mit neuen Technologien zu experimentieren. Das Sicherheitsmanagement in Cloud-Umgebungen stellt jedoch besondere Herausforderungen dar, insbesondere im Hinblick auf das Identitäts- und Zugriffsmanagement. Herkömmliche Perimeter-basierte Sicherheitsmodelle sind in Hybrid- und Multi-Cloud-Architekturen, in denen Benutzer, Anwendungen und Workloads plattformübergreifend arbeiten, ineffektiv. Die Implementierung cloudnativer IGA-Lösungen stellt sicher, dass die Sicherheitsrichtlinien in allen Cloud-Umgebungen konsistent bleiben. Single Sign-On (SSO), Multi-Faktor-Authentifizierung (MFA) und föderiertes Identitätsmanagement ermöglichen einen nahtlosen und sicheren Zugriff auf Cloud-Ressourcen.

Künstliche Intelligenz und maschinelles Lernen verändern Branchen und ermöglichen Automatisierung, prädiktive Analysen und verbesserte Entscheidungsfindung. KI-gestützte Innovationen erfordern jedoch Zugriff auf riesige Datenmengen, was den Bedarf an strengen Sicherheitskontrollen erhöht. Unternehmen müssen sicherstellen, dass KI-Modelle nicht versehentlich sensible Daten preisgeben oder Compliance-Anforderungen verletzen. Identitätsanalysen erhöhen die Sicherheit, indem sie den Zugriff auf KI-Systeme überwachen, Anomalien erkennen und Datenschutzrichtlinien durchsetzen. Durch die Integration von KI-gestützter Sicherheitsüberwachung mit IGA können Unternehmen die Vorteile von KI nutzen und gleichzeitig die Kontrolle über Datenzugriff und identitätsbezogene Risiken behalten.

Innovationen erfordern oft die Zusammenarbeit mit externen Partnern, Anbietern und Forschungseinrichtungen. Diese Partnerschaften beschleunigen zwar den technologischen Fortschritt, bergen aber auch Sicherheitsrisiken durch Dritte. Die sichere Verwaltung externer Identitäten ist entscheidend, um unbefugten Zugriff und Datenschutzverletzungen zu verhindern. Die Implementierung einer Drittanbieter-Zugriffsverwaltung stellt sicher, dass Anbietern und Partnern basierend auf Geschäftsanforderungen und vertraglichen Vereinbarungen eingeschränkter Zugriff gewährt wird. Automatisierte Bereitstellungs- und Debereitstellungs-Workflows unterstützen die Durchsetzung temporärer

Zugriffsrichtlinien und stellen sicher, dass Dritte den Zugriff nicht über die Dauer ihrer Zusammenarbeit hinaus behalten.

Sicherheitsbewusstsein und kultureller Wandel sind gleichermaßen wichtig, um Sicherheit und Innovation in Einklang zu bringen. Mitarbeiter, Entwickler und Führungskräfte müssen verstehen, dass Sicherheit kein Hindernis für Fortschritt, sondern ein Wegbereiter für nachhaltiges Wachstum ist. Unternehmen sollten eine Kultur fördern, in der bewährte Sicherheitspraktiken im täglichen Betrieb verankert sind. Regelmäßige Schulungen, Sensibilisierungsprogramme und Sicherheitsbeauftragte in Innovationsteams können sicheres Verhalten fördern. Die Förderung sicherer Programmierpraktiken, die Durchführung von Phishing-Simulationen und die Implementierung von Just-in-Time-Sicherheitsschulungen (JIT) stellen sicher, dass Mitarbeiter wachsam gegenüber neuen Bedrohungen bleiben.

Zero-Trust-Sicherheitsmodelle eignen sich gut für innovationsorientierte Unternehmen, da sie kontinuierliche Authentifizierung, geringstmöglichen Zugriff und Mikrosegmentierung erzwingen. Im Gegensatz zu herkömmlichen Sicherheitsmodellen, die Vertrauen innerhalb von Netzwerkperimetern voraussetzen, überprüft Zero Trust jede Zugriffsanfrage anhand von Benutzerverhalten, Gerätesicherheitslage und kontextbezogenen Risikofaktoren. Die Implementierung von Zero Trust in die Identitätsverwaltung stellt sicher, dass nur autorisierte Benutzer mit kritischen Systemen interagieren können. Dies reduziert das Risiko von Insider-Bedrohungen und Lateral-Movement-Angriffen. Durch die Integration von Zero-Trust-Prinzipien in Innovationsstrategien können Unternehmen Agilität fördern und gleichzeitig starke Sicherheitskontrollen aufrechterhalten.

Die Einhaltung gesetzlicher Vorschriften bleibt für Unternehmen, die Innovationen in stark regulierten Branchen wie dem Gesundheitswesen, dem Finanzwesen und dem öffentlichen Dienst vorantreiben, eine Herausforderung. Compliance-Anforderungen erfordern oft strenge Zugriffskontrollen, Prüfprotokolle und Datenschutzmaßnahmen, die Innovationsteams möglicherweise einschränken. Moderne IGA-Lösungen vereinfachen die Compliance jedoch durch die Automatisierung von Zugriffszertifizierungen, die Durchsetzung richtlinienbasierter Zugriffe und die Bereitstellung von

Prüfberichten in Echtzeit. Durch die Einbettung der Compliance in Sicherheitsrahmen können Unternehmen sicherstellen, dass ihre Innovationsbemühungen den regulatorischen Erwartungen entsprechen, ohne die Agilität zu beeinträchtigen.

Strategien zur Reaktion auf Vorfälle und zur Risikominderung müssen parallel zu Innovationsbemühungen weiterentwickelt werden. Da neue Technologien unvorhergesehene Schwachstellen mit sich bringen, müssen Unternehmen darauf vorbereitet sein, Sicherheitsvorfälle in Echtzeit zu erkennen und darauf zu reagieren. Lösungen zur Erkennung und Reaktion auf Identitätsbedrohungen (ITDR) bieten Einblick in identitätsbezogene Bedrohungen und ermöglichen es Unternehmen, kompromittierte Anmeldeinformationen, Versuche zur Rechteausweitung und unberechtigte Zugriffsmuster zu erkennen. Durch die Integration von IGA mit ITDR-Funktionen können Unternehmen die Auswirkungen von Sicherheitsvorfällen minimieren und gleichzeitig ihre operative Belastbarkeit aufrechterhalten.

Unternehmen, die Sicherheit und Innovation erfolgreich in Einklang bringen, erkennen, dass beide Ziele nicht im Widerspruch zueinander stehen, sondern eng miteinander verknüpft sind. Durch die nahtlose Integration von Sicherheit in Entwicklung, Cloud-Einführung, KI-gesteuerte Prozesse und die Zusammenarbeit mit Drittanbietern kann Innovation gedeihen, ohne das Unternehmen unnötigen Risiken auszusetzen. Investitionen in Identity Governance, die Einführung von Zero-Trust-Prinzipien und die Förderung einer sicherheitsbewussten Kultur stellen sicher, dass Unternehmen den technologischen Fortschritt vorantreiben und gleichzeitig ihre digitalen Ökosysteme schützen können.

Aufbau eines widerstandsfähigen Identity Governance-Ökosystems

Ein robustes Identity-Governance-Ökosystem ist für Unternehmen unerlässlich, die digitale Assets sichern, Compliance durchsetzen und die Betriebseffizienz steigern möchten. Angesichts zunehmender Cyber-Bedrohungen, strengerer regulatorischer Anforderungen und zunehmender Komplexität von IT-Umgebungen müssen Unternehmen Identity-Governance-Frameworks entwickeln, die Störungen standhalten, sich an Veränderungen anpassen und ein nahtloses Zugriffsmanagement gewährleisten. Durch die Integration von Automatisierung, Intelligenz und proaktivem Risikomanagement in Identity Governance und -Administration (IGA) können Unternehmen ein System aufbauen, das auch unter Druck effektiv bleibt und gleichzeitig die Geschäftsziele erfüllt.

Resilienz in der Identitätsverwaltung beginnt mit einer klar definierten Strategie, die Skalierbarkeit, Flexibilität und Risikominimierung berücksichtigt. Unternehmen müssen klare Richtlinien festlegen, die den Umgang mit Identitäten während ihres gesamten Lebenszyklus definieren – von der Bereitstellung und Zugriffsanfragen bis hin zu Rollenänderungen und Deprovisionierung. Ein strukturierter Ansatz stellt sicher, dass die Praktiken der Identitätsverwaltung einheitlich für alle Benutzer angewendet werden, einschließlich Mitarbeitern, Auftragnehmern, Drittanbietern und nicht-menschlichen Identitäten wie Servicekonten und RPA-Bots (Robotic Process Automation). Ein resilientes Ökosystem erfordert die kontinuierliche Evaluierung und Verfeinerung dieser Richtlinien, um neuen Sicherheitsbedrohungen, regulatorischen Änderungen und Geschäftstransformationen Rechnung zu tragen.

Automatisierung ist ein entscheidender Bestandteil eines robusten IGA-Ökosystems. Manuelle Identitätsmanagementprozesse sind nicht nur ineffizient, sondern auch anfällig für menschliche Fehler, was Sicherheitsrisiken und Compliance-Lücken erhöht. Automatisierte Workflows für Benutzerbereitstellung, Rollenzuweisung und Zugriffsüberprüfungen optimieren die Identitätsverwaltung und reduzieren gleichzeitig den Verwaltungsaufwand. Intelligente Automatisierung, unterstützt durch künstliche Intelligenz und maschinelles Lernen, verbessert die Identitätsverwaltung, indem sie anomales Verhalten erkennt, Richtlinienanpassungen empfiehlt und Sicherheitskontrollen dynamisch durchsetzt. Unternehmen, die Automatisierung effektiv nutzen, können schneller auf Sicherheitsbedrohungen reagieren und die Compliance mit minimalem manuellen Eingriff kontinuierlich aufrechterhalten.

Risikobasierte Zugriffskontrolle stärkt die Anpassungsfähigkeit eines Identity-Governance-Frameworks durch dynamische Anpassung der Zugriffsberechtigungen auf Basis von Echtzeit-Risikobewertungen. Herkömmliche statische rollenbasierte Zugriffskontrollmodelle (RBAC) bieten in sich schnell verändernden IT-Umgebungen möglicherweise nicht die erforderliche Flexibilität. Durch die Integration von richtlinienbasierter Zugriffskontrolle (PBAC) und KI-gestützter Risikobewertung können Unternehmen den Zugriff basierend auf Kontextfaktoren wie Gerätesicherheitslage, Benutzerstandort und Verhaltensanalysen gewähren oder einschränken. Dieser Ansatz stellt sicher, dass Identity Governance proaktiv statt reaktiv bleibt und ermöglicht es Unternehmen, Risiken zu minimieren, bevor sie zu Sicherheitsvorfällen eskalieren.

Die Integration in die Zero-Trust-Architektur verbessert die Stabilität der Identitätsverwaltung, indem sie implizites Vertrauen eliminiert und eine kontinuierliche Überprüfung von Benutzern, Geräten und Anwendungen erzwingt. Ein Zero-Trust-Modell stellt sicher, dass der Zugriff auf Unternehmensressourcen auf Identitätsprüfung, kontextbezogenen Risikobewertungen und strengen Zugriffsrichtlinien basiert. Durch die Ausrichtung der IGA an den Zero-Trust-Prinzipien können Unternehmen den Zugriff mit geringsten Berechtigungen erzwingen, Multi-Faktor-Authentifizierung (MFA) für risikoreiche Aktivitäten verlangen und die Benutzeraktivität kontinuierlich überwachen, um verdächtiges Verhalten zu erkennen. Ein robustes Identity-Governance-Ökosystem integriert Zero Trust als Grundprinzip und gewährleistet so, dass die Sicherheit dynamisch und anpassungsfähig bleibt.

Die Einführung von Cloud- und hybriden IT-Umgebungen stellt neue Herausforderungen für die Identitätsverwaltung dar. Unternehmen müssen einen einheitlichen Ansatz für die plattformübergreifende Verwaltung von Identitäten etablieren. Eine robuste IGA-Strategie erweitert die Governance über lokale Systeme hinaus und umfasst Cloud-Anwendungen, SaaS-Plattformen und Multi-Cloud-Infrastrukturen. Cloud-native Identity-Governance-Lösungen bieten zentrale Transparenz und Richtliniendurchsetzung in allen Umgebungen und reduzieren so Sicherheitslücken, die durch fragmentierte Identitätsmanagement-Praktiken entstehen. Föderiertes Identitätsmanagement und Single Sign-On (SSO) erhöhen die Widerstandsfähigkeit zusätzlich, indem sie Authentifizierungsprozesse vereinfachen und gleichzeitig strenge Sicherheitskontrollen gewährleisten.

Auch die Identitätsverwaltung von Drittanbietern und Lieferanten muss in ein robustes Ökosystem integriert werden. Viele Unternehmen sind auf externe Partner, Auftragnehmer und Lieferanten angewiesen, die Zugriff auf kritische Geschäftsanwendungen benötigen. Ohne entsprechende Governance kann der Zugriff Dritter zu einem erheblichen Sicherheitsrisiko werden, insbesondere wenn Berechtigungen nach Vertragsablauf nicht widerrufen werden. Ein robustes IGA-Framework umfasst automatisierte Workflows für das Onboarding und Offboarding von Drittanbietern, die Durchsetzung des Least-Privilege-Prinzips und die kontinuierliche Überwachung externer Identitäten auf verdächtige Aktivitäten. Die Festlegung klarer Richtlinien für das Risikomanagement Dritter stellt sicher, dass der externe Zugriff kontrolliert und den bewährten Sicherheitspraktiken entspricht.

Identity Threat Detection and Response (ITDR) erhöht die Widerstandsfähigkeit, indem es Echtzeit-Einblicke in identitätsbasierte Risiken bietet und Unternehmen ermöglicht, schnell auf potenzielle Bedrohungen zu reagieren. ITDR-Lösungen sind in IGA integriert, um kompromittierte Konten, ungewöhnliche Zugriffsmuster und Privilegienmissbrauch zu erkennen. Durch die Korrelation identitätsbezogener Sicherheitsereignisse mit umfassenderen Cybersicherheitsinformationen können Unternehmen Bedrohungen früher erkennen und sofort Maßnahmen ergreifen, um Datenschutzverletzungen zu verhindern. Automatisierte Mechanismen zur Reaktion auf Vorfälle, wie der Widerruf kompromittierter Anmeldeinformationen oder die Durchsetzung zusätzlicher Authentifizierungsanforderungen, stärken die Fähigkeit eines Unternehmens, identitätsbezogene Risiken zu minimieren.

Compliance-Automatisierung spielt eine entscheidende Rolle bei der Aufrechterhaltung eines robusten Identity-Governance-Frameworks. Die regulatorischen Anforderungen entwickeln sich ständig weiter und legen zunehmend Wert auf Zugriffskontrolle, Datenschutz und Prüfbarkeit. Ein modernes IGA-Ökosystem automatisiert Compliance-Reporting, Zugriffszertifizierungen und Prüfpfade und entlastet so Sicherheits- und Compliance-Teams. Durch den Einsatz KI-gestützter Analysen können Unternehmen potenzielle Compliance-Verstöße erkennen, bevor sie zu Strafen führen, und so die kontinuierliche Einhaltung von Branchenstandards wie DSGVO, HIPAA und SOX sicherstellen.

Die Benutzererfahrung ist ein entscheidender Aspekt bei der Entwicklung eines robusten IGA-Frameworks. Sicherheit und Compliance haben oberste Priorität, Unternehmen müssen jedoch sicherstellen, dass Identity Governance keine unnötigen Reibungsverluste für Mitarbeiter, Kunden und Partner verursacht. Self-Service-Portale, passwortlose Authentifizierungsoptionen und kontextsensitive Zugriffskontrollen verbessern die Benutzererfahrung und gewährleisten gleichzeitig die Sicherheit. Adaptive Authentifizierungsmechanismen ermöglichen Benutzern unter normalen Bedingungen einen nahtlosen Zugriff auf Ressourcen und setzen bei steigendem Risiko strengere Sicherheitsmaßnahmen durch. Ein benutzerzentrierter Ansatz für Identity Governance fördert die Einhaltung von Sicherheitsrichtlinien und steigert gleichzeitig die Effizienz.

Unternehmen müssen ihre Identity-Governance-Ökosysteme zudem zukunftssicher gestalten, indem sie neue Technologien und weiterentwickelte Best Practices für die Sicherheit nutzen. Da Identitätsbedrohungen immer ausgefeilter werden, müssen IGA-Frameworks in der Lage sein, sich in fortschrittliche Sicherheitslösungen wie Verhaltensanalysen, KI-basierte Anomalieerkennung und Blockchain-basierte dezentrale Identitätsmodelle zu integrieren. Die regelmäßige Bewertung und Aktualisierung von Identity-Governance-Richtlinien, Investitionen in die Schulung der Mitarbeiter und die Förderung einer sicherheitsbewussten Kultur tragen zusätzlich zum Aufbau eines nachhaltigen und widerstandsfähigen Identity-Governance- Ökosystems bei.

Durch die Priorisierung von Automatisierung, risikobasierter Zugriffskontrolle, Zero-Trust-Integration, Cloud-Sicherheit, Drittanbieter-Governance, ITDR, Compliance-Automatisierung und Benutzerfreundlichkeit können Unternehmen ein Identity-Governance-Framework etablieren, das sich an neue Bedrohungen und betriebliche Anforderungen anpasst. Ein robustes Identity-Governance-Ökosystem ist nicht nur eine Sicherheitsmaßnahme – es ist ein strategischer Vorteil, der sicherstellt, dass das Unternehmen in einer zunehmend komplexen digitalen Landschaft agil, konform und geschützt bleibt.

IGA als kontinuierlicher Prozess

Identity Governance und Administration (IGA) ist keine einmalige Initiative, sondern ein fortlaufender Prozess, der kontinuierlich verfeinert, überwacht und angepasst werden muss. Unternehmen agieren in dynamischen Umgebungen, in denen Veränderungen in der Belegschaft, sich entwickelnde Cybersicherheitsbedrohungen, regulatorische Aktualisierungen und technologische Fortschritte die Anforderungen an die Identity Governance ständig beeinflussen. Die Behandlung von IGA als kontinuierlicher Prozess stellt sicher, dass Unternehmen die Compliance einhalten, Sicherheitsrisiken reduzieren und das Zugriffsmanagement optimieren, ohne unnötige Reibungsverluste im Geschäftsbetrieb zu verursachen.

Ein Hauptgrund für einen kontinuierlichen IGA-Ansatz ist die ständige Veränderung von Benutzeridentitäten und Zugriffsanforderungen. Mitarbeiter treten einem Unternehmen bei, verlassen es oder wechseln ihre Rolle, was eine sofortige Aktualisierung ihrer Zugriffsrechte erfordert. Auch Auftragnehmer und Drittanbieter benötigen temporären Zugriff, der sorgfältig verwaltet und nach Beendigung des Auftrags widerrufen werden muss. Ohne kontinuierliche Kontrolle riskieren Unternehmen eine Ausweitung der Berechtigungen, verwaiste Konten und unbefugten Zugriff auf sensible Systeme. Die Automatisierung des Identity Lifecycle Managements gewährleistet die dynamische Bereitstellung und Aufhebung von Zugriffsrechten. Dies reduziert menschliche Fehler und verbessert die allgemeine Sicherheit.

Die Einhaltung gesetzlicher Vorschriften ist ein weiterer Faktor für die Notwendigkeit einer kontinuierlichen Identitätsverwaltung. Datenschutzgesetze wie DSGVO, HIPAA und SOX verpflichten Unternehmen zu strengen Zugriffskontrollen, regelmäßigen Audits und der Gewährleistung der Verantwortlichkeit für identitätsbezogene Aktivitäten. Ein statischer Ansatz für die Identitätsverwaltung kann Unternehmen anfällig für Compliance-Verstöße machen, wenn Richtlinien nicht an geänderte Vorschriften angepasst werden. Kontinuierliche Überwachung und automatisierte Compliance-Berichte ermöglichen es Unternehmen, Zugriffsmuster zu verfolgen, Anomalien zu erkennen und in Echtzeit revisionssichere Dokumentation zu erstellen. Durch die Integration von Identitätsverwaltung und Compliance-Automatisierungstools können Unternehmen neue regulatorische Anforderungen ohne Betriebsunterbrechung erfüllen.

Sicherheitsbedrohungen für digitale Identitäten entwickeln sich ständig weiter. Daher ist es unerlässlich, IGA als kontinuierliche Sicherheitsfunktion zu betrachten. Cyberkriminelle nutzen häufig schwache Identitätskontrollen durch Diebstahl von Anmeldeinformationen, Phishing-Angriffe und Insider-Bedrohungen aus. Unternehmen müssen kontinuierliche Zugriffsüberprüfungen, Echtzeit-Erkennung von Identitätsbedrohungen und automatisierte Abhilfemechanismen implementieren, um diese Risiken zu minimieren. KI-gestützte Identitätsanalysen spielen eine entscheidende Rolle bei der Identifizierung verdächtigen Verhaltens, wie z. B. ungewöhnlicher Anmeldeorte, übermäßiger Berechtigungsanfragen oder unbefugter Rechteausweitungen. Durch die kontinuierliche Analyse identitätsbezogener Risiken können Unternehmen proaktiv Maßnahmen ergreifen, um Sicherheitsvorfälle zu verhindern, bevor sie eskalieren.

IGA spielt auch eine entscheidende Rolle bei der Durchsetzung von Least-Privilege-Zugriffen und Zero-Trust-Sicherheitsprinzipien. Herkömmliche Zugriffskontrollmodelle gewähren oft umfassende Berechtigungen basierend auf statischen Rollendefinitionen, was im Laufe der Zeit zu einer übermäßigen Anhäufung von Zugriffen führen kann. Ein kontinuierlicher IGA-Ansatz umfasst risikobasierte Zugriffskontrolle (RBAC und PBAC), adaptive Authentifizierung und Just-in-Time-Zugriffsbereitstellung (JIT), um sicherzustellen, dass

Benutzer nur die für ihre spezifischen Aufgaben erforderlichen Berechtigungen erhalten. Regelmäßige Zugriffsüberprüfungen und Richtlinienanpassungen verhindern, dass überprivilegierte Konten zu Sicherheitsrisiken werden.

Die Einführung der Cloud und hybride IT-Umgebungen unterstreichen die Notwendigkeit einer kontinuierlichen Identitätsverwaltung. Da Unternehmen Workloads auf Cloud-Plattformen migrieren, wird die Verwaltung von Identitäten über mehrere Umgebungen hinweg zunehmend komplexer. Cloud-native IGA-Lösungen bieten Echtzeit-Einblick in Zugriffsaktivitäten, setzen konsistente Sicherheitsrichtlinien für lokale und Cloud-Anwendungen durch und lassen sich mit Identitätsanbietern wie Azure AD, Okta und AWS IAM integrieren. Die kontinuierliche Synchronisierung von Identitätsdaten gewährleistet einen nahtlosen und sicheren Zugriff von Benutzern auf Ressourcen, ohne das Unternehmen Sicherheitslücken auszusetzen.

Die Integration von IGA mit SIEM- (Security Information and Event Management) und ITDR-Plattformen (Identity Threat Detection and Response) erhöht die Sicherheit durch die Korrelation identitätsbezogener Ereignisse mit umfassenderen Cybersicherheitsvorfällen. Kontinuierliche Identitätsverwaltung ermöglicht es Sicherheitsteams, Muster böswilliger Aktivitäten wie Credential-Stuffing-Angriffe, Privilegienmissbrauch und Insider-Bedrohungen zu erkennen. Automatisierte Reaktionen – wie der Widerruf kompromittierter Anmeldeinformationen, die Durchsetzung verstärkter Authentifizierung oder die Blockierung verdächtiger Zugriffsversuche – reduzieren die Auswirkungen von Sicherheitsverletzungen und verbessern die allgemeine Widerstandsfähigkeit.

Die Benutzerfreundlichkeit bleibt ein wichtiger Aspekt der kontinuierlichen Identitätsverwaltung. Mitarbeiter und Geschäftsanwender erwarten einen reibungslosen Zugriff auf Anwendungen und Dienste ohne unnötige Verzögerungen oder Sicherheitshürden. Die Implementierung von Self-Service-Zugriffsanforderungsportalen, passwortloser Authentifizierung und KI-gesteuerten Zugriffsempfehlungen verbessert die Benutzerfreundlichkeit und gewährleistet gleichzeitig strenge

Governance-Kontrollen. Ein kontinuierlicher Ansatz für die Identitätsverwaltung stellt sicher, dass Sicherheit und Benutzerkomfort im Gleichgewicht bleiben. So können Unternehmen digitale Transformationsinitiativen unterstützen, ohne die Identitätssicherheit zu gefährden.

Kontinuierliche Identitätsverwaltung erstreckt sich auch auf nicht-menschliche Identitäten wie Servicekonten, RPA-Bots (Robotic Process Automation) und IoT-Geräte. Diese Identitäten erfordern eine strenge Verwaltung, um unbefugten Zugriff und Missbrauch von Anmeldeinformationen zu verhindern. Die Implementierung eines automatisierten Lebenszyklusmanagements, regelmäßiger Zugriffszertifizierungen und kontinuierlicher Überwachung von Maschinenidentitäten hilft Unternehmen, ihre digitalen Ökosysteme zu sichern. Indem Unternehmen alle Identitäten – menschliche und nicht-menschliche – im Rahmen eines kontinuierlichen Verwaltungsprozesses behandeln, können sie die Risiken im Zusammenhang mit der Ausbreitung von Servicekonten und API-basierten Angriffen reduzieren.

Unternehmen müssen eine Kultur der kontinuierlichen Verbesserung der Identitätsverwaltung (Identity Governance) etablieren, um mit neuen Bedrohungen, regulatorischen Veränderungen und technologischen Fortschritten Schritt zu halten. Die Einrichtung von Governance-Komitees, regelmäßige Richtlinienüberprüfungen und Investitionen in die Schulung von Mitarbeitern stellen sicher, dass die Identitätsverwaltung stets mit den Geschäftsprioritäten im Einklang steht. Durch die Nutzung KI-gestützter Erkenntnisse, Automatisierung und Echtzeitanalysen können sich Unternehmen schnell an Veränderungen anpassen und eine starke Sicherheitslage aufrechterhalten. Indem Unternehmen IGA als kontinuierlichen, dynamischen Prozess und nicht als statische Implementierung betrachten, können sie robuste, zukunftssichere Identity-Governance-Frameworks aufbauen, die Wachstum, Innovation und Sicherheit fördern.

Abschließende Gedanken: Die Zukunft der Identitätsverwaltung

Identity Governance und Administration (IGA) haben in den letzten zehn Jahren einen tiefgreifenden Wandel durchlaufen und sich von einer Compliance-gesteuerten Funktion zu einer wichtigen Säule der Cybersicherheitsstrategie entwickelt. Unternehmen weltweit erkennen die Bedeutung der Sicherung digitaler Identitäten, der effizienten Verwaltung von Zugriffsrechten und der Einhaltung gesetzlicher Vorschriften. Mit dem technologischen Fortschritt wird die Zukunft der Identity Governance von Automatisierung, künstlicher Intelligenz, dezentralen Identitätsmodellen und der kontinuierlichen Anpassung von Sicherheitsrahmen zur Bekämpfung neuer Bedrohungen geprägt sein.

Künstliche Intelligenz und maschinelles Lernen sind wichtige Treiber für die Zukunft von IGA. Traditionelle Identity-Governance-Modelle basieren stark auf vordefinierten Rollen, statischen Zugriffskontrollen und regelmäßigen Überprüfungen. Diese können ineffizient sein und Sicherheitsbedrohungen in Echtzeit nicht erkennen. KI-basierte IGA-Lösungen erhöhen die Sicherheit, indem sie das Nutzerverhalten kontinuierlich überwachen, Anomalien erkennen und Zugriffsempfehlungen in Echtzeit geben. Da Unternehmen große Mengen identitätsbezogener Daten generieren, spielen Algorithmen des maschinellen Lernens eine immer wichtigere Rolle bei der Analyse von Zugriffsmustern, der Identifizierung risikoreicher Aktivitäten und der Automatisierung von Zugriffsentscheidungen.

Die Einführung von Zero-Trust-Prinzipien wird die Strategien zur Identitätsverwaltung weiter verändern. Im Gegensatz zu herkömmlichen perimeterbasierten Sicherheitsmodellen basiert Zero Trust auf der Annahme, dass keinem Benutzer, Gerät oder keiner Anwendung blind vertraut werden sollte. Jede Zugriffsanfrage muss kontinuierlich anhand kontextbezogener Risikofaktoren wie Gerätezustand, Nutzerverhalten und Standort überprüft werden. Zukünftige IGA-Frameworks werden in Zero-Trust-Sicherheitsarchitekturen integriert, um dynamische Zugriffskontrollen durchzusetzen, den Zugriff mit geringsten Berechtigungen zu gewährleisten und jeden Authentifizierungsversuch in Echtzeit mit einem Risiko-Scoring zu versehen.

Ein weiterer wichtiger Trend, der die Zukunft von IGA beeinflusst, ist der Wandel hin zu dezentraler Identität und selbstbestimmter Identität (SSI). Traditionelles Identitätsmanagement basiert auf zentralen Identitätsanbietern, was Sicherheitsrisiken und Datenschutzbedenken mit sich bringen kann. Dezentrale Identitätsmodelle, basierend auf Blockchain-Technologie, ermöglichen Einzelpersonen mehr Kontrolle über ihre digitalen Identitäten und reduzieren die Abhängigkeit von externen Identitätsanbietern. Durch sichere, überprüfbare und datenschutzfreundliche Authentifizierungsmechanismen erhöhen dezentrale Identitätslösungen die Sicherheit und ermöglichen Nutzern eine autonomere Verwaltung ihrer Anmeldeinformationen.

Die Verbreitung von Cloud Computing, Remote-Arbeit und digitaler Zusammenarbeit stellt Identity-Governance-Strategien weiterhin vor Herausforderungen. Unternehmen verlagern sich von traditionellen On-Premises-Systemen hin zu Hybrid- und Multi-Cloud-Umgebungen, in denen Benutzer nahtlosen Zugriff auf Anwendungen verschiedener Plattformen benötigen. Zukünftige IGA-Lösungen müssen zentrale Transparenz und Richtliniendurchsetzung in On-Premises-, Cloud- und SaaS-Umgebungen gewährleisten. Föderiertes Identitätsmanagement, Identitätsorchestrierung und Cloud-native Governance-Lösungen werden für Unternehmen, die die Kontrolle über verteilte Identitätsökosysteme behalten wollen, unverzichtbar.

Die Einhaltung gesetzlicher Vorschriften bleibt eine treibende Kraft in der Entwicklung von IGA. Angesichts strengerer Datenschutzgesetze müssen Unternehmen Identity-Governance-Frameworks implementieren, die globalen Compliance-Standards wie DSGVO, HIPAA, SOX und neuen branchenspezifischen Vorschriften entsprechen. Zukünftige IGA-Lösungen werden automatisierte Compliance-Berichte, kontinuierliche Zugriffszertifizierungen und KI-gestützte Audit-Funktionen umfassen, um Unternehmen dabei zu unterstützen, die Compliance mit minimalem manuellen Aufwand aufrechtzuerhalten. Die Compliance-Automatisierung reduziert den Verwaltungsaufwand für Sicherheits- und Governance-Teams und stellt gleichzeitig sicher, dass identitätsbezogene Risiken kontinuierlich minimiert werden.

Die Rolle des Privileged Access Management (PAM) innerhalb der IGA-Landschaft wird zunehmen, da Unternehmen das wachsende Risiko des Missbrauchs privilegierter Konten erkennen. Privilegierte Benutzer wie IT-Administratoren und Führungskräfte verfügen über erweiterte Zugriffsrechte, die sie zu bevorzugten Zielen für Cyberangriffe machen. Zukünftige IGA-Lösungen werden enger mit PAM integriert, um Just-in-Time-Zugriff (JIT), Sitzungsüberwachung und automatisierte Rechteausweitungskontrollen zu gewährleisten. Durch die Integration intelligenter Risikobewertungsmechanismen können Unternehmen sicherstellen, dass privilegierter Zugriff nur bei absoluter Notwendigkeit gewährt und nach Gebrauch sofort wieder entzogen wird.

Verhaltensanalysen werden in der nächsten Generation von Identity-Governance-Lösungen eine Schlüsselrolle spielen. Anstatt sich ausschließlich auf vordefinierte Zugriffsrichtlinien zu verlassen, ermöglicht Verhaltensanalysen Unternehmen, ungewöhnliche Zugriffsmuster zu erkennen, Insider-Bedrohungen zu verhindern und das Risiko von Kontokompromittierungen zu minimieren. KI-gestützte Anomalieerkennung ermöglicht es Unternehmen, Abweichungen vom normalen Nutzerverhalten zu identifizieren, risikoreiche Aktivitäten zu kennzeichnen und automatisierte Reaktionen wie verstärkte Authentifizierung, Sitzungsbeendigung oder Zugriffsentzug auszulösen. Dieser proaktive Ansatz zur Identity Governance reduziert das Risiko identitätsbezogener Sicherheitsvorfälle deutlich.

Ein weiterer Trend im Bereich Identity Governance ist die Integration von Lösungen zur Erkennung und Reaktion auf Identitätsbedrohungen (ITDR). Da Cyberkriminelle zunehmend identitätsbasierte Angriffsvektoren ins Visier nehmen, müssen Unternehmen ihre Fähigkeit verbessern, identitätsbezogene Bedrohungen in Echtzeit zu erkennen und darauf zu reagieren. ITDR-Lösungen bieten kontinuierliche Identitätsüberwachung, erweiterte forensische Funktionen und automatisierte Mechanismen zur Reaktion auf Vorfälle, um den Diebstahl von Anmeldeinformationen, den Missbrauch von Berechtigungen und unberechtigte Zugriffsversuche zu verhindern. Durch die Integration von ITDR in IGA-Frameworks können Unternehmen effektiver auf Identitätsbedrohungen reagieren und gleichzeitig Betriebsunterbrechungen minimieren.

Benutzerfreundlichkeit und Sicherheit müssen bei zukünftigen IGA-Implementierungen in Einklang gebracht werden. Mitarbeiter, Kunden und Partner erwarten einen nahtlosen, reibungslosen Zugriff auf Unternehmensanwendungen und -dienste ohne unnötige Sicherheitsbarrieren. Adaptive Authentifizierung, Self-Service-Identitätsmanagement und passwortlose Authentifizierung werden zu Standardfunktionen moderner IGA-Lösungen. Unternehmen, die Wert auf Benutzerfreundlichkeit legen und gleichzeitig strenge Sicherheitskontrollen gewährleisten, steigern die Benutzerzufriedenheit, senken die IT-Supportkosten und verbessern die allgemeine Betriebseffizienz.

Die Konvergenz von IGA mit neuen Technologien wie dem Internet der Dinge (IoT), der robotergestützten Prozessautomatisierung (RPA) und KI-gestützten digitalen Assistenten bringt neue Herausforderungen und Chancen für die Identitätsverwaltung mit sich. Unternehmen müssen die Identitätsverwaltung über menschliche Benutzer hinaus auf Maschinenidentitäten, Dienstkonten und autonome Systeme ausweiten. Die Implementierung von Governance-Frameworks, die das Lebenszyklusmanagement von Maschinenidentitäten, API-Sicherheit und automatisierte Zugriffskontrollen berücksichtigen, ist für die Sicherung der nächsten Generation digitaler Ökosysteme von entscheidender Bedeutung.

Um Identity Governance zukunftssicher zu gestalten, müssen Unternehmen kontinuierliche Verbesserungen, Automatisierung und Anpassungsfähigkeit vorantreiben. IGA muss sich parallel zu Geschäftstransformationsinitiativen weiterentwickeln und sicherstellen, dass Sicherheit, Compliance und betriebliche Effizienz mit den Unternehmenszielen im Einklang stehen. Durch Investitionen in fortschrittliche Identity-Governance-Technologien können Unternehmen die Sicherheit erhöhen, den Verwaltungsaufwand reduzieren und das Nutzererlebnis verbessern, ohne Kompromisse bei der Compliance einzugehen. Die Weiterentwicklung von IGA wird durch die Fähigkeit geprägt sein, sich an neue Risiken anzupassen, sich in neue Sicherheitsparadigmen zu integrieren und Unternehmen die sichere Navigation in einer zunehmend komplexen digitalen Landschaft zu ermöglichen.